Précis de droit de l’énergie

Le droit aujourd'hui

La collection « Le droit aujourd'hui » regroupe des études juridiques concernant des problèmes d'actualité nationale et internationale, dans divers domaines (éthique, politique, questions de société…).

Déjà parus

Sébastien DEMAY, *La charge de travail à l'ère du numérique*, 2023.
Meganne NATALI, *Le droit international face au trafic illégal de biodiversité sauvage,* 2023.
Rahma BENTIROU MATHLOUTHI (dir.), *Proportionnalité, droits fondamentaux et juge, Proportionality, fundamental rights and judges*, 2023.
Aécio Filipe COELHO FRAGA DE OLIVEIRA, *L'exécution des mesures à titre provisoire rendues par un tribunal arbitral situé à l'étranger*, 2022.
Naivi CHIKOC BARREDA, *Succession internationale et dispositions spéciales de la lex rei sitae. Contribution à l'étude de l'impérativité internationale en matière successorale*, 2022.
Boris BARRAUD, *Éthique de l'intelligence artificielle*, 2022.
Boris BARRAUD, *Dignité, liberté, égalité*, 2022.
Boris BARRAUD, *Humanisme et intelligence artificielle*, 2022.
Michel BOUDJEMAÏ, *La territorialisation de l'aide sociale légale*, 2022.
Carine VAYSSE, *La théorie générale du contrat administratif*, 2022.
Thomas LARDEUX, *La sécurité juridique et le contentieux international des investissements*, 2021.
Coffi Dieudonné ASSOUVI, *L'influence du droit international des changements climatiques sur le droit de l'environnement de l'Union européenne*, 2021.
Zohra Aziadé ZEMIRLI, *Le statut juridique des non-musulmans en Algérie. L'exemple des évangéliques et des ahmadis,* 2020.

François Campagnola

Précis de droit de l'énergie

Préface de Jacques Percebois

L'Harmattan

5-7, rue de l'Ecole-Polytechnique, 75005 Paris
http://www.editions-harmattan.fr
ISBN : 978-2-14-048870-2
EAN : 9782140488702

Préface

L'ouvrage que nous propose François Campagnola permet de faire le tour, de façon fort pédagogique et structurée, de la complexité et de la richesse du droit de l'énergie, qui est à la fois un droit interne et un droit international et européen.

C'est un droit interne qui concerne globalement les choix de politique énergétique mais aussi de façon plus spécifique tel ou tel secteur de l'énergie. C'est le droit applicable aux hydrocarbures (pétrole et gaz), le droit applicable aux énergies renouvelables mais aussi le droit spécifique au nucléaire ou au transport et à la distribution de l'électricité. Ce droit interne doit intégrer la diversité des normes internationales qui se sont développées au fil du temps, en particulier celles imposées par le droit européen dont le poids croissant n'est plus à démontrer. Plusieurs branches du droit sont concernées dans beaucoup d'activités énergétiques : le droit minier, le droit fiscal, celui de la concurrence, le droit de l'environnement bien évidemment, voire le droit du travail….

Deux préoccupations majeures sont aujourd'hui au cœur de l'évolution de ce droit de l'énergie : le respect des règles de la concurrence, ce que l'on nomme la libéralisation des marchés de l'énergie, d'une part, le respect de l'environnement, qui implique de prendre en compte la lutte contre le réchauffement climatique et la gestion des risques liés à la production, au transport et à la consommation des diverses formes d'énergie, d'autre part. Le droit de l'énergie est aujourd'hui autant un droit de la régulation qu'un droit d'administration car il évolue dans un contexte de marché, à l'échelle internationale ou européenne comme à l'échelle nationale.

Ce droit est composite car il émane des États, mais aussi de décisions rendues par des instances internationales (Cour européenne par exemple) ou par des commissions de régulation indépendantes telles que la CRE (Commission de régulation de l'énergie) qui, en France, joue un rôle important pour tout ce qui concerne le fonctionnement des réseaux énergétiques mais également la fixation de certains prix de l'énergie ou le respect de la concurrence.

Comme le souligne l'auteur « en matière commerciale, le domaine de l'énergie est soumis aux règles du droit européen de la concurrence avec cette particularité que celui-ci lui aménage un régime dérogatoire au droit commun en ce qui concerne le domaine des aides d'État. En la matière, le principe de base est que les aides d'État constituent des distorsions de concurrence contraires aux principes qui fondent le bon fonctionnement du marché intérieur européen. Un certain nombre de dérogations aux régimes qui en résultent existe toutefois dont certaines concernent le domaine de l'énergie en lien avec les objectifs notamment environnementaux de l'Union européenne. Ainsi, sont autorisées les aides d'État en faveur de l'énergie produite à partir de sources renouvelables ainsi que les aides prenant la forme de réductions de contributions en vue de promouvoir l'électricité produite à partir de sources renouvelables ».

Le droit national se heurte parfois aux engagements internationaux des États, mais des solutions de compromis existent et ce droit n'est pas figé ; il est en constante évolution. Ainsi comme le rappelle encore l'auteur « le principe de libéralisation du marché de l'énergie n'est pas en soi incompatible avec le maintien de prérogatives de service public de l'énergie. Il en est ainsi parce que l'énergie et plus particulièrement l'électricité sont considérés comme des biens de première nécessité que ne peuvent pleinement satisfaire les seules forces du marché et parce que le bon fonctionnement du secteur est conditionné par la part qui est faite à la sécurité de l'approvisionnement énergétique. En la matière, la Commission européenne reconnaît d'ailleurs le droit pour l'État de satisfaire aux besoins de l'intérêt économique général et accorde donc aux États membres une souplesse dès lors qu'elle ne va pas à l'encontre des besoins de la construction du marché intérieur de l'énergie. Elle leur reconnaît ainsi le droit d'imposer des servitudes de service public aux opérateurs énergétiques susceptibles de porter sur une grande variété de dispositifs relatifs au prix de l'énergie, à sa qualité, à la sécurité de l'approvisionnement, à la continuité du service de distribution d'énergie à la population, au développement des énergies renouvelables, à la protection de l'environnement et, dans le cas de l'électricité, à la précarité énergétique ».

Les acteurs du droit de l'énergie ne sont plus seulement des législateurs nationaux, ou des tribunaux nationaux mais également des acteurs internationaux. C'est tout particulièrement le cas des organisations internationales chargées d'établir des normes et d'administrer les divers aspects des marchés internationaux de l'énergie, comme l'Agence Internationale de l'Énergie (AIE) ainsi que les tribunaux internationaux en charge du règlement des différends liés à l'énergie. On peut citer le cadre de l'OMC, celui de l'ALENA ou la Charte de l'Énergie… On doit insister ici sur la diversité des normes internationales applicables au secteur de l'énergie, que ce soit dans le domaine de l'exploration pétrolière, dans celui des contrats gaziers d'importation ou dans celui de la responsabilité en matière d'accident nucléaire.

François Campagnola a su rendre accessible cette complexité des codes de l'énergie en allant à l'essentiel. On sent que ce livre est aussi le fruit d'un enseignement. Cet ouvrage de référence, écrit dans un style très clair, n'est pas seulement destiné aux juristes ; il est aussi d'une grande utilité pour les économistes et les ingénieurs qui doivent comprendre le cadre institutionnel et réglementaire dans lequel évoluent les acteurs du secteur de l'énergie, confrontés aux contraintes de normes et de règles qui encadrent leur action quotidienne. Il s'adresse autant aux étudiants et élèves-ingénieurs qu'aux professionnels du secteur de l'énergie.

Jacques Percebois,
Professeur Emérite à l'Université de Montpellier

Introduction

Le développement de l'économie de l'énergie est le produit de celui de l'économie industrielle et le droit qui y est associé en épouse les contours et les dynamiques. Le droit de l'énergie est donc tout d'abord un droit relativement récent. Comme pour bien d'autres nations, le droit interne français de l'énergie s'est progressivement construit tout au long du XXe siècle. Le droit international de l'énergie n'a, lui, véritablement commencé à se développer qu'avec la crise pétrolière des années 1970 en vue d'en mieux réguler les effets au moyen notamment d'une libéralisation des marchés. Au seuil du XXIe siècle, le développement du droit de l'énergie se trouve par ailleurs confronté au double défi de la libéralisation de ses marchés en droit interne, d'une part, et du renforcement tous azimuts de la contrainte environnementale, d'autre part. Dans ce dernier cas, il s'agit de la raréfaction annoncée des ressources en hydrocarbures, d'une part, et de l'emprise consolidée des impératifs du changement climatique, d'autre part. En la matière, il en résulte notamment le développement des économies et des droits du nucléaire civil et des énergies renouvelables. Une distinction oppose enfin droit interne et droit international de l'énergie qui tient au fait que le premier embrasse tous les champs de l'économie énergétique tandis que le second est principalement centré sur l'objectif de libération du marché international de l'énergie dans ses différentes dimensions.

Le champ de la norme juridique ne se limite par ailleurs pas aux règles fixées. Celles-ci sont travaillées en amont par des enjeux de politique juridique. De ce point de vue, le droit de l'énergie est effectivement le produit des rapports de forces entre décideurs qui produisent de la politique de l'énergie tant au niveau national qu'à l'international. Le droit de l'énergie procède donc de la géopolitique de l'énergie du moment et est un droit en mouvement lorsque celle-ci évolue. Il en est notamment ainsi aujourd'hui du fait des deux révolutions qui l'affecte et qui poussent à l'innovation politique et juridique. La première révolution est une révolution climatique de l'énergie qui requiert à terme des économies décarbonées dont l'objectif est fixé tant au niveau international qu'au niveau national. Il suffit, pour s'en convaincre, de prendre acte des avancées européennes et françaises en la matière. La seconde révolution est celle du pétrole et du gaz de schiste qui bouleverse les grands équilibres énergétiques mondiaux et qui est de nature à freiner la durabilité écologique de la planète. Il en résulte que les tensions dominent ici le jeu des intérêts en présence comme l'a montrée la présidence énergétique Trump aux États-Unis. Dans ce cadre, des voies médianes existent néanmoins comme celle que promeut l'Union européenne consistant à prévenir les dégâts environnementaux de la facturation hydraulique tout en ménageant encore l'économie du charbon sur le territoire européen.

Le troisième élément qu'il convient de prendre en considération est que le droit de l'énergie est tout autant un droit de la régulation qu'un droit d'administration. Il en est ainsi dans le premier cas parce qu'il évolue aujourd'hui dans un milieu qui est celui du marché. Longtemps et jusqu'à ce que ce dernier s'impose, le droit de l'énergie était un droit administré par des États souverains. Il en était d'autant plus ainsi que l'énergie est un bien stratégique de premier ordre. Ce n'est que récemment que le marché de l'énergie a pris son autonomie vis-à-vis de l'État et, encore, pas complètement et pas définitivement. Au niveau international, l'action du GATT puis de l'OMC y fut pour beaucoup. Au niveau européen, la libéralisation du marché de l'énergie a donc à peine deux décennies d'existence mais s'impose aujourd'hui avec force aux États membres. Aussi, une grande partie du droit applicable dans les nations de l'Union européenne est-il devenu un droit de la régulation des marchés de l'énergie. Le volet administration demeure néanmoins conséquent car le droit national se situe par nature au plus près des besoins d'administration des choses comme le montre l'expérience juridique française.

Enfin, Le droit de l'énergie est un droit diversifié parce que ses composantes en sont multiples. Il se subdivise tout d'abord en droit interne et en droit international et européen. Pour les pays de l'Union européenne, droit interne et droit européen sont indissociables dans la mesure où une grande parties des règles en matière énergétique sont aujourd'hui impulsées par l'Union européenne. Celle-ci en a aujourd'hui la compétence de l'article 194 du TFUE qui s'ajoute à l'exclusivité de sa compétence en matière de droit de la concurrence. Les règles qui en résultent sont marquées du sceau de la liberté du marché de l'énergie couplée à une diversité de traitement en fonction des types d'énergies. Dans ce dernier cas, deux grandes catégories coexistent qui sont respectivement celles des énergies fossiles et celles des énergies tirées par la technologie, avec un traitement particulier pour l'électricité. À l'échelon international, le domaine du droit a une spécificité qui est le fait qu'il s'agit d'un droit éminemment contractuel qui lie les États. Il en résulte un maillage normatif par définition moins dense qu'en droit interne et principalement centré sur des préoccupations communes particulières. La première de ces préoccupations actuelles est de garantir la liberté d'échange et de circulation des énergies pour satisfaire au développement des besoins des économies. Il y a enfin une spécificité du domaine de l'énergie qui tient au poids des acteurs privés dans l'exploration et la production des énergies fossiles. La conséquence en est l'essor de contrats internationaux complexes qui les lient les opérateurs aux États détenteurs de la ressource.

Dans ce cadre et pour la clarté de l'exposé, cet ouvrage se décompose en deux parties égales relatives, d'une part, au droit français de l'énergie et, d'autre part, au droit international et européen de l'énergie. Ces parties se déclinent ensuite de la façon suivante. La première partie relative au droit français de l'énergie traite des éléments institutionnels de la politique énergétique suivis des perspectives sectorielles de chacune d'elles. Dans le premier cas, sont mis en avant les éléments constitutifs de la politique énergétique française suivi de ses divers conditionnements. Dans le second cas, le sujet se décline par secteurs d'activité en opposant énergies fossiles et énergies tirées des technologies avant de traiter le droit applicable à l'énergie électrique. Dans la seconde partie relative au droit international et européen de l'énergie, nous traitons des instruments juridiques de la régulation aux niveaux global et européen avant d'embrasser la dimension sectorielle du sujet en distinguant ce qui relève respectivement du droit international public et des règles applicables aux relations internationales énergétiques privées. Enfin, pour donner à l'ensemble de ces thématiques leur profondeur de champ, nous développons dans des encadrés des compléments techniques relatifs à tel ou tel type d'énergie ainsi que des éléments de mise en perspective géopolitique de sorte à ancrer la réflexion juridique sur l'énergie dans les enjeux qui la sous-tendent.

I
Le droit français de l’énergie

En droit de l’énergie comme dans d’autres branches du droit, l’administration s’oppose à la régulation. La première s’ancre dans la souveraineté de l’État et le principe de la verticalité tandis que la seconde doit son existence à celle du marché et procède davantage de l’horizontalité. La France ne déroge pas à cette dichotomie si ce n’est que pendant longtemps l’assise du marché était très étroite. Il en résultait donc une forte prédominance du droit d’administration. Ce n’est toutefois plus le cas aujourd’hui depuis que, sous l’impulsion de l’Union européenne, le secteur de l’énergie s’est profondément libéralisé. Ceci ne touche toutefois pas tous les secteurs de l’énergie de la même manière. Ceux-ci ont en effet leurs spécificités techniques et juridiques qui fait du droit de l’énergie un droit différencié et composite. En dehors du poids de la technicité qui touche toutes les énergies, celles-ci se distinguent par leur nature même. Ainsi les traiterons-nous de manière différenciée dans une seconde sous-partie en distinguant les énergies fossiles faisant appel à la matière première des énergies que sont le pétrole et le gaz des énergies tirant leur existence et leur développement du poids de la technologie. Il s’agit de l’énergie nucléaire et des énergies renouvelables. Enfin, nous traiterons à part le domaine de l’énergie électrique compte tenu de sa spécificité dans le paysage énergétique général.

A) Le droit organique de l'énergie en France

Le droit organique s'oppose au droit sectoriel en ce que le premier s'attache à préciser la structure générale du droit et les processus de formation de la norme alors que le second présente le résultat des décisions juridiques prises. Dans le premier cas, l'organisation du processus de décision est, en France, celui d'un État centralisé unitaire qui doit toutefois aujourd'hui composer avec une décentralisation précoce en matière énergétique et l'apparition tardive d'agences indépendantes de régulation. Ce processus de décision a enfin pour vecteur la libéralisation des marchés de l'énergie et l'objectif de la transition énergétique. Ces deux éléments imprègnent donc la politique énergétique française et conditionne largement les moyens dont elle dispose aujourd'hui.

1) Les éléments constitutifs de la politique énergétique française

Les organisations en charge de l'administration et de la régulation de l'énergie sont celles d'un État unitaire centralisé. Cette situation est toutefois aujourd'hui tempérée par le poids que les collectivités territoriales jouent en la matière et l'apparition d'agences de régulation dans le sillage de la libéralisation du marché de l'énergie. Dans ce cadre, la politique énergétique française et les moyens qu'elle se donne sont mobilisés sur deux objectifs principaux qui sont la sécurité énergétique et la transition énergétique.

a) Les acteurs de la politique énergétique française

L'autorité de tutelle de l'énergie n'est pas en France le ministre de l'industrie mais le ministre de l'écologie et de la transition énergétique. Il s'est ainsi agi de constituer un grand ministère de l'environnement. En matière énergétique, le décret du 24 ami 2012 donne compétence au ministre pour préparer et mettre en œuvre la politique du gouvernement dans le domaine de l'énergie. Le ministre élabore également et met en œuvre la politique de lutte contre le réchauffement climatique et la pollution atmosphérique et est en charge de la gestion durable des ressources rares. Il participe donc à la formation des programmes de recherche ad hoc ainsi qu'à l'élaboration de la législation fiscale en la matière. Il est également en charge de la coordination des actions de prévention des risques majeurs d'origine technologique et de la mise en œuvre de la politique de sûreté nucléaire y compris dans le domaine du transport. Il élabore et veille à l'application des règles techniques de construction des bâtiments notamment en matière thermique. Enfin, il élabore et met en œuvre la politique de l'énergie en matière de promotion de la transition énergétique et de sécurisation des approvisionnements en matières premières et énergétiques. Pour ce faire, il partage ses attributions avec le ministre de l'Économie notamment en ce qui concerne la politique tarifaire de l'énergie, le ministre des Finances pour ce qui est de la législation fiscale et le ministre en charge du logement pour ce qui est du domaine de l'efficacité énergétique des bâtiments.

Dans ce cadre, le ministère de l'Environnement dispose en son sein d'une structure dédiée à l'énergie qui est la direction de l'énergie ainsi qu'une série de bureaux d'administration centrale en charge des questions énergétiques. Dans ce dernier cas, il s'agit notamment du bureau des affaires juridiques de l'énergie, du département de la sûreté nucléaire au sein du service de défense, du bureau énergie de la direction générale de prévention des risques, du bureau du changement climatique et de la maîtrise de l'énergie au sein de la direction des affaires européennes et internationales et de la sous-direction des statistiques de l'énergie. Dans le premier cas, La direction générale de l'énergie et du climat regroupe la direction de l'énergie ainsi que le service du climat et de l'efficacité énergétique. La direction de l'énergie est notamment en charge de la sécurité de l'approvisionnement énergétique et du bon fonctionnement des marchés de l'énergie en prenant en compte leurs dimensions respectivement compétitive et environnementale. Elle gère pour le Gouvernement le secteur des énergies renouvelables, du nucléaire civil et des énergies pétrolière et gazière y compris dans leur dimension de stockage du dioxyde de carbone. Elle est enfin en charge de la politique de l'électricité, des ouvrages électriques et du service public qui y est attaché. Pour ce faire, elle dispose d'une sous-direction des marchés de l'énergie, d'une sous-direction de la sécurité des approvisionnements énergétiques et des nouveaux produits énergétiques, d'une sous-direction du système électrique et des énergies renouvelables ainsi qu'une sous-direction de l'industrie nucléaire. De son côté, le service du climat et de l'efficacité énergétique est en charge de la maîtrise de la demande énergétique et de l'utilisation rationnelle de l'énergie. Il concourt au développement des techniques et des filières visant la maîtrise de l'énergie et élabore la réglementation sur les véhicules en collaboration avec la délégation à la sécurité routière.

Divers instruments de l'État existent par ailleurs qui exercent un contrôle sur les grandes entreprises du secteur de l'énergie que sont notamment EDF, ENGIE, la Compagnie nationale du Rhône, Orano, RTE et ERDF. Il en fut ainsi dans le cadre des nationalisations de 1946 du secteur de l'énergie ainsi que dans celui de l'application des décrets fixant les modalités du contrôle de l'État. Parmi ceux-ci, le décret du 9 août 1953 plusieurs fois amendé concerne les entreprises publiques et les sociétés d'économie mixte dans lesquelles l'État détient plus de 50 % du capital. Il prévoit un contrôle a posteriori des budgets, bilans, comptes de résultat, affectation des bénéfices et prises de participation financière. S'y rajoute le contrôle des états prévisionnels des recettes et des dépenses d'exploitation et d'investissement. Le décret prévoit aussi le contrôle des rémunérations des dirigeants ainsi que la possibilité d'une extension du contrôle aux filiales. Il s'agit aussi du décret du 26 mai 1955 également remanié à plusieurs reprises sur le contrôle économique et financier de l'État sur ces entreprises. À visées patrimoniales, il a pour objet d'évaluer les performances des entreprises d'État et les risques qu'elles encourent. Un dispositif existe également établissant un contrôle des investissements des entreprises publiques qui est opéré par un comité des investissements institué par un décret du 27 novembre 1996 ainsi qu'un contrôle des marchés. Enfin, la Cour des comptes dispose d'importants pouvoirs d'investigation dans le domaine du contrôle des entreprises publiques qu'elle exerce notamment dans les secteurs de l'électricité et de la filière nucléaire. De la même manière, l'Autorité des marchés financiers a eu à plusieurs reprises l'occasion d'exercer son contrôle sur les opérations des sociétés cotées actives dans le secteur de l'énergie.

Plusieurs instances consultatives interviennent également dans le secteur de l'énergie. Un premier conseil de l'électricité a été créé en 1935 qui a été remplacé par un Conseil supérieur de l'électricité et du gaz avec la loi de nationalisation du 8 avril 1946. Outre sa compétence de donner des avis préalablement à l'adoption des textes réglementaires rentrant dans son champ de compétence, le Conseil supérieur de l'électricité et du gaz était compétent pour statuer sur les litiges entre autorités concédantes et concessionnaires. Par la suite, la loi du 13 juillet 2005 a remplacé le Conseil supérieur de l'électricité et du gaz par l'actuel Conseil de l'énergie aux compétences consultatives plus étendues. Composé d'une trentaine de membres du Parlement, des ministères concernés, des collectivités territoriales, des consommateurs et des entreprises du secteur, son avis préalable est obligatoire pour les actes réglementaires de l'État dans les domaines de l'électricité et du gaz. Son avis peut également être demandé par le ministre en charge de l'énergie ainsi que par la Commission de régulation de l'énergie. S'y rajoute le Conseil général de l'économie, de l'industrie, de l'énergie et des technologies qui est notamment consulté pour avis sur des questions intéressant le domaine de l'énergie. S'y ajoute également l'Observatoire national du service public de l'électricité et du gaz créé par la loi du 10 février 2000 et ayant fait l'objet d'un décret du 30 avril 2003. Il émet des avis et peut faire des propositions dans le cadre du périmètre de son champ de compétence. Doté d'antennes régionales, il est placé sous l'autorité du Conseil économique, social et environnemental dans son format national comme dans ses formats régionaux. Enfin, vis-à-vis des consommateurs a été créé par une loi du 7 décembre 2006 un médiateur national de l'énergie doté de la personnalité morale et de l'autonomie financière et régi par l'article 122-5 du code de l'énergie. Compétent pour toutes les sources d'énergie, il est chargé de recommander des solutions dans les litiges entre consommateurs et entreprises du secteur de l'énergie.

La Commission de régulation de l'énergie créée par la loi du 10 février 2000 transposant une directive européenne du 19 décembre 1996 veille à l'accès équitable et transparent aux réseaux publics d'électricité des utilisateurs. Initialement conçu pour le domaine de l'électricité, la compétence de la Commission de régulation a par la suite été étendue par la loi du 3 janvier 2003 au secteur du gaz et par la loi du 9 août 2004 au domaine de la surveillance des marchés de l'électricité et du gaz. Dans le prolongement, la loi du 7 décembre 2006 élargit encore cette compétence en soulignant d'une manière générale que la Commission de régulation *concourt, au bénéfice des consommateurs finals, au bon fonctionnement des marchés de l'électricité et du gaz*. Dans ce cadre, les deux directives européennes du 13 juillet 2009 précisent dans leurs articles respectivement 35 et 39, que *les États membres garantissent l'indépendance de l'autorité de régulation et veillent à ce qu'elle exerce ses compétences de manière impartiale et transparente*. Dans le prolongement, l'article L. 133-6 du code de l'énergie précise que *les membres et agents de la Commission de régulation de l'énergie exercent leurs fonction en toute indépendance et en toute impartialité, sans recevoir d'instruction du gouvernement, ni d'aucune institution, personne, entreprise ou organisme*. Au plan organique, La Commission de régulation est dotée du statut d'autorité administrative indépendante et bénéficie notamment de crédits budgétaires annuels séparés ainsi que de l'autonomie dans l'exécution de son budget. Ses principales missions sont enfin aujourd'hui d'ordre quasi-institutionnel. La Commission concourt ainsi à la construction d'un marché intérieur de l'électricité et du gaz concurrentiel, performant et environnementalement durable. Elle s'assure que les réseaux fonctionne de manière effective et sans entrave au commerce entre États membres et veille à l'ouverture effective du marché de l'électricité et du gaz à l'ensemble des clients et des fournisseurs de l'Union européenne. S'y ajoutent des objectifs d'efficacité énergétique, de promotion des énergies renouvelables et de protection des clients vulnérables.

Au plan des moyens, la Commission de régulation de l'énergie est composée de 7 directions dont une direction des réseaux, une pour le développement des marchés et la transition énergétique, une direction des affaires financières et de la surveillance des marchés de gros ainsi qu'une direction juridique. Son sommet est composé de deux organes indépendants l'un de l'autre. Le premier est un Collège de 6 membres dont le Président de la Commission de régulation qui dirige les services et a des compétences respectivement consultatives, de proposition, de surveillance, d'enquête et de décision. En matière de décision, elle fixe notamment le volume maximal d'électricité nucléaire historique susceptible d'être cédé à un fournisseur et certifie l'indépendance des gestionnaires de réseaux de transport. La loi du 7 décembre 2006 édicte par ailleurs qu'elle surveille les transactions effectuées entre fournisseurs, négociants et producteurs ainsi que les transactions effectuées sur les marchés organisés et les échanges aux frontières. S'y ajoutent une surveillance des transactions sur les quotas d'émission de gaz à effet de serre et celle des marchés de gros et de capacité. Ses pouvoirs d'enquête font enfin l'objet des articles L. 133-3 et L. 133-4 du code de l'énergie. Le second organe est le Comité de règlement des différends et des sanctions dit CoRDiS qui comprend 4 magistrats professionnels et 4 magistrats suppléants du Conseil d'État et de la Cour de cassation qui travaillent avec la direction juridique. Le CoRDiS règle certains différends et sanctionne certains manquements. Dans le premier cas, il s'agit des différends entre gestionnaires et utilisateurs de réseaux, entre opérateurs et utilisateurs des ouvrages et entre exploitants et utilisateurs. Dans le second cas, il s'agit des manquements des gestionnaires de réseaux, des opérateurs d'ouvrages, des exploitants et des utilisateurs. La procédure devant le CoRDiS a fait l'objet d'un décret du 24 février 2015. En matière de règlement des différends, le CoRDiS a un délai de deux mois extensible à 4 mois pour se prononcer après avoir entendu les parties et éventuellement diligenté un enquête. Sa décision n'est pas un jugement mais une décision administrative motivée qui peut être assortie d'astreintes et de mesures conservatoires. Elle est donc susceptible d'un recours en annulation ou d'un recours en réformation. En matière conservatoire, le recours à un appel non suspensif est possible devant la Cour d'appel de Paris lorsqu'il est formé dans un délai d'un mois.

La jonction avec les consommateurs d'énergie est assurée par le Médiateur national de l'énergie. Son rôle est non négligeable notamment dans le domaine de l'électricité et du gaz du fait du poids qu'y pèse le consommateur qui est en même temps un client protégé par le code de la consommation, notamment en matière d'accès à l'information, et, traditionnellement, un usager du service public de l'énergie. S'y ajoute le fait que l'Union européenne agit de sorte à faire du consommateur un véritable acteur de la libéralisation des marchés et de la transition énergétiques. Il en est ainsi parce qu'il est au centre de la maîtrise de la demande d'énergie, qu'il intervient dans la procédure d'effacement de la consommation et, a fortiori, lorsqu'il produit lui-même son énergie. Dans ce cadre, le Médiateur qui a été créée en 2006 est une autorité publique indépendante dotée de la personnalité morale. D'abord limitées aux domaines du gaz et de l'électricité avant d'être élargies, ses compétences sont fixées en même temps par le code de l'énergie et le code de la consommation. Sa fonction est principalement de protéger les consommateurs et les micro-entreprises de l'énergie. Il veille à leur information et a une fonction de régulateur des différends qui les opposent aux professionnels de l'énergie. De ce point de vue, il ne peut être saisi que par un consommateur et dispose de 90 jours pour recommander une solution au litige. Sa saisine suspend la prescription des actions en justice. Enfin, tout comme les professionnels de l'énergie sont organisés en fédération, le poids du consommateur d'énergie est lui aussi d'autant plus important qu'il est organisé en associations notamment environnementales qui alimentent un contentieux non négligeable.

b) Les objectifs de la politique énergétique française

Avant la loi de programmation fixant les orientations de la politique énergétique française du 13 juillet 2005 complétée par la loi du 3 août 2009 et la loi du 17 août 2015 sur la transition énergétique pour la croissance verte, la politique nationale de l'énergie n'avait, en France, fait l'objet que de dispositions éparses, principalement à partir de l'entre-deux guerres. L'ensemble de ces dispositions récentes fixe aujourd'hui un cadre cohérent visant à définir une *stratégie énergétique nationale* pour reprendre l'intitulé du Titre 1 de la loi de 2005. Les objectifs alors définis de la politique énergétique française sont l'indépendance énergétique nationale et la sécurité des approvisionnements, la compétitivité du prix de l'énergie, la préservation de la santé humaine et de l'environnement dans un contexte de changement climatique, la cohésion sociale et territoriale par l'accès de tous à l'énergie et la cohérence de la politique énergétique nationale avec les actions menées en la matière au niveau local et au niveau européen. Dans ce dernier cas, l'Union européenne s'est construite sur les Traités respectivement de 1951 instituant la Communauté du charbon et de l'acier et de 1957 instituant la Communauté européenne de l'énergie atomique. Ce n'est donc que plus récemment qu'elle envisage le développement d'une politique énergétique commune. La première étape en fut la rédaction par la Commission européenne d'un Livre vert pour une stratégie européenne de sécurité d'approvisionnement du 29 novembre 2000. Par la suite, l'article 194 du Traité de Lisbonne du 13 décembre 2007 fixa à l'Union une stratégie d'objectifs en matière énergétique.

La structure de bilan énergétique français a connu une profonde transformation au cours des dernières décennies. En 1960, le charbon en était encore l'énergie principale à 55 % du bilan contre 31,6 % pour le pétrole et 10 % pour l'hydroélectricité. En 1973, la part du charbon était déjà tombée à 15,6 % tandis que celle du pétrole était montée à 67,3 %. En 2019, la part du pétrole est de 44 %, celle du gaz de 21,5 %, celle des énergies renouvelables de 14,9 % et celle du charbon de 1,9 %. Aujourd'hui. La France ne produit plus de charbon depuis 2004 et ne produit quasiment plus de gaz. Sa production fossile ne dépasse pas en 2020 les 800 000 tonnes d'équivalent pétrole (TEP) et sa production de gaz de quelque 0,15 milliard de m3 n'alimente plus que 2 % de la consommation française de gaz. En revanche, sa production d'électricité nucléaire lui permet d'atteindre une production de 92,2 millions de TEP. Elle produit en outre 19,2 millions de TEP à partir de ses centrales thermiques et grâce au traitement des déchets. Ceci n'est toutefois pas suffisant et la France est donc obligée d'importer fortement pour satisfaire sa consommation.

Cette consommation est, pour 2020, de 5,4 millions de TEP pour le charbon, de 35 millions de TEP pour le gaz et de 62,2 millions de TEP pour le pétrole. En énergies renouvelables, la France consomme 4,2 millions de TEP de biomasse, 2 millions de TEP d'énergie hydraulique, 1,4 million de TEP de biocarburants, 1,2 million de TEP d'éolien et 1,1 million de TEP de pompes à chaleur. Ses secteurs les plus consommateurs sont les transports (34,6 millions de TEP), le résidentiel (16,2 millions de TEP de gaz et 7,4 millions de TEP de pétrole) et l'agriculture/industrie (10,1 Millions de TEP de gaz, 5 ,4 millions de TEP de pétrole et 0,8 million de TEP de charbon). La branche énergie consomme enfin 7,1 millions de TEP de gaz, 4,4 millions de TEP de charbon et 3,4 millions de TEP de pétrole. La France importe donc 5 millions de TEP de charbon, 41,3 millions de TEP de gaz et 78 millions de tonnes de pétrole. Il en résulte une facture énergétique de l'ordre des 44 milliards d'euros dont les ¾ au titre de sa consommation pétrolière. La dépense totale énergétique française avoisine donc les 170 milliards d'euros se répartissant ainsi : 41 milliards pour l'importation d'énergie, 73 milliards de coûts de production de l'énergie, 38 milliards de taxes énergétiques notamment pour financer le renouvelable et 14,7 milliards de TVA. La part de l'énergie dans la dépense des ménages est de l'ordre des 9 % et la production de CO_2 est de l'ordre des 330 millions de tonnes par an, soit près de 5 tonnes par habitant.

Dans le monde, la consommation d'énergie avoisine aujourd'hui les 10 milliards de TEP dont 4 milliards pour le pétrole, 1,6 milliard pour le gaz, 1,9 milliard pour l'électricité et 1 milliard pour respectivement le charbon et la biomasse. La production globale d'énergie est de 14 milliards de TEP dont 4,5 de pétrole, 3,3 de gaz, 3,9 de charbon, 1,3 de biomasse, 0,71 de nucléaire, 0,36 hydroélectricité et 0,3 de renouvelable (éolien, solaire et géothermie). Les émissions de CO_2 sont de 33,6 milliards de tonnes soit plus du double de celles émises en 1970. Par habitant, ces émissions annuelles sont de 4,4 tonnes par personne et par an pour le monde, 14,5 tonnes pour les États-Unis, entre 7 et 8 tonnes pour l'Allemagne et la Chine, 1,7 pour l'Inde et 1 pour l'Afrique. 44 % de ces émissions sont produites par le charbon, 34 % par le pétrole et 21,5 % par le gaz. Les secteurs les plus consommateurs de CO_2 sont l'industrie à 37 %, dont les cimenteries, les transports à 25 % et le résidentiel à 16 %. Pour ce qui la concerne, la consommation d'énergie primaire de l'Union européenne est de 1,6 milliards de TEP soit 2,1 TEP par habitant. Sa production de pétrole est de 68 millions de TEP contre 158 en 2000. Sa production de gaz est de 4 milliards de Térajoules contre 9,7 en 2000 et sa production de lignite est de 418 millions de tonnes en 2019 contre 1,2 milliard en 1990. Les principaux pays producteurs de charbon sont l'Allemagne pour 145 millions de tonnes, la Pologne pour 121 millions de tonnes et la République Tchèque pour 44 millions de tonnes. La part des énergies renouvelable dans la consommation énergétique européenne représente près de 20 % et monte à 54 % dans le mix suédois et à 41 % dans le mix finlandais. Elle est de l'ordre des 16,5 % en l'Allemagne et en France et ne dépasse pas les 11,5 % au Royaume-Uni, en Pologne, en Belgique, en Irlande, au Luxembourg et aux Pays-Bas. Enfin, le taux de dépendance énergétique de l'Union européenne est de l'ordre des 58 % en augmentation par rapport au début des années 2000 et la production de CO2 dans l'Union européenne est de 3,2 milliards de tonnes dont 22 % pour l'Allemagne et de l'ordre des 11 % pour, respectivement, le Royaume-Uni, la Pologne et l'Italie.

Au niveau de l'Union européenne, ces objectifs sont au nombre de quatre : le fonctionnement du marché européen de l'énergie, la sécurité de l'approvisionnement énergétique dans l'Union européenne, la promotion de l'efficacité énergétique et des économies d'énergie par notamment le développement des énergies renouvelables et nouvelles ainsi que la promotion au sein de l'Union de l'interconnexion des réseaux électriques. Dans ce cadre, les objectifs de 2014 du Conseil européen sont pour 2030 la réduction de 40 % des gaz à effet de serre, la réalisation de 20 % d'efficacité énergétique et l'augmentation à 27 % de la part des énergies renouvelables dans le mix énergétique européen dans le but d'atteindre une énergie décarbonée à l'horizon 2050. Par ailleurs, la question de la construction d'une Union de l'énergie est également aujourd'hui posée. Au plan national français, l'article L. 100-4 du code français de l'énergie décline ces objectifs en une série d'objectifs nationaux du même ordre. Il s'agit de la réduction des émissions des gaz à effet de serre de 40 % entre 1990 et 2030 et de la division par quatre des émissions de gaz à effet de serre entre 1990 et 2050. Il s'agit également de réduire la consommation énergétique finale de 50 % en 2050 avec un stade intermédiaire de 20 % à l'horizon 2030. Il s'agit enfin de réduire la consommation des énergies fossiles de 30 % en 2030 par rapport à l'année 2012 et de porter la part des énergies renouvelables à 32 % de la consommation finale brute d'énergie en 2030. Sont également prévus la réduction du parc nucléaire à 50 % de la production d'électricité en 2025 et la multiplication par cinq en 2030 de la quantité de chaleur et de froid livrée par les réseaux de chaleur et de froid.

Dans ce cadre, la mission première de la politique énergétique française fut historiquement la sécurité de l'approvisionnement. Cet objectif a été dégagé dans l'entre-deux Guerres et ne fut à l'époque mise en œuvre que partiellement. La loi du 10 janvier 1925 a notamment fait obligation aux importateurs de produits pétroliers de constituer des stocks d'un quart des produits importés dans l'année. Cet objectif prit une nouvelle dimension au lendemain du premier choc pétrolier de 1974. Peu de temps auparavant, la Communauté économique européenne s'était déjà engagée dans cette voie avec ses deux Directives du 14 décembre 1968 et du 19 décembre 1972 imposant aux États membres la constitution de stocks correspondant à 90 jours de la consommation intérieure. Aujourd'hui, l'ensemble est couvert par la Directive du 14 septembre 2009. En France, sur le fondement de la loi du 31 décembre 1992, deux décrets du 29 janvier 1993 plusieurs fois réactualisés prévoient, d'une part, l'obligation de constituer des stocks stratégiques ainsi que, d'autre part, la création d'un Comité professionnel des stocks stratégiques pétroliers qui travaille en étroite collaboration avec la Société anonyme de gestion des stocks de sécurité. La charge de stocker un quart des quantités importées incombe aux opérateurs. Dans le cas de la France, il s'agit moins de produits bruts que de produits finis. Par ailleurs, l'article L. 642-10 du code de l'énergie prévoie une sanction en cas de manquement de l'opérateur équivalente au volume des produits pétroliers non stockés. Dans le domaine du gaz naturel et de l'électricité, les Directives respectivement du 26 avril 2004 et du 16 janvier 2006 encadrent l'action des États membres. Dans le premier cas, aux mesures concernant le stockage s'ajoutent celles relatives aux situations d'urgence. Dans le second cas, les autorités européennes misent sur la fluidité du marché intérieur de l'électricité et le respect des procédures pour prévenir toute menace sur la sécurité de l'approvisionnement électrique.

En situation d'urgence ou de crise énergétique, deux ordonnances du 23 décembre 1958 et du 7 janvier 1959 sont susceptibles d'application en France. La première a été actualisée par l'ordonnance du 9 ami 2005 et est relative aux infractions en matière de répartition des produits industriels et de l'énergie avec des peines pouvant aller jusqu'à cinq ans de prison. La seconde portant organisation de la défense nationale est relative au contrôle et à la répartition des ressources en énergie. Elles s'ajoutent à la loi du 29 octobre 1974 relative aux économies d'énergie en vue de remédier à la pénurie énergétique ou à une menace sur l'équilibre des échanges extérieurs. Les décisions qui sont prises concernent alors la production, le transport, l'importation et l'exportation, la distribution, le stockage, l'acquisition et la cession ainsi que l'utilisation des produits énergétiques. Elles portent notamment sur la mobilisation, le rationnement et la mise à disposition des produits et des équipements et peuvent aller jusqu'à la réquisition y compris des personnels. Dans ce dernier cas, cela peut en outre être pour cause d'intempérie ou de catastrophe naturelle lorsqu'il faut reconstruire des réseaux électriques endommagés. Au plan sectoriel et dans le domaine pétrolier, lorsque la situation internationale l'exige, l'article L. 143-7 dispose que *le Gouvernement peut, par voie réglementaire, réglementer ou suspendre l'importation ou l'exportation de pétrole brut ou de produits pétroliers*. Des mesures de déstockage peuvent également être prises en cas de pénurie impliquant notamment la Société anonyme de gestion des stocks de sécurité. Dans le domaine du gaz naturel, après la Directive du 26 avril

2004, le Règlement européen du 20 octobre 2010 promeut un certain nombre de mesures visant à garantir la sécurité de l'approvisionnement. Il pose trois principes qui sont celui de la nécessité d'un bon fonctionnement du marché intérieur du gaz comme réponse première aux situations d'urgence, celui de l'organisation du relais étatique quand le marché présente des défaillances et celui la responsabilité commune qui échoie aux États et aux entreprises de gaz en la matière. La situation d'urgence peut en outre être décrétée tant au niveau national qu'au niveau européen. En France, l'ensemble est organisé par un arrêté du 27 octobre 2006. En matière d'électricité enfin, les mêmes principes qu'en matière de gaz prévalent.

La maîtrise des consommations est un autre objectif de la politique énergétique tout comme un moyen de la transition énergétique vers une économie sobre voulue par les pouvoirs publics. Son principe fut tout d'abord initié dans des contextes de pénurie énergétique. Pour ce qui est de l'après-guerre, la loi du 29 octobre 1974 relative aux économies d'énergie fut une réponse au choc pétrolier de 1973. La notion de maîtrise de l'énergie telle qu'on la connaît aujourd'hui et dont le champ d'application est plus large apparut un peu plus tardivement avec la création en 1982 de l'Agence de l'Environnement et de la Maîtrise de l'Énergie (ADEM) qui est l'agence de l'environnement et de la maîtrise de l'énergie. Dans ce cadre, plusieurs facteurs contribuent à la maîtrise de l'énergie. La maîtrise française de l'énergie passe tout d'abord par la mise en place de mécanismes d'incitation des consommateurs à réduire leur consommation en mobilisant notamment la communication des entreprises du secteur de l'énergie. Vient ensuite l'incitation tarifaire à l'effacement des consommations. Dans le domaine de l'électricité, c'est tout particulièrement le cas de la consommation en période de pointe. En la matière, la loi du 13 juillet 2005 invite les gestionnaires de réseaux de transport et de distribution à pratiquer des écarts de tarifs selon les périodes de la journée et de l'année. Il en résulte un renchérissement de l'électricité en période de pointe et une réduction du prix en période dite creuse. Des primes sont également prévues au bénéfice des opérateurs d'effacement. Certains secteurs sont particulièrement visés comme celui de l'éclairage et celui des transports. Dans le premier cas, un arrêté du 25 janvier 2013 impose des restrictions à l'éclairage nocturne des bâtiments et des magasins. Dans le second cas, plusieurs directives européennes de même que l'article L. 1211-3 du code français des transports prône une utilisation rationnelle de l'énergie et le développement de transports notamment collectifs plus économe en énergie. Enfin, la technique du certificat d'économie d'énergie institué par la loi française du 13 juillet 2005 et modifié par celle du 12 juillet 2010 concerne les fournisseurs d'énergie de chauffage et les distributeurs de carburants.

Tout comme la maîtrise des consommations, le renforcement de l'efficacité énergétique qui en est le pendant participe aux objectifs de la politique énergétique. Concernant sa définition, l'efficacité énergétique est le rapport entre un résultat de production ou de service et l'énergie lui est consacrée. Tout d'abord initié au niveau européen avec une Directive du 13 septembre 1993 concernant le dioxyde de carbone, son principe en est élargi au niveau de l'Union avec les Directives du 5 avril 2006 puis du 25 octobre 2012 avec une transposition en droit interne au 5 juin 2014. Pour réaliser les objectifs définis en la matière, une recommandation de la Commission du 9 octobre 2009 prône la mobilisation des technologies de l'information et des télécommunications. Les deux applications principales de ce principe concernent le domaine de l'approvisionnement énergétique et celui de la performance énergétique des bâtiments. S'y ajoutent des dispositifs relatifs à la performance énergétique des entreprises qu'elles soient agricoles ou grandes entreprises qui sont susceptibles de générer des aides notamment pour le financement des diagnostics énergétiques. L'efficacité énergétique concerne également le renforcement de l'efficacité énergétique des chaudières et la mise en place de systèmes de cogénération à haut rendement pour la production de chaleur et de froid ainsi que l'ensemble des mesures susceptibles d'être prises par les gestionnaires de réseaux de transport et de distribution en vue de renforcer l'efficacité de la chaîne transformation, transport et distribution de l'énergie. Dans le domaine du bâtiment, le Directive du 16 décembre 2002 fixe un certain nombre d'exigences à destination des États membres dont l'adoption d'une méthode uniforme de calcul pour évaluer la performance énergétique des bâtiments, la réalisation de certificat de performance énergétique à destination des propriétaires et des locataires et la réalisation de contrôles indépendants. En France, les mesures prises sont insérées dans le code de la construction et de l'habitation. Y sont insérés les objectifs de la loi du 3 août 2009 relatifs à la rénovation de 400 000 logements par an et la réduction de 38 % d'ici 2020 de la consommation énergétique du parc des bâtiments existants. Des règles thermiques s'appliquent également aux constructions nouvelles. Par ailleurs, toute vente doit aujourd'hui faire l'objet d'un diagnostic de performance énergétique et les syndics de copropriété sont tenus de réaliser des audits énergétiques. L'existence de contrats de performance énergétique vient enfin compléter le dispositif par lesquels les maîtres d'ouvrage s'engagent à atteindre un objectif mesurable d'amélioration de l'efficacité énergétique des bâtiments dont ils ont la charge.

La promotion des énergies renouvelables dérivées de l'éolien, du solaire et de la géothermie est depuis déjà une décennie une des priorités de la politique énergétique française. De nouveau, l'initiative en revint aux deux Directives européennes du 27 septembre 2001 pour ce qui est de l'ensemble de la matière et du 8 mai 2003 pour ce qui est des biocarburants. Aujourd'hui, la matière est couverte par la Directive du 23 avril 2009 qui fut transposée en droit français par la loi du 5 janvier 2011 et l'ordonnance du 14 septembre 2011. Cette Directive fixe notamment un objectif de 20 % d'énergie renouvelable dans la consommation finale brute d'énergie en 2020 au niveau de l'Union. Les moyens imposés aux États membres en sont l'adoption de plans d'action nationale ad hoc avec, notamment, des mesures de soutien substantiels au développement des énergies renouvelables, l'institution de mécanismes de garantie de leur origine, des garanties d'accès de ces énergies aux réseaux énergétiques de transport et de distribution et la réduction des émissions de gaz à effet de serre des carburants utilisés. En matière de soutien, il est fait appel aux sociétés de financement des économies d'énergie prévues par la loi française du 15 juillet 1980, aux fonds d'investissement pour la maîtrise de l'énergie créés en 2003 ainsi qu'aux fonds chaleur pour la promotion de la chaleur produite à partir d'énergies renouvelables initié par le Grenelle de l'environnement de 2007. S'y ajoutent les subventions directes et les avances remboursables de l'ADEME ainsi que les diverses aides possibles des collectivités territoriales pour la maîtrise de l'énergie. Dans ce cadre, la garantie d'origine est un document fourni par un organisme chargé par le ministère en charge de l'énergie de garantir au client final la source renouvelable de l'énergie utilisée. Le mécanisme existe également en matière d'énergie tirée de la cogénération. Enfin, la promotion des énergies renouvelables passe également par l'aménagement de certaines règles du code de l'urbanisme pour favoriser l'installation de panneaux solaires au sol et sur les bâtiments ainsi que la construction d'éoliennes.

Enfin, la cohésion sociale et territoriale par l'accès de tous à l'énergie est également un des objectifs de la politique énergétique française et se décline notamment en lutte contre la précarité énergétique. Initialement, la loi du 1er décembre 1988 plusieurs fois amendée a introduit en droit français un droit à l'électricité pour tous par la suite élargi au gaz en tant que produits de première nécessité pour les personnes en situation de précarité. Le dispositif juridique d'aide qui en a résulté fit l'objet de conventions entre l'État et EDF, d'une part, et GDF, d'autre part au niveau national comme au niveau des départements. Dans ce cadre, l'article L. 337-3 du code de l'énergie tirée d'une loi du 10 février 2000 dispose que *les tarifs de vente d'électricité aux consommateurs domestiques tiennent compte du caractère indispensable de l'électricité pour les consommateurs dont les revenues du foyer sont, au regard de la composition familiale, inférieurs à un plafond, en instaurant pour une tranche de leur consommation une tarification spéciale « produit de première nécessité ». Cette tarification spéciale est applicable aux services liés à la fourniture*. Au niveau européen, les Directives du 13 juillet 2009 concernant les marchés du gaz et de l'électricité se fixent également comme objectif la lutte contre la pauvreté énergétique. Elle précise que *les États membres prennent des mesures appropriées, telles que des plans d'action dans le domaine de l'énergie... pour assurer aux consommateurs vulnérables l'approvisionnement en énergie nécessaire... ou des aides à l'amélioration de l'efficacité énergétique*. Dans ce cadre, la loi française du 12 juillet 2010 s'attache à définir la situation de précarité énergétique comme étant celle de la *personne qui éprouve dans son logement des difficultés particulières à disposer de la fourniture d'énergie nécessaire à la satisfaction de ses besoins élémentaires au raison de l'inadaptation de ses ressources ou de ses conditions d'habitat*. En matière de logement, un Fonds national d'aide à la rénovation thermique des logements privés a ainsi été créé et des programmes de réhabilitation sont notamment engagés. En matière d'aide à la personne, des tarifications spéciales existent également ainsi que des aides au paiement des factures. Des délais de paiement peuvent enfin être accordés par le juge.

La loi française du 12 juillet 2010 pour l'environnement définit la précarité énergétique comme répondant à la situation d'une personne *qui éprouve dans son logement des difficultés particulières à disposer de la fourniture d'énergie nécessaire à la satisfaction de ses besoins élémentaires en raison de l'inadaptation de ses ressources ou de ses conditions d'habitat.* Pour la mesurer, on comptabilise les ménages qui consacrent plus de 10 % de leurs ressources aux dépenses d'énergie dans le logement. Ils étaient en 2019 3,5 millions, soit 12 % des ménages au niveau national mais, selon les critères, ils pourraient totaliser 5,1 millions de ménages. La précarité énergétique concerne par ailleurs 30 % des ménages les plus modestes. 87 % de ces ménages seraient dans le parc privé et 62 % seraient des propriétaires-occupants, 65 % vivraient en ville et 55 % auraient plus de 60 ans. Cette précarité est enfin évolutive dans le sens d'un accroissement avec l'augmentation des prix de l'énergie. Elle dépend largement de la mauvaise qualité thermique du parc de logements et de la rigueur des hivers. Les ¾ du parc auraient ainsi des consommations supérieures à 150 kWh par m2 et par an. Dans ce cadre, les ménages rencontrant des difficultés de paiement des factures seraient passés de 10 à 18 millions entre 2013 et 2020 et 670 000 ménages seraient en bute aux impayés en 2019. Y remédier a donné lieu à la création de tarifs sociaux de l'énergie tant pour l'électricité que pour le gaz et nécessiterait d'importantes actions de réhabilitation des logements.

c) Les moyens français de politique énergétique

La politique énergétique française prend tout d'abord assise sur la notion de service public ainsi que sur les moyens qui en découlent. La notion de service public recouvre l'ensemble des activités d'intérêt général régies par l'administration publique ou par toute personne privée menant ces activités sous l'autorité de la puissance publique. Dans ce dernier cas, il y a délégation de service public ou contrat de service public. Cette notion de service public renvoie par ailleurs à trois principes essentiels qui en forment l'ossature et qui sont ceux de la continuité, de l'égalité et de l'adaptabilité. Dans le premier cas, le service public doit être assuré régulièrement, en temps et sans discontinuité gênante pour l'usager. Dans le second cas, il ne peut y avoir de discrimination entre usagers du service public sauf lorsque la situation de ces usagers est différente. Enfin, le service public doit s'adapter à l'évolution des besoins collectifs ainsi qu'aux exigences de l'intérêt général. La mise en œuvre de ces principes a par ailleurs forcément un coût qu'il convient de compenser et qui est un surcoût de service public dont la prise en charge peut être réalisée par l'État ou par l'usager. L'action de l'État est ici néanmoins encadrée par le droit européen de la concurrence et les règles relatives aux aides d'État. En la matière, le principe de base est que les aides d'État sont a priori interdites en droit européen de la concurrence mais que ne rentre pas dans le périmètre de l'aide d'État la compensation des charges justifiées par un impératif de service public. En droit de l'énergie, la matière donne donc régulièrement lieu à décision de la Commission et à recours devant la Cour de Justice de l'Union européenne. C'est particulièrement le cas concernant les mesures prises en vue de promouvoir les énergies renouvelables ou au profit de personnes défavorisées. On citera pour exemple le cas des compensations versées en compensation des obligations d'achat de l'électricité de source renouvelable dont le prix est supérieur aux prix du marché de l'électricité ainsi que le cas des compensations de charges de service public relatif aux tarifs de solidarité existant en matière de fourniture de gaz.

Au plan sectoriel, les activités liées au gaz et à l'électricité sont, en France, considérées comme des activités relevant, à certaines conditions, du service public. Ceci n'est pas le cas du secteur pétrolier qui est essentiellement discriminé par les lois du marché excepté les cas de la gestion des stocks stratégiques pétroliers et le domaine de la distribution des carburants sur les autoroutes qui sont associés à des activités de service public. De même, une petite partie seulement des productions de chaleur et de froid relève du service public. N'en relève ainsi pas l'essentiel des activités de production de chaleur des opérateurs privés. Concernant l'électricité, l'article L. 121-1 du code de l'énergie dispose que *le service public de l'électricité a pour objet de garantir, dans le respect de l'intérêt général, l'approvisionnement en électricité sur l'ensemble du territoire national... matérialisant le droit de tous à l'électricité, produit de première nécessité. Le service public de l'électricité est géré dans le respect des principes d'égalité, de continuité et d'adaptabilité et dans les meilleures conditions de sécurité, de qualité, de coûts, de prix et d'efficacité économique, sociale et énergétique*. L'article 121-2 précise en outre que le service public *assure les missions de développement équilibré de l'approvisionnement en électricité, de développement et d'exploitation des réseaux publics de transport et de distribution de l'électricité ainsi que de fourniture d'électricité*. Dans ce cadre, il est de jurisprudence constante de considérer qu'il y a service public de la production d'électricité lorsque sa finalité est l'alimentation d'une distribution publique. Il est également considéré qu'ont le caractère d'ouvrages publics tous les ouvrages d'une puissance supérieure à 40 MW et tous ceux dont la production est en permanence destinée aux réseaux publics. S'y ajoute le fait que les réseaux de transport et de distribution de l'électricité sont considérés comme des infrastructures essentielles faisant l'objet de concessions de service public. Dans le domaine du gaz, sans donner de définition du service public du gaz, l'article L. 121-32 n'en dispose pas moins que des obligations de service public sont assignées aux opérateurs de réseaux de transport et de distribution de gaz naturel et aux exploitants de gaz naturel liquéfié, aux fournisseurs, aux entreprises locales de distribution ainsi qu'aux titulaires de concessions de stockage souterrain de gaz naturel.

À côté de la promotion du service public de l'énergie, le second moyen de la politique française de l'énergie est la planification pluriannuelle. Dans le domaine du gaz, on citera le Plan indicatif pluriannuel gaz issu de la loi du 3 janvier 2003 ainsi que le Plan décennal de développement du réseau de transport que les gestionnaire de réseaux doivent soumettre chaque année à l'autorité de régulation. Ce dernier résulte d'une Directive européenne du 13 juillet 2009 qui fut transposé à l'article L. 431-6 du code français de l'énergie qui précise notamment que *le plan décennal mentionne les principales infrastructures de transport qui doivent être construites ou modifiées de manière significative dans les dix ans, répertorie les investissements déjà décidés, ainsi que les nouveaux investissements qui doivent être réalisés dans les trois ans, en fournissant le calendrier prévisionnel de réalisation de tous les projets d'investissement.* Dans le domaine de l'électricité, le premier plan national de développement et de rénovation du parc des centrales thermiques et hydrauliques vit le jour au lendemain de la Seconde Guerre mondiale. En octobre 1955 fut ensuite créé un fond de développement des investissements des entreprises publiques du secteur. Une première loi de programme fixant les orientations de la politique énergétique fut également votée le 13 juillet 2005. Enfin, au plan des modalités, la loi du 29 juillet 1982 portant réforme de la planification introduisit les premiers contrats de plan liant notamment l'État et EDF. Cet effort de planification vise à prendre en compte les évolutions de la consommation ainsi que des capacités de transport, de distribution et d'échanges. Elle fixe également des objectifs de répartition des capacités de production par source d'énergie, par technique de production et par zone géographique. Dans le domaine des énergies renouvelables, y sont associés depuis la loi du 25 juin 1999 un schéma de services collectifs de l'énergie fixant les objectifs d'exploitation des ressources locales ainsi que, depuis la loi du 3 août 2009, un schéma régional des énergies renouvelables. Dans le domaine de la production de chaleur, un premier arrêté du 15 décembre 2009 introduisit un même principe de programmation pluriannuelle. En matière de transport, la loi du 10 février 2000 oblige le gestionnaire de réseau à faire un bilan prévisionnel tous les deux ans des réseaux de distribution. En la matière, un premier schéma décennal de développement prévu à l'article L. 321-6 du code de l'énergie fut adopté pour la période 2003-2013 précisant notamment les infrastructures de transport à construire ou à mettre à niveau. S'y ajoutent des schémas régionaux de raccordement des énergies renouvelables. Enfin, la loi du 17 août 2015 relative à la transition énergétique introduisit dans le droit français une programmation pluriannuelle de l'énergie visant à rassembler dans un document unique l'ensemble des programmations dispersées.

Le troisième moyen de la politique énergétique française regroupe l'ensemble des mesures de soutien à l'énergie qui concerne essentiellement les domaines respectivement de la maîtrise de l'énergie et de la promotion des énergies renouvelables. Dans le premier cas, il s'agit d'un certain nombre de mesures fiscales auxquelles se rajoutent les soutiens financiers apportés dans le cadre de l'action du Fonds d'aide à la rénovation thermique des logements privés institué par la loi du 9 mars 2010 et les mécanismes d'aide à l'acquisition de véhicules électriques et hybrides. Du point de vue fiscal, on citera principalement le crédit d'impôt pour dépenses d'équipement de l'habitation principale de l'article 200 *quater* du code général des impôts, le dégrèvement de la taxe foncière sur les propriétés bâties à usage professionnel se raccordant sur une unité de traitement de déchets de l'article 1387A, le dégrèvement de la taxe foncière pour les logements neufs à haut niveau de performance énergétique de l'article 1383-0 B bis et la réduction d'impôt sur le revenu pour l'investissement locatif prenant en compte le niveau de performance énergétique de l'article 199 *septvicies* du code des impôts. En matière de promotion des énergies renouvelables, plusieurs dispositifs coexistent également. Pour l'énergie solaire, on citera le crédit d'impôt pour dépenses d'équipement de l'habitation principale ainsi que l'exonération de taxe foncière sur les propriétés bâties en cas d'installations photovoltaïques. On citera également le crédit d'impôt pour les installations des pompes à chaleur ainsi que la défiscalisation partielle de la taxe intérieure de consommation des biocarburants. Dans les autres domaines, la loi du 3 août 2009 a créé un Fonds chaleur destiné à soutenir la production de chaleur par les énergies renouvelables. Des subventions et avances remboursables de l'ADEME sont également possibles. Des aides directes sont enfin prévues au profit des cultures énergétiques et de la méthanisation agricole tandis qu'un plan de soutien aux biocarburants existe. Enfin, l'instrument privilégié de promotion des énergies renouvelables reste le mécanisme de l'obligation d'achat d'énergies.

Le principe de l'obligation d'achat d'énergies trouve sa première mouture dans la loi du 8 avril 1946 de nationalisation de l'électricité et du gaz dont le caractère incomplet eut pour conséquence qu'il fut imposé à EDF et aux entreprises locales de distribution une obligation d'achat et d'acheminement de l'électricité des petits producteurs autonomes. Par la suite, cette obligation fit l'objet d'un décret-loi du 20 mai 1955 modifié par un décret du 20 décembre 1994 organisant la levée de cette obligation sauf pour les énergies renouvelables et la cogénération. Enfin, la loi du 10 février 2000 d'ouverture à la concurrence de l'activité de production d'électricité maintint le principe de l'obligation d'achat tout en en modifiant les mécanismes. L'article L. 314-1 du code de l'énergie qui en codifie l'article 10 applicable fixe aujourd'hui les conditions dans lesquelles sont conclu les contrats d'achat d'électricité ainsi que les modalités de leur éventuelle suspension. Par la suite, des modifications furent apportées par les lois du 3 janvier 2003, du 9 août 2004, du 13 juillet 2005, du 7 décembre 2006, du 30 décembre 2008, du 27 mai 2009, du 12 juillet 2010 et du 7 décembre 2010. Il résulte de l'ensemble que le mécanisme de l'obligation d'achat a pour finalité l'objectif national d'atteindre les 23 % de production d'électricité par les énergies renouvelables en 2020. L'article 314-1 détermine par ailleurs les bénéficiaires de l'obligation d'achat qui sont les installations, d'une part, qui valorisent les déchets ménagers ou assimilés ou alimentent un réseau de chaleur dont la puissance par site n'excède pas les 12 MW et, d'autre part, qui utilisent des énergies renouvelables et qui valorise les énergies de récupération. S'y rajoutent les installations qui utilisent l'énergie mécanique du vent, l'énergie marine, l'énergie solaire thermique et les énergies géothermique et hydro-thermiques ainsi que les moulins à vent et à eau réhabilités pour la production d'électricité. Enfin, depuis la loi du 16 juillet 2013, un article L. 314-1-1 du code de l'énergie prévoit que les installations de cogénération d'une puissance supérieure à 12 MW électriques y sont éligibles. Dans ce cadre, les contrats d'achat d'électricité s'imposent à EDF et aux entreprises locales de distribution dès lors que le producteur intéressé en fait la demande et que celle-ci est acceptée. Il en est ainsi même lorsqu'il en résulte, pour l'opérateur, un surplus d'énergie non écoulable auprès des clients de la zone de déserte. La demande est faite auprès de la Direction régionale de l'industrie, de la recherche et de l'environnement qui a deux mois pour fournir un certificat ouvrant droit à l'obligation d'achat lorsque le demandeur répond aux critères. La durée du contrat doit être au moins égale à celle de l'amortissement des installations et les tarifs d'achat de l'électricité au moins égaux aux coûts de production des installations. L'ensemble des surcoûts qui en résultent fait enfin l'objet d'une compensation dont les conditions sont fixées à l'article L. 121-6 et suivants du code de l'énergie.

2) Les facteurs dimensionnant du droit de l'énergie en France

Au-delà de la diversité des droits applicables à l'énergie, deux caractéristiques structurelles dominent le paysage juridique français dans le domaine de l'énergie qui sont l'impact de la libéralisation du marché de l'énergie et le poids des impératifs de la transition énergétique. Dans le premier cas, la politique énergétique française a été profondément bouleversée par cette libéralisation des marchés de l'énergie qui remet en cause les situations de monopole et fait que le consommateur choisit lui-même son fournisseur. Dans le second cas, l'urgence de la préoccupation climatique est également en train de bouleverser l'économie de l'énergie.

a) La diversité des droits applicables

L'administration et la régulation de l'énergie font appel à plusieurs branches du droit. Au centre, le code de l'énergie est récent. Sa partie législative date du 9 mai 2011 et sa partie réglementaire du 30 décembre 2015. C'est la raison pour laquelle nombre des aspects du droit de l'énergie se sont trouvés antérieurement codifiés dans d'autres codes de facture plus ancienne. On citera pêle-mêle le code miner, le code de l'urbanisme, le code des transports, le code de commerce, le code des collectivités locales, le code de la construction et de l'habitation ainsi que le code du travail et le code de la consommation. Dans ce cadre, le droit du nucléaire et le droit de l'éolien ont notamment été insérés dans le code de l'environnement. Le droit de l'énergie s'en trouve donc fragmenté et fut longtemps exempt d'une approche globale. Ceci n'est toutefois pas particulier à la France puisqu'on trouve des configurations similaires dans d'autres droits européens. D'un point de vue historique, deux projets de codification du droit de l'énergie virent le jour sans qu'il y ait eu aboutissement. Il s'agit du décret-loi du 17 juin 1938 relatif au développement de l'équipement électrique et de la loi du 8 avril 1946 de nationalisation de l'électricité et du gaz. Ensuite, une circulaire du Premier Ministre du 30 mai 1996 projeta l'élaboration d'un code de l'énergie et des mines pour 2001 sans que le projet aboutisse. Il fallut donc attendre la loi du 13 juillet 2005 relative à la politique énergétique puis la loi du 12 mai 2009 de simplification et de clarification du droit et d'allègement des procédures pour que soit engagés les travaux d'élaboration de la partie législative du code des mines et du code de l'énergie. La partie législative du code de l'énergie fut adoptée par l'ordonnance du 9 ami 2011 pour une ratification dans le cadre de la loi du 16 juillet 2013. À ce jour, sa partie législative compte 731 articles et sa partie réglementaire 721 articles. Cette partie législative est subdivisée en 7 Livres. Le premier porte sur l'organisation générale du secteur de l'énergie. Le Livre II porte sur la maîtrise de l'énergie et le développement des énergies renouvelables. Le Livre III est consacré au domaine de l'électricité et traite respectivement de sa production, du transport, de sa distribution et de sa commercialisation. Le Livre IV est consacré au gaz et traite respectivement de la recherche et de l'exploitation des gites de gaz naturel, du stockage, du transport et de la distribution, de la commercialisation et, enfin, de l'accès et du raccordement aux réseaux et aux installations. Le Livre V est relatif au domaine de l'énergie hydraulique et dissocie les installations autorisées et les installations concédées. Le Livre VI est consacré au pétrole et traite de la recherche et de l'exploitation, du transport, du raffinage et du stockage, de la distribution et, enfin, du régime spécifique à l'outre-mer en la matière. Enfin, le Livre VII est relatif aux réseaux de chaleur et de froid et traite de la production de chaleur et du classement des réseaux de chaleur et de froid, des canalisations de transport et de distribution et du stockage de chaleur.

Le code minier date d'un décret du 16 août 1956 reprenant une loi minière du 21 avril 1910 applicable à l'époque au domaine de l'exploitation du charbon. Il fut par la suite refondu par ordonnance en 2011 puis fit l'objet d'un travail parlementaire de recodification créant un code des mines spécifique de 507 articles. Sur le fond, le code minier s'intéresse au droit de l'énergie par la place qu'il fait à l'exploration et à l'exploitation du gaz et du pétrole y compris du gaz et du pétrole de schiste si leur exploitation avait été autorisée sur le sol français. Aujourd'hui, le recours au code minier s'est également élargi aux domaines des gites géothermiques ainsi qu'au stockage géologique des déchets nucléaires, du dioxyde de carbone et d'autres gaz comme l'hydrogène. Un temps, la question s'était d'ailleurs posée d'intégrer le code minier dans le code de l'énergie compte tenu de la proximité entre ces deux branches du droit. Le projet fut néanmoins abandonné parce que nombre de dispositions du code minier intéressent d'autres domaines que l'énergie. La technique qui fut alors privilégiée est celle du renvoi au code minier d'un certain nombre de dispositions du code de l'énergie. C'est ainsi le cas des renvois au code minier des dispositions du code de l'énergie relatives à la recherche et à l'exploitation des gites contenant du gaz naturel ou du pétrole. Dans sa structure, le nouveau code minier distingue, dans son Livre I, les domaines de la recherche et de l'exploitation. Dans le Titre II concernant la recherche, un chapitre est consacré au permis exclusif de recherche tandis que les autres sont consacrés aux spécificités de la recherche en mer et aux gites géothermiques. Le Titre III concernant l'exploitation adopte le même plan avec un chapitre sur le régime des concessions et trois autres chapitres sur, respectivement, l'exploitation en mer, l'exploitation des gîtes géothermiques et l'exploitation des stockages d'énergie calorifique. Ensuite, le code minier traite des différents titres d'exercice des obligations relatives à l'activité minière et de la police des mines. Ensuite, un livre II du code minier est spécialement centré sur tout ce qui a trait au stockage souterrain incluant la recherche et l'exploitation, les obligations des exploitants et la police des stockages souterrains. Enfin, un Livre III est entièrement consacré au régime des carrières avec ses volets exploration, exploitation et infractions.

Dans le code des impôts, la fabrication, la commercialisation et la consommation de produits énergétiques sont soumises aux taxes intérieures de consommation sur les produits énergétiques (TICPE) qui, cumulées, se chiffraient pour la France à quelque 37,7 milliards d'euros en 2019. La TICPE comporte les 3 branches suivantes : la Taxe Intérieure de Consommation sur le Gaz Naturel (TICGN), la Taxe Intérieure de Consommation sur le Charbon (TICC) et la Taxe Intérieure sur la Consommation de Produits Énergétiques (ancienne TIPP). Chaque produit énergétique supporte par ailleurs un tarif de TICPE déterminé selon l'usage qui en est fait, le type de consommateur concerné et le lieu de consommation. Les principaux produits soumis à TICPE sont les essences, le gazole, le fioul, le gaz naturel et le charbon. Afin d'alléger le coût très important que peut représenter la TICPE pour une entreprise, la règlementation prévoit de nombreux taux réduits et des exonérations. Peuvent bénéficier d'exonérations ou de taux réduits les secteurs suivants : la chimie, la métallurgie, la minéralogie, le textile, etc. Il existe par ailleurs deux grandes catégories d'entreprises pouvant obtenir le remboursement de la TICPE qui sont les professionnels de la route (chauffeurs de taxis, transporteurs routiers de marchandises et de personnes) éligibles à des procédures de remboursement partiel de TICPE ainsi que les entreprises grandes consommatrices d'énergie. Les fournisseurs, les consommateurs et les producteurs d'électricité peuvent enfin être soumis aux taxes suivantes : la Contribution au Service Public de l'Électricité (CSPE) qui a fait l'objet d'une importante réforme entrée en vigueur en 2016 à l'issue de laquelle sa gestion a été confiés à l'administration des douanes, la Taxe Intérieure sur la Consommation Finale d'Électricité (TICFE), la Taxe Départementale sur la Consommation Finale d'Électricité dont les tarifs varient d'un département à un autre, la Taxe Communale sur la Consommation Finale d'Électricité dont les recettes sont affectées aux budgets des communes, la Contribution Tarifaire d'Acheminement (CTA) et la TVA.

L'énergie occupe également une place non négligeable dans le code de l'urbanisme. Ainsi en est-il tout particulièrement des dispositions d'urbanisme relatives aux énergies renouvelables. L'article L. 121-1 du code de l'urbanisme précise ainsi que les documents d'urbanisme *déterminent les conditions permettant d'assurer, dans le respect des objectifs du développement durable... la réduction des émissions de gaz à effet de serre, la maîtrise de l'énergie et la production énergétique à partir de sources renouvelables.* Dans le prolongement, l'article 111-6-2 dispose que *nonobstant les règles relatives à l'aspect extérieur des constructions des plans locaux d'urbanisme, des plans d'occupation des sols, des plans d'aménagement de zone et des règlements des lotissements, le permis de construire ou d'aménager ou la décision prise sur une déclaration préalable ne peut s'opposer à l'utilisation de matériaux renouvelables ou de matériaux ou procédés de construction permettant d'éviter l'émission de gaz à effet de serre... ou la production d'énergie renouvelable correspondant aux besoins de la consommation domestique des occupants de l'immeuble ou de la partie d'immeuble concernés. La liste des dispositifs, procédés de construction et matériaux concernés est fixée par voie réglementaire.* L'article R. 421-9 dispose également qu'*en dehors des secteurs sauvegardés dont le périmètre a été délimité et des sites classés, les constructions nouvelles suivantes doivent être précédées d'une déclaration préalable, à l'exception des cas mentionnés à la sous-section 2 ci-dessus :... d) Les ouvrages et accessoires des lignes de distribution d'énergie électrique dont la tension est inférieure à soixante-trois mille volts... h) Les ouvrages de production d'électricité à partir de l'énergie solaire installés sur le sol dont la puissance crête est inférieure à trois kilowatts et dont la hauteur maximum au-dessus du sol peut dépasser un mètre quatre-vingt ainsi que ceux dont la puissance crête est supérieure ou égale à trois kilowatts et inférieure ou égale à deux cent cinquante kilowatts quelle que soit leur hauteur.*

En matière commerciale, le domaine de l'énergie est soumis aux règles du droit européen de la concurrence avec cette particularité que celui-ci lui aménage un régime dérogatoire au droit commun en ce qui concerne le domaine des aides d'État. En la matière, le principe de base est que les aides d'État constituent des distorsions de concurrence contraires aux principes qui fondent le bon fonctionnement du marché intérieur européen. Un certain nombre de dérogations aux régimes qui en résultent existe toutefois dont certaines concernent le domaine de l'énergie en lien avec les objectifs notamment environnementaux de l'Union européenne. Ainsi, sont autorisées les aides d'État en faveur de l'énergie produite à partir de sources renouvelables ainsi que les aides prenant la forme de réductions de contributions en vue de promouvoir l'électricité produite à partir de sources renouvelables. Sont également autorisées les aides visant à améliorer l'efficacité énergétique ainsi que celles en faveur du développement des infrastructures énergétiques et de l'adéquation des capacités de production. En matière d'infrastructure énergétique, il s'agit notamment de promouvoir une amélioration des flux transfrontaliers de l'énergie et de développer les infrastructures dans les régions déficitaires. Enfin, en cas de défaillance du marché de l'énergie, des aides d'État, notamment à l'investissement sont également autorisées. Ainsi en est-il des aides à l'adéquation des capacités de production qui visent à inciter les producteurs d'énergie à fournir des capacités de production lorsque le développement du renouvelable est générateur d'irrégularité dans la fonction d'approvisionnement. Le droit de la concurrence appliqué au domaine de l'énergie concerne également les faits d'ententes illicites et d'abus de position dominante. Dans le premier cas, la Commission européenne infligea par exemple en 2014 1,1 milliard d'euros d'amende à GDF Suez et à E.ON pour entente illicite consistant dans un partage des marchés français et allemand du gaz transporté par le gazoduc MEGAL qu'ils avaient construit ensemble. Dans le second cas, GDF Suez et EDF furent condamnés à plusieurs reprises pour abus de position dominante.

Dans le code du travail, des premières règles spécifiques aux salariés du domaine de l'énergie datent d'une loi du 28 juillet 1928 qui, partant de l'expérience parisienne, aligne le statut des électriciens et des gaziers sur celui des agents municipaux avant que la mesure ne soit élargit par le

Conseil d'État aux concessions de production hydraulique. Par la suite, l'article 47 de la loi de nationalisation du 8 avril 1946 unifia le régime des personnels des entreprises électriques et gazières dans le but de créer les conditions d'une continuité du service public de l'énergie. Par la suite, le statut de ces mêmes personnels fut de très nombreuses fois modifié. Au plan des formes juridiques, ce statut rentre tout d'abord dans la catégorie des actes administratifs réglementaires dont la légalité relève de la compétence du juge administratif. Ensuite, quel que soit le statut de leur entreprise, les relations de travail de ces personnels sont régies par le droit privé du travail. Aussi, les litiges qui les affectent relèvent de la compétence du juge judiciaire et de l'institution prud'homale. En raison de la mission de service public qui caractérise leurs activités, les industries électriques et gazières sont enfin, en matière de droit de grève, assujetties à un certain nombre de contraintes. Il en résulte notamment une obligation de préavis ainsi que l'interdiction de la cessation du travail par échelonnement. Comme pour tout service public, les personnels en grèves peuvent par ailleurs faire l'objet d'un droit de réquisition par le gouvernement et les préfets en cas d'urgence et de nécessité sous réserve que la mesure soit proportionnée à l'objectif recherché. Dans le prolongement, il existe une jurisprudence du Conseil d'État qui reconnaît, dans les centrales nucléaires, le principe d'un service minimum en cas de grève. Le droit du travail tout comme le droit de la santé s'intéressent enfin au domaine de l'énergie par la place qu'ils donnent à la sûreté nucléaire que nous aborderons plus loin.

b) La libéralisation des marchés de l'énergie

Prenant sa source dans le droit de la concurrence de l'Union européenne qui en a une la compétence exclusive au niveau de l'Union, la libéralisation du marché de l'énergie en France est une composante essentielle du droit de l'énergie. La fin des tarifs réglementés en est la première pièce. Dans le domaine du charbonnage, les prix étaient libres mais déterminés par le fait que Charbonnage de France exerçait jusqu'à sa dissolution en 2007 un quasi monopole sur la production et la distribution. Dans le domaine des produits pétroliers, une loi de 1928 réglementa longtemps les prix fixant un prix maximum et interdisant des rabais au-dessus d'un certain seuil fixé en 1985 à 18 centimes par litre. Ce dispositif de 1928 fit l'objet d'une décision de la Cour de Justice de l'Union européenne (CJUE) du 29 janvier 1985 saisie par l'entreprise Leclerc qui s'était lancée dans une guerre des rabais avec les compagnies pétrolières. La Cour jugea que les règles françaises de fixation du prix des carburant étaient incompatibles avec les termes du Traité de Rome et les principes gouvernant le marché intérieur européen. La France dut obtempérer et inscrire dans sa loi de 1985 le principe de la libéralisation du prix des produits pétroliers. Quelque trente ans plus tard, ce fut au tour de la réglementation française des prix du gaz et de l'électricité de faire l'objet de l'intervention de la Cour de justice européenne dont il résulte aujourd'hui un dispositif complexe.

Au niveau des structures de production, l'énergie est un secteur puissamment capitalistique en raison de l'importance des coûts fixes et de la concentration des productions dans les mains de quelques grandes entreprises autour desquelles gravite une myriade de sociétés de service. À côté des compagnies étatiques qui contrôlent 83 % et 85 % des réserves de pétrole et de gaz, les compagnies privées jouent un rôle fondamental dans l'exploration et l'exploitation des ressources énergétiques de la planète. Sur le premier élément, l'attachement au principe de souveraineté sur les ressources naturelles a fait que nombre d'États producteurs d'énergies du Moyen-Orient, d'Afrique et d'Amérique latine ont nationalisées leurs productions énergétiques entre

1960 et 1980 quand les ressources de l'URSS et de la Chine l'étaient déjà depuis les révolutions de 1917 et de 1949. Il en résulta notamment la création de la Saudi Aramco pour l'Arabie saoudite, de Nioc pour l'Iran, de la Sonatrach pour l'Algérie et de la PEMEX pour le Mexique. Pour ce qui les concerne, les principales entreprises chinoises sont la Sinopec, la CPC et la CNOOC. Sur le second élément, les ressources énergétiques de la Russie ont été partiellement privatisées dans les années 1990 donnant naissance aux géants Gazprom et Lukoil tandis que la Saudi Aramco est partiellement entrée en bourse en 2019. Du côté occidental, le démembrement en 1911 de la Standard Oil créée par Rockfeller au titre de la loi anti-trust avait donné naissance à 6 compagnies privées dont Chevron, Exxon et Mobil. Aujourd'hui, font partie des majors mondiaux par ordre d'importance en termes de chiffres d'affaires la Royal Dutch Shell des Pays-Bas, ExxonMobil résultant de la fusion des deux compagnies américaines en 1998, British Petroleum (BP) pour le Royaume-Uni, Total pour la France qui a fusionné avec Elf en 2000 et l'Américain Gulf-Chevron. Au niveau du transport, la géopolitique des flux énergétiques épouse celle des routes maritimes du pétrole et maintenant du gaz. Les principaux goulets d'étrangement qui en nécessitent le contrôle militaire sont le détroit d'Ormuz par où transitent 20 % de la production mondiale du pétrole, les canaux de Suez et du Mozambique, le cap de Bonne Espérance et les détroits de Gibraltar, de Malacca et de la Sonde. Les principaux espaces maritimes concernés sont les océans indien et atlantique ainsi que les mer Méditerranée, Noire et du Nord. Ainsi, la moitié de la production mondiale de pétrole transite-t-il par l'océan Indien. Pour ce qui les concerne, les golfes d'Aden et de Guinée sont enfin des routes maritimes pétrolières à risque de fait de la recrudescence de la piraterie maritime et l'océan arctique se projette dans l'avenir en tant que nouvelle frontière maritime et énergétique mondiale.

En matière de transport, la géopolitique des flux énergétiques épouse tout d'abord celle des routes maritimes du pétrole et maintenant du gaz. Les principaux goulets d'étrangement qui en nécessitent le contrôle sont le détroit d'Ormuz par où transitent 20 % de la production mondiale du pétrole, les canaux de Suez et du Mozambique, le cap de Bonne Espérance et les détroits de Gibraltar, de Malacca et de la Sonde. Les principaux espaces maritimes concernés sont les océans indien et atlantique ainsi que les mers Méditerranée, Noire et du Nord. Ainsi, la moitié de la production mondiale de pétrole et de gaz naturel liquéfié transite par l'océan Indien en direction de l'Asie. Les golfes d'Aden et de Guinée sont enfin des espaces maritimes à risque de fait de la recrudescence de la piraterie maritime et l'océan arctique se projette dans l'avenir comme la nouvelle frontière énergétique mondiale. Pour le gaz et l'électricité, la géopolitique des flux énergétiques épouse celle des tubes et des réseaux. En Europe, de nombreux gazoducs terrestres acheminent le gaz russe de Sibérie transitant traditionnellement par la Biélorussie et l'Ukraine. La Russie s'engagea également dans une politique énergique de diversification des routes d'exportation de son gaz en Europe au moyen de la construction de gazoducs sous les mers visant à réduire la puissance de transit de l'Ukraine. Sous la mer Noire, il en résulta la construction des gazoducs *Blue Stream* et *Turkish Stream* ainsi qu'un projet de construction de *South Stream*. Sous la mer Baltique, il en résulta la construction des *Nord-Stream* 1 et 2 en direction de l'Allemagne. En Asie, un réseau étendu d'oléoducs et de gazoducs existe entre la Chine et la Russie ainsi qu'entre la Chine et l'Asie centrale L'un des objectifs énergétiques des nouvelles routes de la soie est enfin de contourner le détroit de Malacca par où transitent 80 % des importations énergétiques chinoises mais que la Chine ne contrôle pas. C'est notamment la fonction des pipelines prévus entre la côte sud du Pakistan et le Xinjiang afin d'acheminer 1 million de barils jour, soit 15 % de la consommation chinoise. Enfin, des projets existent également d'établir des liaisons électriques entre l'Europe et la Chine de sorte à satisfaire l'augmentation de 70 % de la consommation chinoise prévue d'ici 2040.

En termes d'échange, les ressources énergétiques se font tout d'abord structurellement concurrence. La première fonction du pétrole fut ainsi de remplacer l'huile de baleine pour l'éclairage individuel avant de gagner progressivement tous les secteurs de l'économie notamment au détriment du charbon. Le pétrole gagna ainsi ses parts de marché parce que c'est une ressource d'une grande souplesse d'utilisation et d'un coût de production fortement compétitif et que la stratégie des firmes pétrolière fut très tôt très agressive en vue de la prise de contrôle des parts du marché énergétique. Il bénéficia en outre longtemps du marché captif du transport routier. Le gaz est également une énergie de substitution au charbon notamment pour le chauffage en concurrence avec l'électricité tirée du nucléaire et des énergies renouvelables. Les termes de l'échange énergétique sont ensuite dominés par une très grande concentration des zones de production pour le pétrole et le gaz et une relative dispersion pour le charbon. L'essentiel des productions de pétroles se concentrent en effet dans les pays de l'OPEP plus qui sont les pays de l'OPEP (Arabie Saoudite, Venezuela, Irak, Koweït, Emirats Arables Unis. Iran, Algérie, Libye, Angola, Gabon, Nigeria, Guinée équatoriale et République du Congo.) et les nouveaux arrivants dans l'OPEP Plus que sont la Russie, l'Azerbaïdjan, le Kazakhstan et le Mexique ainsi que Bahreïn, Brunei, la Malaisie, Oman et le Soudan. Trois pays se partagent enfin 48 % des réserves de gaz conventionnel qui sont la Russie, l'Iran et le Qatar auxquels s'ajoutent aujourd'hui les nouveaux pays producteurs d'hydrocarbures de roche mère dont encore essentiellement les États-Unis. Enfin, les termes de l'échange sont dominés par la concurrence que se font les contrats de long terme et les marchés spot de court terme en plein développement dont les modalités et les prix n'obéissent pas aux mêmes règles. En dehors du GNL, l'essentiel des livraisons de gaz naturel et les 2/3 des livraisons de pétrole passèrent longtemps par la voie des contrats de long terme. En matière de gaz, la tendance des Européens fut néanmoins dans les années 2010 de remettre en cause les contrats de long terme au profit de livraisons sur le marché spot. Parallèlement, les contrats de long terme actuels furent également renégociés en vue de leur indexation sur les prix spot plus volatiles qui explique que le prix du gaz soit si haut aujourd'hui.

La libéralisation du marché de l'énergie présuppose que le fournisseur peut fixer librement ses prix et que le consommateur peut choisir librement son fournisseur notamment en fonction du prix. Ainsi, le consommateur de gaz et d'électricité peut-il effectivement choisir son fournisseur depuis le 1er juillet 2007. Dans le premier cas, il s'agit de faire en sorte qu'une concurrence entre fournisseurs permette de faire baisser les prix de l'énergie vendue. L'hostilité de nombre d'États de l'Union européenne à ce volet de la libéralisation des prix s'est toutefois traduite par un compromis avec les instances de l'Union européenne par lequel il y a maintien du prix réglementé pour les fournisseurs historiques et liberté des prix pour les autres fournisseurs. Ainsi, les fournisseurs historiques d'électricité continuent à voir leurs prix de l'énergie fixés par l'autorité publique dès lors que l'État en question a un intérêt économique général visant à contenir les prix. Toutefois, sous la pression européenne, la loi française du 17 mars 2014 a, depuis, levé l'option de la réglementation des prix de l'électricité pour les consommateurs non domestiques de plus de 30 000 kilowattheures par an. Pour répondre à la Directive énergie propre de la Commission européenne, la loi du 8 novembre 2019 a enfin encore restreint le périmètre d'accès aux tarifs réglementés de l'électricité qui concerne désormais simplement les consommations privées et d'entreprises de moins de dix salariés au chiffre d'affaires inférieur à deux millions d'euros dont la puissance est inférieure ou égale à 36 kilovoltampères. Dans le domaine du gaz, la jurisprudence de la Cour européenne de justice du 20 avril 2010, stipule aujourd'hui que la fourniture du gaz ne répond pas, contrairement à l'électricité, à un intérêt économique général de stabilité des prix compte tenu de sa grande volatilité et ne doit donc pas bénéficier d'un tarif réglementé. Il en résulta une loi française du 8 novembre 2019 qui engagea le pays dans une totale libéralisation du marché du gaz.

Rentre tout d'abord dans le calcul du prix de l'énergie les frais fixe. Il s'agit des frais d'exploration qui sont d'autant plus élevé que les conditions d'exploration sont difficiles comme en Arctique ou dans les eaux profondes et que le résultat est aléatoire. En moyenne, on considère à cet égard qu'une campagne d'exploration sur quatre débouche sur une mise en exploitation. Il s'agit, d'autre part, des coûts d'exploitation qui se subdivisent en dépenses d'infrastructures et en dépenses de fonctionnement. Dans le premier cas, il s'agit notamment du coût d'installation ou de location des plates-formes de production notamment offshores. L'ensemble induit des coûts d'accès qui varie de 8 $ le baril pour le brut on-shore du Proche-Orient à 45 $ le baril dans l'offshore profond de mer du Nord ou du Golfe de Guinée. Rentre également dans le calcul du prix les coûts de transport qui sont variables selon les distances et la nature des énergies transportée. Parce qu'il est un pondéreux coûteux à transporter et parce que les lieux de production sont relativement disséminés, le charbon a toujours été consommé à proximité des lieux d'extraction ou dans les pays limitrophes. Ce n'est en fait que lorsque le prix des autres énergies de substitution augmente qu'il devient intéressant de le transporter comme le montre l'importation actuelle du charbon américain en Europe en substitut de l'envolée du prix du gaz. À l'inverse, le prix du transport est faible dans le cas du pétrole de un à deux $ le baril mais de cinq fois plus élevé pour le transport du gaz naturel à pouvoir calorifique équivalent. Pour ce qui le concerne, le coût du transport du GNL est de l'ordre de 4 à 6 fois le coût du transport terrestre par gazoduc avec, toutefois, une tendance à la réduction du fait du progrès des technologies et de l'amortissement des investissements déjà réalisés. L'importance des investissements dans ces dernières infrastructures explique que les contrats portant sur la fourniture de GNL soient des contrats de longue durée de l'ordre de la décennie. Enfin, au niveau de la transformation, le coût du raffinage du pétrole varie de 4 à 6 dollars le baril.

En tant qu'elles sont soumises à la loi de l'offre et de la demande, le prix des énergies fluctue également en fonction des aléas du marché comme de la politique de prix des producteurs. À l'international, l'essentiel du droit international applicable, qu'il soit produit par l'OMC ou par les différents droits régionaux, converge de longue date sur le principe de la suppression des entraves à la liberté du marché. Il en résulte une tendance à la vérité des prix et à la monté en puissance des marchés spot de court terme. Ceci n'empêche toutefois pas le maintien du recours aux contrats de long terme de 10 à 25 ans comme c'est le cas traditionnellement pour la fourniture du gaz russe à l'Europe. Il en est ainsi lorsque le poids des investissements nécessaires à la production et au transport nécessite de sécuriser les investisseurs par ce type de contrats. La vérité des prix peut également être mise à mal par des politiques de prix agressives des sociétés nationales productrices. C'est ainsi que de 2014 à 2016, dans un contexte de ralentissement de la demande chinoise de pétrole et de consolidation de la production de pétrole de schiste américain, l'Arabie saoudite et les pays de l'OPEP s'engagèrent dans une politique de libération de l'offre à 30 $ le baril destinée, d'une part, à gagner des parts de marché par la baisse des prix et, d'autre part, à fragiliser la situation financière des producteurs américains d'hydrocarbures de roche mère qui leur font concurrence et dont la survie nécessite un cours du baril supérieur à 40 $.

Sur ces bases, la structure des prix du pétrole présente une courbe ascendante depuis plusieurs décennies associée à des périodes de forte volatilité. Le prix moyen du pétrole était ainsi de 2 $ le baril avant le premier choc pétrolier de 1973, de 12 $ à son lendemain et de 40 $ après le second choc pétrolier de 1979. Il est redescendu à 10 $ le baril avec le contre-choc de 1986 puis de nouveau au moment de la crise asiatique de 1998. Du début des années 2000 à son effondrement en 2014/2016, le prix du pétrole n'a cessé de monter pour atteindre 100 $ début 2008 avant de s'effondrer à nouveau à 40 $ pendant la crise financière de 2008 puis de remonter à 100 $ entre 2010 et 2014 et de s'effondrer encore à 30 $ en 2016. Il est ensuite de nouveau remonté à 65 $ en début 2019 et dépasse aujourd'hui les 100 $ le baril. Pour ce qui la concerne, la structure de prix du gaz est distincte de celle du pétrole même si elle lui est indexé en totalité ou partiellement. Elle est distincte parce que, contrairement au marché du pétrole, celui du gaz est n'est pas mondialisé mais segmenté entre un marché américain, un marché européen et un marché asiatique. Cette segmentation régionale du marché du gaz se reflète donc dans les prix. Ainsi, le prix du gaz en Europe est deux fois plus élevé qu'aux États-Unis et 30 % moins cher qu'en

Asie. Toutefois, le développement du transport maritime du GNL constitue un facteur puissant d'unification du marché du gaz à l'échelle mondiale qui devrait se traduire à terme par une tendance à la convergence des prix.

Enfin, le pouvoir de marché des producteurs pèse de longue date dans la détermination des prix des hydrocarbures. Aux États-Unis, avant son démantèlement en 1911, la Standard Oil de D. Rockefeller faisait le prix du pétrole parce qu'elle monopolisait 80 % du transport de pétrole américain et 90 % de son raffinage. De même, jusqu'à la création de l'OPEP, les Sept Sœurs américaines qui monopolisaient 90 % des échanges internationaux de pétrole se constituèrent en cartel qui instaura un système dit Gulf Plus de prix unique réputé provenir de la côte est des États-Unis. Aujourd'hui, les cinq majors privées ne représentent toutefois plus que 12 % du marché du pétrole depuis la nationalisation des productions de pétrole et voient donc leur pouvoir de marché considérablement réduit. La nationalisation de 83 % des réserves mondiales de pétrole un peu partout dans le monde et la création corrélative de l'OPEP en 1960 instaura donc un puissant pouvoir de marché au profit des pays de l'OPEP. L'affirmation de ce dernier pouvoir de marché fut néanmoins progressive. Dans un premier temps, l'OPEP chercha simplement à lutter contre la baisse des prix et donc de ses royalties. Avec les hausses de prix du premier choc pétrolier, l'OPEP prit conscience de son pouvoir de marché et le testa ensuite avec le second choc pétrolier de 1979 successif à la révolution iranienne.

En matière de structure des prix, le premier choc pétrolier visa à introduire dans le prix du pétrole une rente de rareté tout en anticipant une hausse probable des prix du pétrole du fait de l'accroissement de la demande internationale de l'époque. Par la suite, le second choc pétrolier visa à introduire sur le marché une rente de monopole. Toutefois, le pouvoir de marché de l'OPEP eut rapidement tendance à s'éroder passant de 54 % de la production mondiale de pétrole en 1973 à 30 % au début des années 1980. Il en résulta que l'OPEP dut alors choisir entre deux types de stratégie des prix sur le marché. La première stratégie est une stratégie de défense de ses parts de marché au moyen d'une hausse des production et d'une baisse des prix de sorte exclure du marché les concurrents aux coûts de production supérieurs. Ce fut le cas dans les années 1980 ainsi que dans la seconde moitié des années 2010. La seconde stratégie vise au maintien du pouvoir d'achat des pays producteurs par réduction de l'offre de pétrole pour en augmenter les prix. À cet égard, il s'avère toutefois aujourd'hui que l'OPEP a du s'élargir en 2016 en une OPEP Plus incluant la Russie et les pays d'Asie centrale pour garantir son pouvoir de marché face à la monté en puissance du pétrole de schiste américain. Le problème dans ce cas est que plus les membres d'un cartel sont nombreux et plus il est difficile de faire respecter une discipline des quotas de production. Cela était déjà le cas au sein de l'OPEP, cela le sera donc probablement également au sein de l'OPEP Plus. Enfin, une des facettes du prix d'équilibre recherché est celui qui permet d'éviter que les acheteurs de pétrole recourent à des énergies de substitution (renouvelables, gaz, charbon et nucléaire) quand cela est possible.

Le second volet de la libéralisation du secteur de l'énergie est celui de l'existence d'une autorité de régulation indépendante des parties à même de veiller à l'ouverture des marchés de monopoles à la concurrence. Ceci concerne donc essentiellement les secteurs de l'électricité et du gaz. Cet objectif prend sa source dans deux Directives européennes respectivement du 19 décembre 1996 relative au marché intérieur de l'électricité et du 22 juin 1998 relative au marché intérieur du gaz. La transposition française de ces deux directives firent l'objet des lois respectivement du

10 février 2000 et du 3 janvier 2003 qui créèrent tout d'abord une Commission de régulation de l'électricité et en élargirent ensuite la compétence au domaine du gaz naturel pour former la Commission de régulation de l'énergie (CRE) qui est dotée d'un pouvoir réglementaire délégué et est régie par le Titre III du Livre 1 du code de l'énergie. Au niveau national, il s'agit d'une autorité administrative indépendante du pouvoir politique qui est en charge de la surveillance des opérateurs énergétiques et des marchés du gaz et de l'électricité. Elle veille notamment au bon fonctionnement des marchés de gros et de détail, à l'indépendance des gestionnaires de réseaux de transport et de distribution ainsi qu'au respect du droit des opérateurs à un accès non discriminatoire aux réseaux d'énergie. Elle se compose des organes du collège et du CoRDiS (Comité de règlement des différends et des sanctions) qui dispose d'un pouvoir de sanction avec possibilité de recours devant le Conseil d'État. Au niveau européen, une coordination des régulateurs de l'énergie a enfin donné lieu à la création d'une Agence européenne pour la coopération des régulateurs de l'énergie (ACER) en charge de l'intégration européenne des marchés du gaz et de l'électricité.

Le troisième volet de la libéralisation du marché du gaz et de l'électricité est celui de la séparation des activités de transport et de production ainsi que celui de l'indépendance des gestionnaires de réseaux. Ce troisième volet opère dans un cadre où les opérateurs historiques du gaz et de l'électricité sont des entreprises verticalement intégrées dont il convient donc d'ouvrir les activités à la concurrence là où c'est possible. C'est ici qu'intervient un élément d'ordre factuel d'importance qui est que le transport du gaz et de l'électricité procède d'infrastructures fixes non duplicables à un coût économiquement raisonnable. En conséquence, ces infrastructures dites essentielles ne se prêtent pas à la mise en concurrence en tant qu'elles sont des monopoles naturels.

Elles requièrent donc un traitement juridique spécifiquement autre. Pour ce faire, les activités énergétiques sont donc dissociées entre, d'une part, les activités de production, de vente et de fourniture qui s'exercent sur des marchés concurrentiels et, d'autre part, les activités d'exploitation des réseaux de transport et de distribution qui font l'objet d'un monopole naturel. La théorie des facilités essentielles dégagée du droit européen de la concurrence couvre la matière en posant le principe que, dans ce cas de figure, l'entreprise qui exerce un monopole naturel ne peut en interdire l'accès aux tiers ni fixer des conditions d'accès discriminatoire notamment en termes de prix d'accès. La pratique concurrentielle de la Commission européenne l'a en outre progressivement amenée à considérer que le cumul chez un opérateur énergétique des activités concurrentielles avec une activité de monopole naturel est de nature à créer un conflit d'intérêts par lequel l'entreprise en question peut être amenée à se servir de son monopole naturel dans le domaine du transport énergétique pour gêner les entreprises concurrentes dans l'accès aux marchés concurrentiels. Il en résulta dans un premier temps une obligation de découplage de la gestion comptable du monopole naturel au sein de l'entreprise qui se transforma par la suite en une obligation de séparation juridique stricte au moyen de la création d'une entreprise ad hoc dédiée au transport. Dans le cas français, il s'agit de RTE pour le transport de l'électricité à qui a été transféré la propriété des réseaux de transport d'EDF et de GRTgaz pour le transport du gaz naturel à qui a été transféré la propriété des réseaux de GDF. Par la suite, la même exigence fut transposée en vue de la dissociation des activités de distribution d'énergie au-delà d'un seuil de 100 000 clients qui donna lieu à la création d'ERDF puis d'ENEDIS pour l'électricité et de GRDF pour le gaz.

En France, près de 72 % de l'électricité produite est par ailleurs d'origine nucléaire dont l'opérateur est EDF. Or, il se trouve que le calcul des tarifs réglementés de l'énergie électrique ainsi produite est tiré des coûts de fonctionnement particulièrement bas d'EDF sur lesquels les concurrents ne peuvent s'aligner. Il en résulte, dans ce cas, que l'objectif de libéralisation du marché de l'électricité s'en trouve vicié à la base parce que le différentiel de coûts de revient de l'électricité produite ne permet pas, en l'état, aux tiers d'entrer sur marché de l'électricité compte tenu de la cherté de leur prix de gros sur le marché de l'électricité au regard de ceux d'EDF. Il en est d'autant plus ainsi que les centrales thermiques des concurrents d'EDF doivent gérer la volatilité, souvent à la hausse, des prix des énergies fossiles. Sur cette base et sous la pression de la Commission européenne qui menaçait de remettre en cause le principe même du tarif réglementé de l'électricité nucléaire, les autorités françaises s'engagèrent dans un processus d'accès de tous les opérateurs énergéticiens à l'électricité nucléaire du parc d'EDF. Tel est l'objet du mécanisme de l'accès régulé à l'électricité nucléaire historique dit ARENH mis en place par la loi française d'organisation du marché de l'électricité du 7 décembre 2010. Son principe est d'accorder aux opérateurs concurrents d'EDF le bénéfice de pouvoir se fournir en électricité directement auprès d'EDF au tarif réglementé qui est celui auquel EDF fournit ses propres clients. Trois conditions sont néanmoins fixées pour pouvoir bénéficier du mécanisme de l'ARENH. La première est que les clients des opérateurs bénéficiant du système résident sur le territoire français de sorte à éviter un subventionnement du consommateur étranger. La seconde réside dans le plafonnement collectif et individuel de l'accès au dispositif. Fixé initialement à 25 % de la production d'électricité nucléaire d'EDF, le plafonnement fut ensuite porté à un tiers par la loi énergie et climat du 8 novembre 2019. La troisième condition est qu'il n'y ait pas revente par les opérateurs tiers de l'électricité historique sur le marché de gros à un prix supérieur à celui de la fourniture auprès d'EDF sauf à verser à cette dernière une partie du prix de revente. Aujourd'hui des négociations sont enfin engagées par la France avec la Commission européenne pour réduire la part de l'énergie ainsi fournie par EDF à ses concurrents qui grève sa rentabilité compte tenu notamment de l'importance des investissements qui lui échoit.

Enfin, le principe de libéralisation du marché de l'énergie n'est pas en soi incompatible avec le maintien de prérogatives de service public de l'énergie. Il en est ainsi parce que l'énergie et plus particulièrement l'électricité sont considérés comme des biens de première nécessité que ne peuvent pleinement satisfaire les seules forces du marché et parce que le bon fonctionnement du secteur est conditionné par la part qui est faite à la sécurité de l'approvisionnement énergétique. En la matière, la Commission européenne reconnaît d'ailleurs le droit pour l'État de satisfaire aux besoins de l'intérêt économique général et accorde donc aux États membres une souplesse dès lors qu'elle ne va pas à l'encontre des besoins de la construction du marché intérieur de l'énergie. Elle leur reconnaît ainsi le droit d'imposer des servitudes de services public aux opérateurs énergétiques susceptibles de porter sur une grande variété de dispositifs relatifs au prix de l'énergie, à sa qualité, à la sécurité de l'approvisionnement, à la continuité du service de distribution d'énergie à la population, au développement des énergies renouvelables, à la protection de l'environnement et, dans le cas de l'électricité, à la précarité énergétique. La Commission laisse en outre une relative autonomie d'action aux États membres sur laquelle la France s'est appuyée pour définir dans la loi du 10 février 2000 ce qu'il fallait entendre par service public de l'énergie et qui a été formalisé à l'article L. 121-1 du code de l'énergie pour l'électricité et à l'article L. 121-32 pour ce qui est du gaz. Ces obligations de services publics sont enfin contractualisées entre l'État et les opérateurs économiques. En contrepartie, l'État fournit aux opérateurs une compensation financière qui se doit d'être objective et non discriminatoire. Sous réserve du respect des critères dégagés en la matière par la jurisprudence européenne, cette compensation ne constitue donc pas une aide d'État au regard du droit européen de la concurrence.

c) Les ressorts juridiques de la transition énergétique

Répondant à l'urgence climatique, la notion de transition énergétique qui n'est pas définie par les textes juridiques recouvre une partie des moyens mis en œuvre au profit du développement durable qui en constitue donc la source comme la finalité. Le développement durable nécessite tout d'abord de repenser le système énergétique au plan global comme à l'échelle des nations. Dans ce cadre, le développement durable est considéré comme un objectif et la transition énergétique comme un moyen en vue du passage d'une économie fortement consommatrice d'énergies fossiles à une économie décarbonée. Pour ce faire, le droit de l'Union européenne pose le principe de garantir aux citoyens de l'Union une énergie sûre, compétitive et durable et fit, pour ce faire, adopter le parquet énergie propre de 2018 dans le but d'atteindre cet objectif d'une énergie décarbonée à l'horizon 2050. En France, la loi relative à la transition énergétique pour une croissance verte cherche, dans le prolongement, à répondre à cet objectif. L'article L. 100-1 du code de l'énergie définit la croissance verte comme étant *un mode de développement économique respectueux de l'environnement, à la fois sobre et efficace en énergie et en consommation de ressources et de carbone, socialement inclusif, soutenant le potentiel d'innovation et garant de la compétitivité des entreprises*. Dans le même article, la matrice de cet objectif est de satisfaire les besoins de développement et de santé des générations présentes sans compromettre la capacité des générations futures à en bénéficier. La notion de transition énergétique inclut enfin le ressort qualitatif de l'urgence et de l'immédiateté face au risque d'irréversibilité des risques systémiques qui pèsent sur l'environnement du fait du réchauffement climatique, de l'épuisement des ressources énergétiques et de la fragilisation de la biodiversité.

La prise de conscience de l'urgence climatique est respectivement ancienne et récente. En 1896, l'économiste S. Arrhénius calculait déjà qu'une multiplication par trois de la teneur de l'atmosphère en gaz carbonique liée à la combustion du charbon ferait augmenter de 9 °C la température du sol de la terre. Aujourd'hui, ce sont 55 milliards de tonnes de gaz à effet de serre qui sont rejetés chaque année dans l'atmosphère là où il en faudrait 40 milliards pour limiter la hausse du réchauffement à 2 °C. Ces gaz sont le dioxyde de carbone (CO2) pour près des 2/3, le reste étant composé de rejets de gaz méthane (CH4), d'oxyde nitreux (N2O) et de chlorofluorocarbones (CFC). La mesure précise de ces rejets remonte aux années 1960 et fut contemporaine d'une première prise de conscience de l'épuisement possible des stocks de ressources naturelles dû à leur surexploitation. Il en résulta l'émergence du concept de développement durable qui donne sa place au droit des générations futures. Du côté des institutions, une première conférence sur le climat eut lieu à Stockholm en 1972 et une première Convention-cadre des Nations Unies sur les changements climatiques fut produite au Sommet de Rio de 1992 en vue de mieux comprendre et de limiter le changement climatique. Depuis, des conférences mondiales annuelles d'États dressent le bilan des avancées de la lutte contre le phénomène et préconisent des objectifs. Dans ce cadre, fut signée à la 3e conférence de Kyoto dite COP 3 de décembre 1997 un premier accord international de réduction de 5 % des émissions de gaz à effet de serre par rapport au niveau de

1990 qui entra en vigueur le 16 février 2005 mais dont étaient absents les États-Unis, la Russie et la Chine. Une décennie plus tard, l'accord de Paris de la COP 21 de décembre 2015 auquel 196 États sont Partis, mais dont les États-Unis du Président Trump avaient annoncés qu'ils s'en retiraient, prévoit de maintenir dès l'horizon 2020 la croissance du réchauffement en-dessous de la barre des 2 °C et si possible des 1,5 °C par rapport au niveau des rejets préindustriels. En chiffre, ceci nécessite donc de ne pas dépasser la limite des 40 milliards de tonnes de rejets par an. À la COP 26 de 2020 reportée pour cause de Covid et qui doit se tenir en novembre 2021 à Glasgow, les parties doivent s'engager dans le même esprit sur les objectifs climatiques pour 2050.

Un scénario de 2016 de l'entreprise Shell a calculé que le réchauffement climatique pourrait être limité à 1,5° en cas de neutralité carbone atteinte en 2050, à 2° si ce cap est obtenu en 2070 et à 2,5° s'il est obtenu en 2100. Dès lors, la question est celle des moyens nécessaires en vue d'atteindre cette neutralité carbone dans un contexte international marqué par une grande divergence respectivement des intérêts économiques et des moyens des pays concernés. Cette étude de Shell s'appuie par ailleurs sur un autre scénario datant de 2013 qui voit passer la population urbaine mondiale 3,6 milliards en 2010 à 6,3 en 2050 et prône d'intensifier la recherche d'une ville du futur décarbonée notamment pour ce qui est du transport et de la consommation en gaz. En termes de consommation énergétique, une projection de croissance économique estimée à 3 % par an principalement tirée par les pays émergents verrait la consommation de combustibles liquides osciller entre 107 et 120 millions de barils/jour (Mb/j) en 2040 dans le monde. À cette date, la part de l'industrie dans le PIB chinois devrait passer de 42 à 34 % se traduisant par une baisse de la consommation énergétique mais serait compensée par une croissance plus rapide de la consommation d'énergie de 6 Mb/j de l'Inde. D'ici là, la moitié de la consommation pétrolière mondiale devrait être tirée par la Chine tandis que l'essentiel de la baisse de la demande serait portée par les pays de l'OCDE y compris les États-Unis.

Dans tous les cas de figure, la plus forte hausse de la demande pétrolière serait portée par un accroissement de la demande des transports estimé à 8,8 Mb/j en 2040 dont principalement dans le transport de marchandises, le transport maritime qui consomme 5 % du pétrole mondial et le secteur de l'aviation dont la consommation passerait de 5,8 Mb/j en 2015 à 9 Mb/j en 2040. La demande pétrolière de transport de marchandises serait par ailleurs 4,5 fois supérieurs à celle d'un transport passager fortement marqué par le développement de la voiture électrique avec 710 millions de véhicules électriques attendus en 2040 dont 40 % en Chine et l'augmentation du nombre moyen de passagers par véhicule. Néanmoins, la substitution dans ce secteur du carburant pétrolier par du gaz naturel ou des biocarburants devrait permettre d'économiser quelque 7 Mb/j à l'horizon 2040. Le second secteur fortement consommateur est la pétrochimie où les produits pétroliers sont difficilement substituables et dont la consommation représente 60 % du total consommé avec une croissance probable de 1,5 % par an d'ici 2040. Enfin, la demande d'électricité devrait doubler d'ici 2060 en partie portée par un essor considérable de l'éolien et de l'énergie solaire. Il devrait donc en résulter une baisse de la part des énergies fossiles dans le bilan des énergies primaires de 81 % en 2014 à 70 % en 2060.

En pratique, plusieurs voies convergent en vue de la transition énergétique nécessaire à la stabilisation du réchauffement climatique. Parmi celles-ci, la première option tient dans le développement des énergies renouvelables et dans le renforcement de l'efficacité énergétique. Dans ce dernier cas, l'Union européenne part du principe selon lequel l'énergie la moins chère et la plus sûre est celle qu'on ne consomme pas. Il en ressort que l'efficacité énergétique apparaît comme une source d'énergie à part entière. En matière de transport, cela renvoie au remplacement des voitures à combustion thermique par des voitures électriques tel que projeté à l'horizon 2050. La seconde option est celle de la réduction drastique de la consommation des énergies fossiles. En la matière, une des options est le renchérissement du prix des combustibles fossiles. La voie naturelle est de jouer sur l'épuisement futur de ces ressources naturelles. La voie organisée est celle de la régulation, à la hausse, des prix de la tonne de carbone au consommateur afin d'arriver à une taille critique de la taxation du carbone et à l'internalisation des externalités énergétiques négatives. Dans ce cas, il convient sans doute de dégager des mesures compensatrices pour satisfaire les impératifs de justice sociale qui en résulteront.

La dernière option non exclusive des autres est celle du bon fonctionnement du marché d'échange des droits à polluer qui renvoient à des mécanismes complexes déjà existants. Dans son principe, ce mécanisme s'appuie sur le permis à polluer qui est affecté à chaque entreprise et qui constitue un titre de propriété échangeable sur un marché de permis. Plusieurs marchés de permis existent dans le monde dont les deux principaux sont le marché américain du SO2 visant à lutter contre les pluies acides et le marché européen du CO2 visant à en réduire les émissions. Créés en 2005, les permis de production de CO2 sont délivrés par la Commission européenne et leur nombre global est calculé pour coïncider avec l'objectif de réduction des pollutions de CO2. Chaque année, ces quotas d'émissions sont initialement délivrés gratuitement avant de devenir payants tandis que les droits d'émission sont échangeables sur un marché de 11 500 producteurs de CO2 dûment répertoriés dans l'Union européenne. Ceux-ci sont pour moitié les centrales énergétiques notamment électriques. L'autre moitié regroupe les différentes industries comme le ciment et l'acier ainsi que l'ensemble du secteur des transports. L'échange de permis permet aux entreprises qui dépassent leurs quotas de se porter acquéreur des permis des entreprises dont le volume de CO2 produit est inférieur au quota attribué. Dans l'Union européenne, la mise en place de ce marché de permis s'est faite en quatre temps : un phase de mise en route de 2005 à 2007, une phase d'ajustements de 2008 à 2012, une phase de consolidation de 2012 à 2020 et une phase de maturité supposée de 2021 à 2030. Dans le cadre de ces échanges, le prix de la tonne de carbone échangée oscille entre 5 et 6 euros après avoir eu des pics allant jusqu'à 30 euros durant la première phase et alors que le prix souhaité tourne autour des 20 euros la tonne de CO2. Il en résulte que ce niveau de prix inférieur à 10 euros est insuffisant à générer des investissements dans la décarbonation de l'activité en question. Outre le ralentissement de la conjoncture, la cause principale de cette faiblesse de la valeur de la tonne de carbone est l'excès du nombre des permis d'émissions qui se traduit aujourd'hui par un surplus de quotas de l'ordre de deux milliards de tonnes de CO2. Aussi, pour peser sur le marché du CO2 dans le sens d'une augmentation du prix de marché, la Commission européenne a introduit en 2014 un mécanisme visant à mieux réguler la quantité de quota en circulation. Lorsque la quantité de quotas en circulation est supérieure à 833 millions de tonnes de CO2, 12 % de cette quantité sont alors retirés du marché et mis en réserve. À l'inverse, lorsque la quantité de quotas est inférieure à 400 millions de tonnes, cent millions de tonnes sont retirés de la réserve pour être remis sur le marché. Enfin, comme cela ne s'avéra pas suffisant, il fut décidé de relever de 12 % à 24 % la quantité retirée du marché pour la période 2019 à 2023 dont il résulte donc mécaniquement une hausse du prix de marché de la tonne de CO2. Une dernière possibilité est également d'élargir le mécanisme du droit à polluer au-delà de sa base actuelle.

B) Le droit sectoriel de l'énergie en France

Le droit de l'énergie se subdivise en autant de branches qu'il y a de secteurs énergétiques. La branche la plus ancienne est celle qui a trait aux énergies fossiles. Le charbon a en effet été le moteur de l'industrialisation française au XIXe siècle avant d'être détrôné par le pétrole et le gaz naturel au cours du XXe siècle. Le développement du secteur de l'énergie est également soutenu par l'essor des technologies. Celles-ci sont à la base de la construction de la filière nucléaire française et contribue de façon non négligeable au renouveau actuel des énergies renouvelables. Enfin, l'énergie électrique est un secteur énergétique à part entière qui irrigue l'ensemble de la matière.

1) Le droit applicable aux énergies fossiles

Parce que le charbon n'est plus aujourd'hui produit en France et que sa part dans le bilan énergétique national est devenue très faible, le domaine des énergies fossiles est essentiellement celui du gaz et du pétrole. Dans ce cadre, il s'agit d'une énergie importée à 99 % et sa part dans le bilan énergétique national est de 43 % dont 29 % pour le pétrole et 15 % pour le gaz. Contribuant à quelque 80 % des rejets anthropiques des gaz à effet de serre, l'objectif déclaré tant au niveau national qu'au niveau européen est de réduire de 40 % sa part dans le bilan énergétique à l'horizon 2030 et d'atteindre la décarbonation du secteur du transport au profit du véhicule électrique à l'horizon 2050. Dans ce cadre, le droit qui y est applicable est étoffé parce que le domaine des énergies fossiles est lui-même étendu et complexe.

Le charbon s'est formé vers la fin de l'ère primaire il y a environ 250 millions d'années dans les couches superficielles de la terre. Il est le produit fossilisé de la décomposition en milieu humide d'énormes quantités de produits végétaux formant des tourbières qui ont ensuite été recouvertes, d'une part, par les eaux suite à des affaissements de terrain ou aux transgressions marines et, d'autre part, par de nouvelles couches de sédiments alluvionnaires. La réduction de la composante oxygène qui en résulte permet de limiter la disparition des débris végétaux sous l'effet de l'action des micro-organismes (bactéries et champignons) et permets donc leur maintien sous une forme dégradée. Y succéda une phase d'enfouissement sédimentaire progressive de plusieurs dizaines de mètres par million d'années et une fermentation corrélative très lente des sédiments végétaux sous l'effet de la température et de la pression avec un fort enrichissement en carbone et une diminution corrélative des autres substances originelles, dont principalement l'oxygène et l'hydrogène. L'ensemble prend enfin la forme de couches travaillées par la tectonique. Dans le bassin du Nord et du Pas-de-Calais, la coupe de l'écorce terrestre présente ainsi un ensemble de près de 400 couches superposées et séparées entre elles par une couche de sédiments représentant une épaisseur totale de 50 mètres de substances charbonnières sur une profondeur de 2 000 mètres.

En fonction du degré d'humidité de la substance, il s'en dégage quatre combustibles possibles. La tourbe forme une accumulation peu compacte de résidus végétaux inégalement décomposés à très forte teneur en eau et peu en carbone. Le lignite conserve une assez forte teneur en eau ainsi qu'en matières organiques volatiles. Dans la houille, les végétaux sont bien décomposés et sa teneur en eau est réduite à entre 2 et 7 % au profit d'une forte teneur en carbone. L'anthracite est enfin une variété supérieure de la houille à très faible teneur en eau et en gaz et très fortement carbonée.

Son pouvoir calorifique est dès lors très élevé. Du fait d'un mode de formation simple distinct de celui plus complexe du pétrole qui requiert des conditions particulières qui en limitent la présence à certaines zones, le charbon est assez bien réparti dans le monde et ses réserves sont abondantes à raison de 2,5 celles du pétrole. Parce qu'il est également pondéreux, il est en général consommé à proximité de ses lieux de production. Seuls 20 % de la production mondiale de charbon est en effet échangée sur les marchés internationaux.

Le charbon est enfin la seconde énergie consommée dans le monde après le pétrole, soit un quart de la consommation mondiale d'énergie. Parce que les 2/3 de la production de charbon sont utilisés à la production électrique en concurrence avec le gaz, le charbon fournit 40 % de l'électricité mondiale et 20 % de la production mondiale d'hydrogène. Avec une production mondiale annuelle de 7,2 milliards de tonnes, le charbon est par ailleurs la principale source d'énergie des pays émergents. La Chine en est le premier producteur avec près de 3,8 milliards de tonnes par an et le premier consommateur avec 3,95 milliards de tonnes. Le charbon alimente enfin 60 % de la production électrique chinoise. La production des États-Unis est, quant à elle, de 627 millions de tonnes et celle des pays de l'Union européenne de 418 millions de tonnes contre 1,2 milliard en 1990. Dans l'avenir, la demande de charbon devrait diminuer au rythme des avancées de la lutte contre le réchauffement climatique et de la croissance de la consommation de gaz en tant qu'énergie de substitution.

a) Le pétrole

Contrairement à ce qu'il en est pour le gaz et pour l'électricité, le domaine de l'énergie pétrolière présente en France les traits d'un régime relativement libéral. L'article L. 112-1 du code de l'énergie issu de la loi du 31 décembre 1992 dispose notamment que *sous réserve du respect des dispositions applicables du présent code, notamment celles du livre VI, la réception en provenance de l'étranger et l'expédition à destination de celui-ci, le traitement, le transport, le stockage et la distribution du pétrole brut et des produits pétroliers s'effectuent librement.* Antérieurement à la loi de 1992, il n'en était toutefois pas ainsi. En raison de son importance stratégique, l'importation et l'exportation du pétrole et des produits pétroliers étaient strictement encadrées par la loi du 30 mars 1928 et soumis à autorisation. L'emprise de l'État a ensuite débordé sur l'ensemble du secteur lorsque les prix de vente furent également réglementés jusqu'à leur libéralisation en décembre 1985. Aujourd'hui encore, le livre VI du code de l'énergie continue d'imposer un certain nombre d'obligations au secteur dont celle de la constitution de stocks stratégiques et celle de l'assujettissement du transport maritime d'hydrocarbures importés à l'obligation du pavillon français. À cela s'ajoutent un certain nombre d'obligation d'information de l'administration ainsi que la réglementation prévue en cas de crise internationale ou de guerre. Au titre du code de l'environnement, les sites pétroliers sont enfin soumis aux règles des installations classées tandis que le code des mines fixe un certain nombre d'obligations en matière d'autorisation et de concession.

Le pétrole et le gaz naturel, tout comme le charbon, sont de la matière organique issue de la décomposition des plantes et des corps d'animaux ayant échappé à la destruction par les bactéries et qui se mélange aux sédiments (sables, argile, sels, etc). Ils se trouvent ainsi enfouis dans le sol pour former du kérogène sous l'effet du poids des couches successives de décomposition dans le cadre d'un processus de plusieurs millions d'années. Entraînées à de grandes profondeurs, les roches mères contenant du kérogène sont ensuite soumises à l'action des hautes températures et des pressions qui vont transformer le kérogène en hydrocarbures par craquage thermique éliminant l'oxygène et l'azote pour ne laisser que du carbone et de l'hydrogène. En pratique, la température augmente de 3 ° C tous les 100 mètres. Il en résulte qu'au sein de la roche mère la matière organique se transforme en huile à 60 ° C entre 2 000 et 3 000 mètres de profondeur et en gaz à 90 ° C au-delà des 3 000 mètres.

La seconde étape du processus de formation de la roche est celle de la migration. Sous l'effet de la pression et parce que de moindre densité que l'eau, le pétrole et le gaz ainsi créés sont expulsés de leur roche mère et émigrent par capillarité vers les points hauts de la surface de la terre par l'entremise de drains perméables et de fractures dans la roche. Si rien ne les arrête, ils suintent à la surface en se solidifiant en bitume et en perdant leurs constituant volatils comme c'est le cas des sables asphaltiques de l'Athasbasca au Canada. Par contre, leur mouvement vers le haut est stoppé s'ils rencontrent sur leur trajet une couche imperméable en-dessous de laquelle ils vont alors s'accumuler lentement pour former un gisement d'huiles en bas de la cavité et de gaz en haut. La distinction entre le gaz et le pétrole tient enfin pour beaucoup à leurs origines organiques respectives. Les matières organiques végétales à forte teneur en cellulose permettent un craquage thermique de la roche mère aisé favorable à la formation de gaz. Au contraire, les matières organiques plus lourdes issues de la décomposition animale produit davantage d'hydrocarbures liquides. Enfin, il y a autant d'hydrocarbures qu'il y a de processus de formation et de gisements.

En matière de recherche et d'exploration, la perspective est celle d'un arrêt progressif des activités de recherche et d'exploitation pétrolières à l'horizon 2040 avec un régime transitoire qui interdit les nouvelles autorisations. Quant au régime existant, l'article L 111-1 du code miner français dispose que les hydrocarbures et les combustibles fossiles relèvent, à l'égal d'autres substances citées, du régime légal des mines en tant que *gites renfermés dans le sein de la terre ou existant à la surface connus pour contenir des substances minérales ou fossiles*. Dans ce cadre, l'article L 121-1 du même code édicte que les travaux de recherche pour découvrir les mines ne peuvent être entrepris qu'après autorisation de l'autorité administrative compétente, que par le titulaire du permis de recherche et avec le consentement du propriétaire de la surface ou, à défaut, après que ce denier ait été invité à présenter ses observations dans les conditions fixées par décret en Conseil d'État. L'article L 122-1 précise également que *le permis exclusif de recherches de substances concessibles confère à son titulaire l'exclusivité du droit d'effectuer tous travaux de recherches dans le périmètre qu'il définit et de disposer librement des produits extraits à l'occasion des recherches et des essais.* L'article L 122-2 du code minier précise en outre que *nul ne peut obtenir un permis exclusif de recherches s'il ne possède les capacités techniques et financières nécessaires pour mener à bien les travaux de recherches et pour assumer les obligations mentionnées dans des décrets pris pour préserver les intérêts* mentionnés à l'article L 161-1 et aux articles L 163-1 à L 163-9. *Un décret en Conseil d'État définit les critères d'appréciation de ces capacités, les conditions d'attribution de ces titres ainsi que la procédure d'instruction des demandes*. L'article L 122-3 précise enfin que *le permis exclusif de recherches est accordé, après mise en concurrence, par l'autorité administrative compétente pour une durée initiale maximale de cinq ans*. En mer, l'article 25 de l'ordonnance du 8 décembre 2016 édicte que *la réalisation d'une activité de recherche mentionnée à l'article 24 est subordonnée à la délivrance d'une autorisation par l'autorité administrative. Cette activité de recherche est effectuée selon un cahier des charges défini par l'autorité qui a accordé l'autorisation. Ce cahier des charges définit notamment l'objet de la recherche, les équipements utilisés, le calendrier des opérations, les modalités de restitution, par étapes, des travaux et les modalités de diffusion de ces travaux.*

En matière d'exploitation, l'article 131-1 du code miner dispose que, sous réserve des dispositions de l'article L. 131-2, les mines ne peuvent être exploitées qu'en vertu d'une concession ou par l'État lui-même. De la même manière qu'en matière d'exploration, le concédé doit posséder les capacités techniques et financière de l'exploitation. La concession est accordée par décret en Conseil d'État après mise en concurrence et peut faire l'objet d'un cahier des charges spécifique. Afin de garantir le retour sur investissement des travaux de recherche, le titulaire du permis exclusif de recherche peut seul obtenir la concession d'exploitation à l'intérieur du périmètre en question et pour les substances ayant fait l'objet d'une découverte. L'institution de la concession entraîne l'annulation du permis exclusif de recherches à l'intérieur du périmètre en question mais le maintient à l'extérieur du même périmètre.

L'étendue de la concession est celle du périmètre en surface défini dans l'acte de concession qui s'étend à la verticale sur une profondeur indéfinie. La durée de la concession est fixée par l'acte de concession qui ne peut excéder cinquante ans tout en étant prorogeable pour des durées inférieures à vingt-cinq ans. Enfin, tant en matière d'exploration que d'exploitation, les travaux qu'elles nécessitent sont soumis soit à déclaration soit à autorisation spécifiques en fonction des dangers susceptibles d'en résulter. S'y exercent également les activités de police des mines sous l'autorité du préfet. À la fin de la concession ou en cas de disparition ou de défaillance de l'exploitant, le gisement en question retourne à l'État ainsi que ses dépendances immobilières qui lui sont alors soit cédées gratuitement soit rétrocédées. Dans l'entre-temps, la concession constitue un droit immobilier distinct de la propriété de la surface qui ne peut faire l'objet d'hypothèque tandis que l'exploitation du gisement est considérée comme étant un acte de commerce. L'art. L. 133-2-1 dispose en outre que *sans préjudice de l'article L. 132-1, une concession d'hydrocarbures liquides ou gazeux ne peut être délivrée si le demandeur n'a pas fourni la preuve qu'il a pris les dispositions adéquates pour assumer les charges qui découleraient de la mise en jeu de sa responsabilité en cas d'accident majeur et pour assurer l'indemnisation rapide des dommages causés aux tiers. Ces dispositions, qui peuvent prendre la forme de garanties financières, sont valides et effectives dès l'ouverture des travaux*. La fin des travaux renvoie enfin à la procédure de l'article L. 163 du code minier imposant une déclaration à l'autorité préfectorale en vue de la remise en état. En mer, une autorisation d'occupation du domaine public maritime instruite en même temps que la demande du titre minier est enfin nécessaire. L'article 29 de l'ordonnance du 8 décembre 2016 précise en outre que *le représentant de l'État en mer peut créer une zone de sécurité autour des îles artificielles, installations, ouvrages et leurs installations connexes sur le plateau continental ou dans la zone économique exclusive, s'étendant jusqu'à une distance de 500 mètres mesurée à partir de chaque point du bord extérieur de ces îles artificielles, installations et ouvrages et leurs installations connexes. Il est interdit de pénétrer sans autorisation, par quelque moyen que ce soit, dans cette zone, pour des raisons étrangères aux opérations d'exploration ou d'exploitation.*

Le pétrole et le gaz de roche mère dits de schistes sont des hydrocarbures dont la caractéristique est d'être enfermés dans une roche-mère particulièrement compacte et peu perméable. Ici, la perméabilité d'un corps qui s'exprime en Darcy est sa propension à pouvoir laisser circuler un fluide. C'est cette perméabilité qui distingue le gisement conventionnel qui bénéficie d'une bonne porosité de la roche mère du gisement non conventionnel dont les roches n'ont pas cette porosité. En fait, cette porosité dépend de la nature de la roche-mère. Le sable a ainsi une porosité très importante proche des 36 % qui permet aux huiles et aux gaz qui l'habite de migrer alors qu'elle est inférieure à 10 % pour le charbon et le grès. La migration naturelle de l'hydrocarbure vers sa zone de capture est donc plus importante dans la roche sablonneuse. Pour ce qui la concerne, la migration de l'hydrocarbure non conventionnel ne se fait pas naturellement et nécessite donc de recourir à la technique. La faible perméabilité des roches-mères des hydrocarbures non conventionnels impose en effet l'emploi de techniques spécifiques d'exploitation qui ont pour objectif d'améliorer la circulation de l'hydrocarbure dans le gisement et d'en optimiser le rendement. Pour briser la roche à 2 500 mètres de profondeur, la pression injectée requise tourne alors autour des 600 bars.

Principalement expérimentées aux États-Unis, ces techniques sont celle du forage horizontal qui permet d'augmenter la surface de contact par rapport à celle d'un forage vertical et celle de la fracturation hydraulique qui permet d'augmenter la perméabilité de la roche et donc l'écoulement de l'hydrocarbure. Dans le premier cas, le forage horizontal permet en outre de forer des endroits difficilement accessibles en surface et de multiplier ainsi le nombre de puits à partir de la même plate-forme. Dans le second cas, la fracturation hydraulique nécessite une forte pression par injection sous forte pression d'une très grande quantité d'eau mélangée à des additifs chimiques. Ces techniques ont vu le jour dans les années 1980 avec le développement de moteurs de forage en fond de trou et d'équipements de télémétrie de fond et se sont perfectionnés depuis pour permettre des forages sur des distances importantes de plusieurs km. Enfin, le problème est toutefois ici que, même avec ces techniques, les taux de récupération des hydrocarbures non conventionnels sont faibles. Ce taux est ainsi jusqu'à 60 % pour le gaz conventionnel mais descend à moins de 30 % pour le gaz de roche mère et à moins de 8 % pour l'huile de roche mère. Outre la dégradation environnementale que l'exploitation génère, l'ensemble a donc un coût élevé et une faible rentabilité qui nécessitent, pour que le produit tiré soit compétitif, que le cours mondial du pétrole conventionnel concurrent ne soit pas inférieur à une fourchette de 50 à 60 $ le baril. D'où la faillite de nombre d'entreprises américaines quand l'Arabie Saoudite a, entre 2014 et 2016, augmenté sa production en vue de faire baisser le prix du pétrole conventionnel sur le marché mondial de sorte à justement ruiner les exploitants américains de roche mère qui lui ont concurrence.

Le transport du pétrole et des produits pétroliers s'effectue, pour l'essentiel, par voie maritime pour leur importation ainsi que par canalisations sur le territoire national. Dans le premier cas, le transport par navire fait l'objet d'une réglementation étoffée notamment du point de vue de sa sécurité qui puise sa source tant dans le droit international que dans le droit national. En droit interne, la première de ces règles est l'obligation qui est faite inscrite à l'article L. 631 du code de l'énergie que le transport par mer s'opère sous pavillon français afin de pouvoir bénéficier d'une capacité de transport nationale et avec possibilité de réquisition en cas de crise. Par ailleurs, l'article L. 431-4 du code de l'énergie fixe les conditions de la contribution des transporteurs au FIPOL qui est le Fond international d'indemnisation pour les dommages dus à la pollution par les hydrocarbures de la Convention du 27 novembre 1992.

Concernant le domaine des canalisations, l'ordonnance du 27 avril 2010 unifie sous l'emprise du code de l'environnement les régimes de transport par canalisation des produits pétroliers, gazeux et chimiques dont il résulte que ce sont les mêmes règles qui s'appliquent donc. Compte tenu des risques qu'il engendre, la première des règles est celle de l'article L. 555 du code de l'environnement qui soumet à autorisation la construction et l'exploitation de ces canalisations après étude d'impact et enquête publique. Une même procédure s'applique à l'arrêt de l'exploitation et au démantèlement de l'installation. Tout comme en matière d'exploration et d'exploitation, l'autorisation est conditionnée aux capacités techniques et financières du demandeur de respecter les intérêts protégés en cause. Sur cette base, l'arrêté d'autorisation fixe le parcours de la canalisation et les conditions de sa construction et de son exploitation. Il détermine la distance d'éloignement des habitations et le plan de sécurité applicable. En cas de besoin, l'article L. 555 prévoie que les travaux de canalisation peuvent être déclarés d'utilité publique qui leur donne droit à occupation du domaine public et génère des servitudes aux personnes privées moyennant indemnisation.

Le stockage du pétrole se fait dans des cavités souterraines qui sont soit naturelles soit artificielles. L'article L. 231-4 du code minier dispose que *le titulaire de la concession de stockage est dispensé de l'obtention préalable d'un titre minier lorsque les travaux de création, d'essais, d'aménagement et de fin d'exploitation du stockage nécessitent l'extraction d'une substance mentionnée à l'article L. 111-1. Si l'une des substances mentionnées à cet article fait l'objet d'un titre minier préexistant, le titulaire de ce dernier et le demandeur de la concession de stockage fixent leurs droits et obligations réciproques par accord amiable soumis à l'approbation de l'autorité administrative. À défaut d'accord, ces droits et obligations sont définis par l'acte attribuant la concession de stockage souterrain.* En matière environnementale, l'activité de stockage requiert étude d'impact et enquête publique et se voient appliquée les régimes IOTA (Installations, Ouvrages, Travaux, Activités) et ICPE. (Installations classées pour la protection de l'environnement). Certains de ces stocks pétroliers sont par ailleurs considérés comme stratégiques et soumis à des règles spéciales. Une première loi datant du 30 mars 1928 prévoyait déjà que le titulaire d'une autorisation d'importation devait constituer des stocks portant sur le quart des produits déclarés pendant les douze mois précédents et devait fournir les services publics en priorité. Aujourd'hui, une directive européenne du 14 septembre 2009 fixe les règles au sein de l'Union en vue de la réalisation d'un niveau élevé de sécurité des approvisionnements en pétrole et en produits pétroliers. Elle distingue, pour ce faire, les stocks stratégiques et de sécurité qui sont calculés en pétrole brut de la consommation intérieure dans l'année civile et la catégorie des stocks spécifiques qui sont facultatifs. Elle fixe par ailleurs le niveau des stocks pétroliers de sécurité requis en permanence à l'équivalent de 90 jours d'importations journalières moyennes nettes soit soixante et un jours de consommation intérieure journalière moyenne. Elle invite en outre les États membres à assurer la disponibilité et l'accessibilité des stocks et à mettre en place les procédures afin d'assurer la mise en circulation transparente, rapide et efficace de ces produits. En pratique, deux possibilités s'ouvrent aux États qui sont respectivement la constitution de ces stocks sur le budget de l'État ou le fait d'en faire porter la charge sur les opérateurs pétroliers.

Pour ce qui la concerne, la France a choisi cette seconde option. L'article L. 642-2 du code de l'énergie dispose ainsi que *toute personne qui réalise, en France métropolitaine, une opération entraînant l'exigibilité des taxes intérieures de consommation sur un produit pétrolier figurant sur la liste de l'article L. 642-3 ou livre à l'avitaillement des aéronefs un produit pétrolier figurant sur cette liste est tenue de contribuer à la constitution et à la conservation de stocks stratégiques. Toute personne qui met à la consommation ou livre à l'avitaillement des aéronefs, dans un département d'outre-mer, un produit pétrolier figurant sur la liste de l'article L. 642-3 est tenue de contribuer à la constitution et à la conservation de stocks stratégiques dans ce département.* En France, le volume de stocks stratégiques que l'opérateur est tenu de mettre à disposition est défini par arrêté et doit correspondre au quart des quantités nettes de pétrole brut et de produits pétroliers introduits dans l'année civile précédente. Les produits pétroliers concernés sont le fioul lourd, le gazole, le fioul domestique, le pétrole lampant les carburéacteurs et les essences automobiles ou aéronautiques. Les opérateurs peuvent enfin constituer et entretenir eux-mêmes ces stocks stratégiques ou en confier la gestion à la Société anonyme de gestion de stocks de sécurité (SAGESS) qui est par ailleurs également mandatée par le Comité professionnel des stocks stratégiques pétroliers (CPSSP).

En matière de raffinage et de distribution, l'activité des opérateurs de pétrole et de produits pétroliers est, sous certaines réserves, régie par les lois du marché. Dans ce cadre, les installations pétrolières de raffinage sont toutefois régies par les articles L. 511-1 et suivants du code de l'environnement relatifs au régime des installations classées Seveso 3 en raison des risques sanitaires et environnementaux majeurs qu'elles induisent. Elles font alors l'objet d'une autorisation environnementale régie par l'article L. 181 du code de l'environnement et sont soumises aux régimes de l'étude d'impact et de l'enquête publique. Leurs rejets polluants sont également strictement réglementés. Parce que la sécurité des approvisionnements dépend également de la capacité de raffinage du pays, le Ministre chargé de l'énergie a par ailleurs un droit de regard sur les projets d'acquisition, de construction, d'arrêt définitif et de démantèlement des usines de raffinage de pétrole brut ou de produits pétroliers. Au titre de l'article L. 641-2 du code de l'énergie, ces projets doivent lui être notifiés un mois avant leur mis en œuvre et le Ministre compétent a un mois pour s'y opposer si le projet nuit à l'approvisionnement pétrolier du pays ou perturbe le bon fonctionnement du marché. Par extension, les dépôts pétroliers avant distribution constitutifs de la moitié de la capacité de stockage française obéissent aux même règles environnementales ICPE passée une certaine contenance et sont soumis à un droit de réquisition en cas de grève. En matière de distribution, des obligations sont également imposées aux distributeurs de pétrole et de produits pétroliers. Elles concernent tout d'abord la sécurité des stations-services qui sont soumises au régime des ICPE ainsi que la qualité des carburants autorisés à la consommation qui procèdent de la voie réglementaire et sont répertoriés à l'article 265 du code des douanes. Dans le domaine des biocarburants et des bio-liquides procédant de la biomasse, des dispositions spéciales existent également qui fixent un seuil de consommation à atteindre et conditionnent les aides publiques et les avantages fiscaux à des critères de durabilité environnementale qui recouvrent notamment l'objectif de réduction des émissions de gaz à effet de serre. Des obligations sont également imposées aux distributeurs de fioul domestique en vue d'assurer une continuité de fourniture aux clients exerçant des missions d'intérêt général. Cela concerne tout particulièrement les stations-services sur autoroute dont l'activité de délivrance de carburants est considérée par le Conseil d'État dans son avis du 16 mai 2002 comme étant un service public. Si le prix à la pompe est enfin aujourd'hui dicté par les lois du marché, la publicité relative aux prix de vente des carburants est réglementée notamment par un arrêté du 8 juillet 1988 qui dispose que le prix de vente au détail lisible depuis la voie publique fait l'objet d'une publicité dans l'emprise du point de vente qui doit permettre une identification des produits et de leurs prix. Sur autoroute, des dispositions spéciales imposent de la même manière des pré-signalisations situées entre 500 et 1000 mètres de l'entrée des aires de distribution.

b) Le gaz naturel

Le gaz provenant des couches géologiques du sous-sol est produit seul ou en association avec la production de pétrole. Comme le pétrole la gaz est issu de la transformation naturelle des matières organiques et est essentiellement composé de méthane dont la formule chimique est CH_4 soit un atome de carbone pour quatre atomes d'hydrogène. On en tire notamment du gaz de houille dit encore gaz de ville par distillation de la houille ou des produits pétroliers. À raison de son pouvoir calorifique, on distingue deux types de gaz. Le gaz dit type B distribué dans le nord de la France et provenant notamment de Groningue aux Pays-Bas a un pouvoir calorifique compris entre 9,5 et 10,5 kwh/m3 avec une forte teneur en azote. Le gaz de type H distribué sur le reste du territoire français a un pouvoir calorifique compris entre 10,7 et 12,8 kwh/m3. Pour ce qui les concerne, le gaz ou l'huile de schiste aujourd'hui non autorisés en France provient d'un procédé technique de fracturation de la roche à 2 ou 3 km de profondeur par de grandes quantités d'eau sous pression associées à certains produits chimiques. Enfin, dans tous les cas de figure, le gaz est plus léger que l'air et est compressible. Son transport se fait par canalisation terrestre ou par la voie maritime. Dans ce dernier cas, le gaz est liquéfié à - 162° avec un volume se réduisant alors de 600 fois et donnant du Gaz naturel liquéfié (GNL) avant d'être re-gazéifié à son arrivée à terre.

Pour assurer le transport du gaz par bateau, on produit du GNL qui est un gaz naturel liquéfié à - 160 ° C de température à pression atmosphérique avant transbordement et regazéifié par réchauffement arrivé à destination. La liquéfaction permet de réduire de 600 fois le volume du gaz. L'opération se subdivise en plusieurs opérations qui sont l'épuration, la déshydratation, le pré-refroidissement pour en faire du méthane quasiment pur et la liquéfaction par compression à proprement parler. Ce procédé technique a néanmoins un surcoût élevé de l'ordre de six fois le coût du transport par gazoduc qui en limite l'intérêt au seul transport intercontinental en direction de l'Asie et de l'Europe pour ce qui est du gaz américain.

Il s'agit enfin d'un procédé qui permet aujourd'hui une certaine mondialisation du marché du gaz et, donc, son arrivée à maturation en tant que marché alors qu'il s'agit encore d'un marché essentiellement continental. En 2019, le marché d'importation du GNL était de 354,7 millions de tonnes représentant 30 % du commerce international de gaz naturel contre 20 % en 2 000 pour une capacité industrielle de traitement de 920 millions de tonnes par an et une capacité de transport par méthaniers de 53,7 Millions de tonnes par an. Une tonne de GNL équivaut enfin à 1 380 m3 de gaz naturel et les plus gros méthaniers en peuvent transporter jusqu'à 270 000 m3. Parce qu'ils sont très importants, les coûts de construction des installations de liquéfaction et regazéification sont assurés par des contrats de long terme de fourniture de GNL. Ses ratios de coûts sont de l'ordre de 60 % pour la liquéfaction, et 20 % respectivement pour le transport et la regazéification.

Les importateurs de GNL sont à 70 % des pays d'Asie dont principalement le Japon, la Corée du sud et la Chine pour 50 % des importations. Les pays exportateurs sont davantage diversifiés. Il s'agit tout d'abord de la Russie pour 26 %, des États-Unis pour 12 % et du Qatar et de la

Norvège pour 10 %. Viennent ensuite l'Australie, l'Algérie, la Malaisie, les Pays-Bas et l'Indonésie.

Les règles en matière d'extraction et de production du gaz relèvent du droit minier et sont les mêmes que celles qui prévalent en matière de production du pétrole. S'y ajoute la règle de l'article 1er de la loi du 13 juillet 2011 interdisant en France l'exploration et l'exploitation du gaz de schiste. Cet article dispose que *l'exploration et l'exploitation des mines d'hydrocarbures liquides ou gazeux par des forages suivis de fracturation hydraulique de la roche sont interdites sur le territoire national*. Des règles spécifiques existent également en matière de transport compte tenu de la caractéristique gazière. Le transport peut tout d'abord se faire par canalisations. En la matière, des dispositions européennes du Parlement européen et du Conseil existent qui se fixent pour objectif l'interopérabilité des réseaux de gaz naturel dans l'Union ainsi qu'avec les pays de provenance. Un règlement du 17 avril 2013 fixe des corridors prioritaires d'approvisionnement européen en gaz. Cet approvisionnement se fait également par canalisations sous-marines qui renvoient à la Convention de Montego Bay sur le droit de la mer du 10 décembre 1982 applicable à la matière. Ses articles 58 et 79 prévoient que dans la Zone économique exclusive et sur le Plateau continental, les États ont le droit de poser des pipelines sous-marins sous réserve de le notifier à l'État côtier pour agrément et à condition de prendre les mesures raisonnables en vue de la maîtrise et de la réduction des pollutions. L'article 112 de la Convention élargit, quant à lui, le droit des États de poser des pipelines au fond des mers situées au-delà des limites de juridiction nationale.

L'approvisionnement en gaz s'effectue enfin par transport maritime qui nécessite d'introduire une opération supplémentaire de liquéfaction et de regazéification. Sur le transport maritime lui-même, des règles spéciales notamment fixées par l'Organisation Maritime Internationale visent à en renforcer la sécurité. Elles portent sur la construction et l'équipement des navires méthaniers transportant des gaz liquéfiés en vrac. Il s'agit notamment du Code IGC adopté par une Résolution A.328 du 12 novembre 1975 dont le respect est la condition nécessaire à la délivrance du Certificat international d'aptitude au transport de gaz liquéfié en vrac. Des règles existent également applicables aux terminaux méthaniers. La construction et l'exploitation des terminaux méthaniers font tout d'abord l'objet de dispositions juridiques spécifiques. En raison des risques qu'ils représentent, ils sont ainsi classés « Seveso seuil haut » et font l'objet d'un régime d'autorisation et de contrôle extrêmement strict en conformité avec les différents standards et directives internationaux applicables. Ensuite, des règles existent qui instaurent un droit d'accès des clients et des fournisseurs aux installations de GNL interdisant la discrimination et posant les obligations de motiver tout refus d'accès et de le notifier au demandeur comme à la Commission de Régulation de l'Énergie. Enfin, l'article L. 134-2 du code de l'énergie donne mandat à la Commission de Régulation de l'Énergie de fixer les missions des gestionnaires des installations de gaz naturel liquéfié et celles des opérateurs de stockage souterrains de gaz naturel ainsi que *les conditions d'utilisation de transport et de distribution de gaz naturel et des installations de gaz naturel liquéfié y compris la méthodologie d'établissement des tarifs d'utilisation de ces réseaux et de ces installations et les évolutions tarifaires*.

Principalement constitué aujourd'hui pour satisfaire aux besoins énergétiques de la période hivernale, le stockage du gaz exige des conditions géologiques particulières qui sont notamment la disposition de cavités souterraines hermétiques ainsi que des installations spéciales permettant l'injection, le soutirage et le traitement du gaz. Longtemps rattaché à l'activité de transport de gaz, l'activité de stockage a gagné son autonomie juridique avec la Directive du 26 juin 2003 et le fait que le code français de l'énergie lui réserve aujourd'hui un Titre deuxième du quatrième Livre. Ceci n'empêche toutefois pas le code minier de couvrir également les activités de recherche et d'exploitation du stockage. Dans le premier cas, les réservoirs de stockage sont en effet considérés comme des gisements miniers et la recherche d'une zone de stockage comme celle de substances de mines. Elle requiert donc, comme en matière de recherche pétrolière et gazière, un permis exclusif de recherche de cinq ans après mise en concurrence. L'article L. 122-1 du code minier donne à son titulaire un droit exclusif d'effectuer les travaux nécessaires et la pleine disposition des produits extraits à cette occasion. L'acquisition du permis de recherche requiert enfin des capacités techniques et financières ad hoc inscrites à l'article L. 122-2 du code minier. En matière d'exploitation, l'article L. 231-1 du code minier dispose que l'opération de stockage du gaz fait l'objet d'une concession accordée après mise en concurrence. Il n'y a toutefois pas obligation de mise en concurrence pour le titulaire de la concession antérieure ou pour le titulaire du permis exclusif de recherche à l'intérieur du périmètre déjà défini lorsque celui-ci fait une demande de concession avant l'expiration de son permis de recherche. L'article L. 131-3 dispose par ailleurs que l'exploitation du stockage de gaz est un acte de commerce. Lorsque l'exploitation du stockage du gaz est le fait d'une entreprise gestionnaire d'un réseau de transport de gaz, l'article L. 421-8 du code de l'énergie lui impose une comptabilité distincte pour chacune des deux opérations. Enfin, l'article 451-2 du code de l'énergie garantit aux fournisseurs de gaz naturel et à leurs mandataires un accès non discriminatoire aux capacités de stockage. L'obligation tombe toutefois en cas de manque de capacités, lorsque la sécurité des installations est en cause, lorsque l'autorité administrative prévoie un ordre de priorité afin de satisfaire à ses obligations de service public ou encore lorsque l'accès aux capacités n'est pas nécessaire à l'approvisionnement efficace des clients du fournisseur de gaz naturel.

Tant que le gaz était produit à la périphérie des villes par distillation de la houille, la question des réseaux de son transport sur moyenne et longue distances ne se posait pas. Ce n'est en effet qu'en 1949 que fut construit le premier tronçon de 312 km de transport de gaz permettant de consommer en région parisienne le gaz tiré de l'exploitation du charbon lorrain. La découverte des gisements de Saint-Marcet puis de Lacq dans les années 1950 imposa par la suite la construction d'un réseau étoffé de 2 000 km de canalisation. Aujourd'hui, le réseau de transport de gaz en France avoisine les 36 000 km dont 6000 km de réseau principal et 24 500 km de réseau régional exploités par GRTgaz. Le réseau de transport se divise donc en deux catégories. Le réseau de transport principal couvre l'ensemble des canalisations à haute pression à large diamètre reliant les points d'interconnexion entre eux ainsi qu'avec les points de stockage souterrains et les terminaux méthaniers. Au niveau en-dessous, le réseau de transport régional à moindre diamètre assure l'acheminement du gaz naturel du réseau de transport principal vers les réseaux de distribution à destination du client final. S'y ajoutent les éléments du transport international de gaz. Dans le domaine terrestre, les canalisations de transport de gaz interconnectées aux autres réseaux nationaux sont, en matière de construction et d'exploitation sur le territoire national, soumis à la même réglementation que les canalisations nationales de transport de gaz. Le transport du gaz par liaisons sous-marines est enfin pour l'essentiel régi par les articles applicables de la

Convention de Montego Bay sur le droit de la mer de 1982 ainsi que par les accords intergouvernementaux ad hoc.

À l'origine, la production de gaz était jusqu'à la loi de nationalisation du 8 avril 1946 le fait de sociétés privées qui assurait simultanément la production et la distribution du gaz. Aujourd'hui, l'activité de distribution de gaz est séparée de l'activité de production et les collectivités territoriales sont propriétaires du réseau gazier. La Directive européenne du 26 juin 2003 a affiné le dispositif en excluant l'activité de fourniture de gaz aux consommateurs du domaine de la distribution. La Directive du 13 juillet 2009 définit l'activité de distribution de gaz comme le transport de gaz naturel par l'intermédiaire de réseaux locaux ou régionaux de gazoducs en vue de la fourniture aux clients. La Directive du 26 juin 2003 prévoit en outre la séparation du gestionnaire de réseau de distribution lorsque celui-ci fait partie d'une entreprise verticalement intégrée. Dans sa transposition en droit français, la loi du 9 août 2004 adopta initialement le principe d'une séparation fonctionnelle et non pas juridique. Elle prévoyait en effet que lorsqu'une entreprise exploite un réseau de distribution desservant plus de 100 000 clients tout en exerçant d'autres activités dans le secteur gazier, elle crée au sein de l'entreprise un service indépendant en termes d'organisation et de prise de décision spécialement dédié à la gestion du réseau de distribution. Ce n'est qu'avec la loi du 7 décembre 2007 que la France adopta enfin le principe de la séparation juridique des entités et impose aujourd'hui l'existence d'une personne morale spécialement dédiée à la distribution du gaz. C'est ainsi que fut créée le 31 décembre 2007 la société anonyme GRDF (Gaz Réseau Distribution France) filiale à 100 % de Gaz de France.

Dans ce cadre, les deux modes de gestion de la distribution du gaz sont la régie pour 2 % et la concession pour 98 %. Le vecteur juridique de la distribution est le cahier des charges pour la concession et le règlement de service pour la régie. Toutefois, les collectivités territoriales ne peuvent choisir elles-mêmes leur gestionnaire de réseaux publics de distribution qui leur est imposé par la loi. Il s'agit de GRDF et, pour une petite part, d'un certain nombre d'entreprises locales de distribution existant avant la loi du 8 avril 1946. L'article L. 452-3 du code de l'énergie précise enfin que la Commission de Régulation de l'Énergie *délibère sur les évolutions tarifaires ainsi que sur celles des prestations annexes réalisées* et peut *prévoir un encadrement pluriannuel des tarifs ainsi que des mesures incitatives appropriées à court ou à long terme pour encourager les opérateurs à améliorer leurs performances*. Une fois raccordé, le droit d'accès à la distribution pour le client ou le fournisseur de gaz est enfin garanti par le distributeur et tout refus d'accès doit être motivé et notifié à la Commission de Régulation de l'Énergie. À l'aval de la chaîne, l'activité de fourniture de gaz met aux prises le distributeur avec respectivement le client final et éventuellement le client grossiste. Dans le premier cas, le client final achète du gaz pour sa propre consommation. Dans le second cas, le client grossiste achète du gaz en vue de sa revente sur le marché. Il fait en France l'objet d'une procédure d'autorisation qui, sous peine de sanctions administrative et pénale, fixe les catégories de clients susceptibles d'être ainsi approvisionnées.

Sous la pression de l'Union européenne, la libéralisation du marché du gaz à l'aval se fit par étapes distinguant les clients éligibles et non-éligibles. En vue d'offrir une transparence des prix aux premiers, une Directive du 20 juin 1990 imposa aux États membres de prendre les mesures pour que la fourniture de gaz aux clients finals industriels fasse l'objet d'une communication sur les prix et les conditions de vente. Une seconde Directive du 22 juin 1998 autorisa les clients éligibles à choisir librement leur fournisseur et s'attacha à décliner le mécanisme de l'éligibilité et d'identification des clients. La libéralisation totale du marché de détail de gaz en direction des ménages fut enfin organisé par la Directive du 26 juin 2003 qui prit effet le 1er janvier 2007. En France, la transposition du droit communautaire donna lieu à une loi du 19 juillet 1993 pour la Directive du 20 juin 1990 et à une loi du 3 janvier 2003 pour la Directive du 22 juin 1998. Aujourd'hui, tout client qui achète du gaz naturel a donc en principe le droit de choisir son opérateur. Au sein de la première catégorie, les clients non-professionnels qui ont une consommation inférieure à 30 000 kWh par an font l'objet de règles protectrices inscrite au code de la consommation.

Il fallut enfin attendre que la loi Energie-Climat du 8 novembre 2019 prévoit à son article 63 la fin du tarif réglementé de vente du gaz naturel. Cette décision législative fait suite à la décision du Conseil d'État du 19 juillet 2017 jugeant que les dispositions réglementaires relatives aux tarifs réglementés de vente du gaz naturel étaient contraires au droit communautaire. Dans une décision du 7 septembre 2016 concernant la France, la Cour de justice de l'Union européenne avait en effet considéré que les tarifs réglementés de vente de gaz naturel constituait par leur nature même une entrave à la réalisation d'un marché du gaz naturel et de l'électricité concurrentiel. Elle précisa à cet effet que l'exigence de fixation du prix par le jeu de l'offre et de la demande découlait de la finalité des directives visant à poursuivre la réalisation d'un grand marché intérieur du gaz et de l'électricité ouvert et concurrentiel. Elle tempéra toutefois son jugement en considérant qu'il pouvait en être autrement pour des raisons d'intérêt économique général et de manière proportionnée. Dans sa décision du 19 juillet 2017, le Conseil d'État français trancha la question en considérant que la réglementation du prix du gaz ne répondait à aucun objectif d'intérêt économique général tant du point de vue de la sécurité de l'approvisionnement que du point de vue de la cohésion sociale et territoriale et de la stabilité et du caractère raisonnable des prix. Il fut en effet considéré que le gaz était une énergie substituable non constitutive d'un bien de première nécessité et que le différentiel régional des prix pratiqués ne participait pas à la cohésion territoriale. Il ressort donc de la loi du 8 novembre 2019 qu'il n'est plus possible de souscrire un nouveau contrat de gaz à un tarif réglementé et que les contrats existants à tarif réglementé restent jusqu'à une certaine date valables en fonction des catégories de consommateurs. Pour les clients professionnels consommant moins de 30 000 kWh/an, les contrats existants restaient valables et les tarifs réglementés continuaient de s'appliquer jusqu'au 1er décembre 2020. Pour les clients particuliers, les contrats existants restent valables et les tarifs réglementés continuent de s'appliquer jusqu'au 30 juin 2023 qui est la date d'extinction définitive de l'offre aux tarifs réglementés.

Les réserves d'énergies sont de trois sortes. La première catégorie est celle des réserves prouvées composées des produits techniquement exploitables et économiquement rentables à 95 %. Cette réserve prouvée peut toutefois évoluer dans le temps. Elle diminue au gré des volumes d'exploitation mais peut également augmenter au gré des découvertes faites sous l'effet du progrès technique et de l'augmentation des prix du pétrole. Dans ce dernier cas, la monté du prix du pétrole rend effectivement plus rentable l'opération d'exploration pour trouver de nouvelles ressources. C'est ainsi que les réserves de gaz naturel ont été multipliées par trois en 40 ans. La seconde catégorie est celle des réserves probables dont la probabilité technique et économique d'exploitation tombe à 50 %. Enfin, les réserves possibles sont les réserves dont la probabilité d'extraction n'est que de 5 % et dont l'exploitation dépend donc très largement du prix de l'énergie sur le marché. D'une manière générale, si les réserves en questions restent considérables, elles n'en sont pas moins plus coûteuses à extraire aujourd'hui. Ceci est particulièrement le cas avec l'offshore profond et l'exploration dans l'océan Arctique.

En 2019, les réserves prouvées mondiales de charbon étaient de 1 070 milliards de tonnes se situant aux États-Unis pour 23,3 %, en Russie pour 15,2 %, en Australie pour 13,9 %, en Chine pour 13 %, en Inde pour 9,9 %, en Indonésie pour 3,7 %, en Allemagne pour 3,4 %, en Ukraine pour 3,2 % et en Pologne pour 2,5 %. Les réserves prouvées mondiales de pétrole sont estimées à 1 730 milliards de barils soit 240 milliards de tonnes pour une production de 100 millions de barils jour. Elles se situent pour 48,3 % au Moyen-Orient et 32,5 % en Amérique. Par pays, cela donne 17 % des réserves au Venezuela et en Arabie Saoudite pour une production respectivement de 46 et de 556 millions de tonnes (Mt) en 2919, 9,7 % au Canada (275 Mt), 9 % en Iran (161 Mt), 6,1 % en Russie (568 Mt), 5,9 % au Koweït (144 Mt), 5,7 % aux Emirats Arabes Unis (180 Mt), 3,5 % aux États-Unis (747 Mt) et 2,8 % en Libye (58 Mt). En terme de production de pétrole, L'Irak et la Chine sont respectivement aux 5e et 6e rangs mondiaux avec des productions respectivement de 234 et 191 Mt. Les réserves de gaz naturel sont, quant à elles, estimées à 188 billions de m3 dont 37,4 billions en Russie (pour une production annuelle de l'ordre de 700 milliards de m3), 32 billions en Iran (pour une production de 250 milliards), 24,7 au Qatar (pour une production de 180 milliards), 12,9 aux États-Unis (pour une production de 960 milliards), 8,4 en Chine (pour une production de 195 milliards), 6 en Arabie Saoudite (pour une production de 120 milliards), 2,4 au Canada (pour une production de 170 milliards) et 2,3 en Algérie (pour une production de 105 milliards). Avec une production annuelle inférieure à 100 milliards de m3, Venezuela a une réserve de 6,3 billions de m3, les Emirats Arabes Unis de 5,9 billions et l'Azerbaïdjan de 2,5 billions.

La notion de réserves est enfin relative parce que plusieurs facteurs conditionnent leur chiffrage. Il peut tout d'abord s'agir d'un chiffrage politique lorsque les pays font varier les chiffres en fonction d'objectifs politiques. C'est ainsi qu'en 2015, l'Iran a augmenté le volume de ses réserves en réaction à l'augmentation opérée par l'Irak. Même chose en 2012 entre le Venezuela et l'Arabie Saoudite. L'opération s'effectue alors souvent en transférant dans la catégorie des réserves les pétroles extra-lourds qui en étaient jusqu'ici exclus. S'y ajoute la difficulté à calculer les réserves des hydrocarbures non conventionnels. Cette difficulté est notamment due au fait que ces réserves ne sont pas contenues dans un gisement mais se trouvent situées sur de vastes surfaces aux contours flous qui ne peuvent être calculées que par zones en km2. Les limites des réserves peuvent également être repoussé par l'amélioration des techniques de récupération des hydrocarbures dans les puits. Enfin, les experts en calculs se divisent en pessimistes et en optimistes. Les premiers sont souvent des géologues et les seconds des économistes. Les premiers sont plutôt déclinistes tandis que les seconds considèrent que le possible en production est le résultat d'une course dans le temps entre celui de l'épuisement des gisements et celui du progrès technique qui permet d'accéder à de nouvelles réserves.

2) Le droit applicable aux énergies tirées des technologies

Le droit applicable aux énergies est très largement marqué par l'empreinte du développement des technologies. C'est particulièrement le cas pour l'industrie nucléaire qui n'existerait pas sans elles et dont les risques qu'elle génère en font aujourd'hui un droit de sûreté. C'est également le cas des énergies renouvelables et de celle tirée de la cogénération. Exploitées depuis la nuit des temps, les énergies renouvelables ont en effet trouvé un nouvel essor depuis quelques décennies grâce au développement des technologies ad hoc et sous la contrainte du changement climatique. Il en résulte un droit étoffé quoiqu'éclaté.

a) Energies renouvelables, un droit éclaté

Le droit positif ne donne pas de vraie définition de ce qu'est une énergie renouvelable sinon qu'il s'agit, pour le droit européen, d'une source d'énergie non fossile. En pratique, à l'opposé de l'énergie fossile qui est une ressource par définition épuisable, l'énergie renouvelable se caractérise par sa durabilité totale ou partielle. Dans ce dernier cas, la durabilité est en effet variable car dépendant, comme dans le cas de la biomasse productrice de biocarburant ou de biogaz, du degré de régénération du stock initial. La Directive européenne du 23 avril 2009 transposée aux articles L. 661 et suivants du code de l'énergie introduisant par ailleurs le critère de durabilité environnementale déterminé par le bilan carbone nettement plus faible de la source d'énergie en question. Au-delà de ces caractéristiques communes, le droit positif peine à faire des sources d'énergie renouvelable une seule et même catégorie juridique. Tout d'abord, toutes ne peuvent être qualifiées de biens au sens où l'entend le code civil, c'est-à-dire appropriables, utiles et échangeables. Ainsi en est-il du vent et de la chaleur du soleil ainsi que, dans une moindre mesure, de la biomasse déchets. Par ailleurs, certaines de ces énergies se caractérisent par une intermittence de l'exploitation due à celle de l'ensoleillement et de la prise au vent qui différencie l'éolien et le photovoltaïque des autres sources d'énergie renouvelable en l'absence de capacité de stockage de l'énergie produite. Le droit applicable à ces diverses sources d'énergie est enfin un droit dispersé au sein du code de l'énergie et entre les différents autres codes dont notamment le code minier, le code de l'urbanisme pour ce qui est des permis de construire ainsi que le code de l'environnement. L'énergie géothermique est ainsi traitée dans le code minier. La tendance est néanmoins aujourd'hui à la formation de règles juridiques communes à l'ensemble de ces énergies. Ainsi en est-il notamment à l'occasion de la mise en place des schémas régionaux de raccordement au réseau des énergies renouvelables ou dans le cadre du développement des énergies marines. Toutefois, en l'absence de définition juridique commune satisfaisante, le droit applicable se contente de lister les énergies en question. L'article L. 211-2 du code de l'énergie dispose ainsi que *les sources d'énergie renouvelables sont les énergie éolienne, solaire, géothermique, aérothermique, hydro-thermique, marine et hydraulique ainsi que l'énergie issue de la biomasse, du gaz de décharge, du gaz de stations d'épuration d'eaux usées et du biogaz*. Au sein de celles-ci, l'énergie géothermique est l'énergie thermique tirée des gites du centre le la terre par l'intermédiaire des eaux chaudes et des vapeurs souterraines qu'ils contiennent. L'énergie aérothermique est l'énergie contenue dans l'air captée par pompe à chaleur pour être restituée sous forme de chauffage. L'énergie hydro-thermique est l'énergie tirée du différentiel de températures entre les couches profondes et les couches superficielles des eaux marines.

En matière d'hydraulique, le secteur bénéficie en France d'un potentiel important grâce à la présence des massifs montagneux que sont les Alpes, les Pyrénées et le Massif central. Ce potentiel est déjà exploité en très grande partie, mais il subsiste un potentiel non négligeable à exploiter en petite hydraulique. Le potentiel brut hydroélectrique techniquement exploitable de la France est estimé par le Conseil mondial de l'énergie à 100 TWh/an, dont 70 TWh/an sont considérés comme économiquement exploitables. La petite hydraulique (< 10 MW) totalise

1,85 GW et produit environ 7 TWh. Le projet de Programmation pluriannuel de l'énergie de 2019 propose enfin des objectifs d'augmentation des capacités installées de 900 à 1 200 MW d'ici 2028, qui devrait permettre une production supplémentaire de 3 à 4 TWh dont environ 60 % par l'optimisation d'aménagements existants. Au plan juridique, la force motrice produite par l'écoulement des eaux courantes ne peut faire l'objet d'un droit de propriété. Elle ne peut donc faire l'objet que d'un droit d'usage. L'article L. 511-1 du code de l'énergie dispose en effet que *sous réserve des dispositions de l'article L. 511-4, nul ne peut disposer de l'énergie des marées, des lacs et des cours d'eau, quel que soit leur classement, sans une concession ou une autorisation de l'État*. Le régime de l'autorisation concerne les ouvrages dont la puissance n'excède pas 4,5 MW et ne vaut que pour des durées inférieures à 75 ans. L'autorisation peut ici être modifiée ou révoquée à tout moment sans indemnité sauf cas où il en résulterait pour le bénéficiaire une charge exorbitante hors de proportion avec l'objectif d'intérêt général poursuivi. L'article L. 511-5 dispose quant à lui que *sont placées sous le régime de la concession les installations hydrauliques dont la puissance excède 4 500 kilowatts*. La concession est également établie pour une durée inférieure à 75 ans et fait l'objet d'un cahier des charges dont le modèle est établi par décret en Conseil d'État. L'ouvrage concerné est alors propriété de l'État qui en délègue la construction et l'exploitation à un concessionnaire. L'article L. 521-3 dispose en outre que *tout changement de concessionnaire ne peut avoir lieu qu'après approbation de l'autorité administrative*. Le nombre de concession ainsi visée est au nombre de 400 en France qui sont exploitées pour l'essentiel par EDF et la Compagnie Nationale du Rhône. Le principe européen de libéralisation du marché intérieur de l'électricité impose enfin aujourd'hui une mise en concurrence des concessionnaires potentiels prévue par la loi du 30 décembre 2006.

Avec 640 barrages et 2 400 centrales dont 1 600 ne représentent que 1,8 % de la puissance installée, la production hydroélectrique en France représentait 13 % de la production électrique totale en 2020 contre 10,1 % en 2017 parce que l'année y fut beaucoup moins pluvieuse. La France est le 2e pays européen pour sa production hydroélectrique avec plus de 10 % de la production européenne derrière la Norvège et devant la Suède. Au niveau mondial, elle figure aujourd'hui au 12e rang avec 1,5 % du total mondial. En termes de puissance installée, la France est au 2e rang européen avec 12 % du total européen et au 10e rang mondial avec 2 % du total mondial. Le projet de Programmation pluriannuel de l'énergie de 2019 prévoie enfin une augmentation des capacités installées principalement par optimisation des aménagements existants de sorte à augmenter de 4 TWh la production hydroélectrique. Pour ce qui la concerne, la puissance hydroélectrique installée dans le monde est de l'ordre de 1 330 GW en fin 2020 pour une production électrique de 4 370 TWh en progression de plus de 1 % chaque année et représentant la capacité de production électrique de quelque 1,6 milliard de tonnes de charbon. La production hydroélectrique correspond également à 70 % de la production mondiale d'énergie renouvelable. En raison des nombreux aménagements hydrauliques réalisés dont l'immense barrage des trois gorges sur le fleuve Yangzi, la Chine est le premier pays producteur mondial d'hydroélectricité avec une puissance de 370 GW et une production annuelle de 1 355 TWh soit 31 % de la production mondiale. Elle est suivie de loin par le Brésil (9,4 % de la production mondiale), le Canada (8,8 %), les États-Unis (6,7 %), la Russie (4,5 %), l'Inde (3,5 %), la Norvège (3,2 %), le Japon (2 %) et la Turquie (1,8 %).

L'Afrique dispose d'un fort potentiel hydroélectrique mais ne produit encore que 3,2 % de l'hydroélectricité mondiale.

Les atouts de l'hydroélectricité sont son caractère renouvelable, son faible coût d'exploitation à mettre au regard de l'importance de l'investissement initial nécessaire ainsi que ses faibles émissions de gaz à effet de serre. En outre, les barrages à accumulation permettent de stocker de l'énergie en puissance permettant de satisfaire aux variations dans le temps de la demande d'électricité par la mise en service des turbines. Sur le plan technique, l'énergie produite résulte de la transformation de l'énergie cinétique de l'eau en énergie électrique au moyen d'une turbine hydraulique couplée à un générateur électrique. Trois types de centrales coexistent enfin. Les centrales lacs sont des ouvrages construits pour accueillir des réservoirs importants d'eau provenant de la fonte saisonnière des glaces ou de la saison des pluies. L'eau est alors stockée au printemps pour être turbinée en hiver afin de répondre notamment à l'augmentation de la demande de chauffage électrique. Les centrales éclusées sont des ouvrages de plus petite taille réalisés en moyenne montagne et régulièrement alimentés par les eaux de pluies afin de satisfaire aux pics de consommation journaliers. Enfin, les centrales au fil de l'eau sont installées dans les zones de plaines avec des retenues de faible hauteur. Sans capacité de modulation de stockage, elle utilise le débit des fleuves pour fournir une électricité à très faible coût. Dans le prolongement, les usines marémotrices utilisent l'énergie des flux alternés des marées ainsi que celle tirée du mouvement des vagues et des courants marins. S'y ajoute la petite hydraulique d'une puissance inférieure à 10 MW dont la production française est de 7 TWh. D'une manière générale, le coût du KWh de l'hydraulique est constitué à 75 % de charges d'investissement tandis que les dépenses de fonctionnement ne dépassent pas les 25 % alors qu'elles sont de 40 % dans le nucléaire et 70 à 80 % dans le thermique au charbon ou au gaz compte tenu du prix de la matière première utilisée.

L'énergie éolienne regroupe l'ensemble des installations utilisant l'énergie mécanique du vent. Le secteur de l'énergie éolienne a connu un développement notable en France. En 2018, avec près de 8 000 éoliennes terrestres sur 1 380 parcs, soit plus de 1,5 gigawatt raccordés dans l'année et 15,8 GW de puissance installée, le secteur couvre 6 % de la consommation électrique française. La France se situe ainsi au 4e rang européen pour la production d'électricité éolienne loin derrière l'Allemagne, l'Espagne et le Royaume-Uni et au 7e rang mondial. Les régions les plus dotées sont les Hauts-de-France et le Grand Est. La Programmation pluriannuelle de l'énergie (PPE) prévoit une production de 34 GW en 2028 dont une partie devrait être produite à partir d'installations offshore. Le développement de l'éolien est enfin favorisé par le fait que ce domaine d'activité a connu au cours des deux dernières décennies un saut technologique notable dans la puissance et le rendement des installations qui en réduisent les coûts à l'unité. Au plan juridique, l'article L. 533-1 du code de l'environnement soumet les installations terrestres dont la hauteur des mats dépasse les 50 mètres à la législation des installations classées et en interdit la présence à moins de 500 mètres des zones d'habitation. Par ailleurs, des Zones de développement de l'éolien (ZDE) ont été insérées dans les schémas régionaux éoliens avec pour contrainte initiale que seules les installations en dépendant bénéficient du régime de l'obligation d'achat des productions. Enfin, la réglementation des ZDE n'est pas applicable en milieu marin. Sur le domaine public maritime qui répond à la limite extérieure des 12 milles de la Mer territoriale, une réglementation spéciale s'applique en effet qui est adaptée aux contraintes du milieu marin. Les installations pressenties dans le cadre de la stratégie nationale pour la mer et le littoral y font l'objet de concession d'occupation et d'appels d'offres. Des implantations sont également envisageables dans le futur au-delà des 12 milles de la Mer territoriale dans le périmètre du Plateau continental et de la Zone économique exclusive nationale.

En fin 2016, la puissance électrique éolienne installée dans le monde était de 486 GW contre 16 MG en 2000 dont 42 % en Asie, notamment en Chine (169 GW) et en Inde (29 GW), 32 % en Europe et 20 % aux États-Unis (82 GW). L'ensemble permet aujourd'hui de produire 4 % de la production mondiale d'électricité. En Europe, l'éolien produit 10,4 % de l'électricité et n'est donc plus marginal. L'Allemande dispose de 50 GW de capacité, l'Espagne de 23 GW et la France seulement de 12 GW malgré l'étendue de ses côtes. 88 % de l'éolien offshore mondial se situe enfin en Europe et notamment au Royaume-Uni et en Allemagne.

La puissance installée de photovoltaïque dans le monde est passée de 1 GW en 1999 à 303 en 2016. Les principaux équipements sont en Chine (78 GW), au Japon (43 GW), au États-Unis (42 GW) et en Allemagne (41 GW). La France ne dispose que de 7 GW de puissance installée. Cette forte progression du photovoltaïque est principalement du à une division par 6 de son prix d'installation en l'espace d'une décennie et par l'augmentation de ses performances. Sa production ne représente encore toutefois que 2 % et 4 % des productions mondiale et européenne d'électricité. S'y ajoute la capacité de production des centrales thermiques solaires représentant 0,4 % de la consommation mondiale d'énergie et située pour 71 % en Chine.

L'énergie solaire est tirée des rayonnements du soleil et est recueillie au moyen de panneaux photovoltaïques, de capteurs thermiques ou d'installations thermodynamiques.

Dans le premier cas, il y a agrégation de cellules sur des terrains dédiés ou sur des bâtiments. Dans le second cas, le rayonnement du soleil est transformé en chaleur grâce à des capteurs thermiques ayant pour fonction d'élever la température de l'eau utilisée. Dans le troisième cas, il s'agit de l'ensemble des techniques permettant de concentrer la chaleur du soleil sur un seul foyer pour en élever très fortement la température avant de transformer celle-ci en énergie mécanique et électrique. Dans ses différentes composantes, l'énergie solaire a connu un développement rapide quoique limité. La production solaire ne couvrait encore que 1,95 % de la consommation d'électricité française sur la période 2017-2018, loin derrière l'Italie (7,3 %), la Grèce (7,1 %) et l'Allemagne (6,9 %). En conséquence, la filière thermique française se situe aujourd'hui au 6e rang européen et au 15e rang mondial tout en n'étant en surface de capteurs par habitant qu'au 18e rang européen. La filière photovoltaïque au départ limitée à des niches de faible taille a progressivement pris en fait son envol au cours des années 2000 grâce à la mise en place de subventions sous la forme de tarifs d'achat très supérieurs aux prix de marché. Outre les règles de l'urbanisme, de la construction et de l'environnement applicables, l'essentiel du droit de l'énergie solaire est relatif aux règles de raccordement au réseau. Dans le premier cas, seul le solaire photovoltaïque destiné à la production d'électricité fait l'objet d'un raccordement au réseau relevant de la compétence du gestionnaire de réseau de distribution. Dans ce cadre, le refus de raccordement vaut refus d'accès au réseau et est tranché par la Commission de régulation de l'énergie. Afin d'encourager le développement de l'énergie solaire, l'État a mis en place les obligations d'achat solaire. La loi du 10 février 2000 a attribué à EDF et aux entreprises locales de distribution (ELD) la responsabilité de racheter l'énergie produite par les installations photovoltaïques des particuliers.

EDF rachète ainsi les kWh produits à un tarif avantageux afin d'inciter les consommateurs à investir dans les énergies renouvelables. L'État compense ensuite le surcoût d'achat en reversant des indemnités aux distributeurs. Ce montant est prélevé sur la Contribution au Service Public de l'Électricité (CSPE). Cette taxe est payée par tous les consommateurs d'électricité. Ce sont donc eux qui, indirectement, financent en partie les projets individuels d'installations solaires.

À la fin de la décennie 2010, la biomasse hors déchets assurait 1,9 % de la production mondiale d'électricité et contribuait en Europe pour 60 % à la production d'énergie renouvelable. Elle constitue donc une ressource d'énergie non négligeable. Une Directive européenne du 27 septembre 2001 la définit comme étant *la fraction biodégradable des produits, déchets et résidus provenant de l'agriculture (comprenant les substances végétales et animales), de la sylviculture et des industries connexes, ainsi que la fraction biodégradable des déchets industriels et municipaux (...). La définition de la biomasse utilisée dans la présente directive ne préjuge pas de l'usage d'une définition différente dans les législations nationales, à des fins autres que celles fixées par la présente directive*. Cette définition est précisée par une autre Directive du 24 novembre 2010 qui souligne que cette biomasse comprend *les produits composés d'une matière végétale agricole ou forestière susceptible d'être employée comme combustible en vue d'utiliser son contenu énergétique ; les déchets ci-après : déchets végétaux agricoles et forestiers ; déchets végétaux provenant du secteur industriel de la transformation alimentaire, si la chaleur produite est valorisée ; déchets végétaux fibreux issus de la production de pâte vierge et de la production de papier à partir de pâte, s'ils sont co-incinérés sur le lieu de production et si la chaleur produite est valorisée ; déchets de liège ; déchets de bois, à l'exception des déchets de bois qui sont susceptibles de contenir des composés organiques halogénés ou des métaux lourds à la suite d'un traitement avec des conservateurs du bois ou du placement d'un revêtement, y compris notamment les déchets de bois de ce type provenant de déchets de construction ou de démolition.*

En France, l'article L. 211-2 du code de l'énergie définit la biomasse comme étant *la fraction biodégradable des produits, déchets et résidus provenant de l'agriculture, y compris les substances végétales et animales issues de la terre et de la mer, de la sylviculture et des industries connexes, ainsi que la fraction biodégradable des déchets industriels et ménagers*. Un rapport parlementaire de 2013 qui lui est consacré la définit également comme étant *toutes les matières organiques qui peuvent dégager de l'énergie par combustion directe ou à la suite d'une étape de transformation. La biomasse représente donc aussi bien la fraction biodégradable des déchets industriels ou agricoles que le bois issu directement de la forêt*. Aux plans économique et énergétique, la biomasse est la première source d'énergie renouvelable en France. Elle produit en effet 54,2 % des énergies renouvelables devant l'énergie hydraulique qui y participe pour 24,3 % et contribue à hauteur de 1,1 % en 2017 à la production électrique nationale. Sa production se fait principalement à partir de l'exploitation du bois domestique et la part du biogaz y reste encore modeste. Malgré tout l'intérêt qu'elle présente, la valorisation de la biomasse ne fait toutefois l'objet d'aucun cadre juridique unifié. On y fait donc référence de façon éparse dans plusieurs codes tandis que le biogaz est traité dans la partie du code de l'énergie consacrée au pétrole. Toutefois, comme tout ouvrage de production d'électricité, les installations faisant appel à la biomasse doivent faire l'objet d'une autorisation au titre de la production d'électricité selon les modalités prévues par les articles L. 311-5 à L. 311-9 du code de l'énergie. Enfin, pour mieux organiser la filière biomasse-énergie une stratégie nationale de mobilisation de la biomasse a été lancée en 2016 en application de la loi relative à la transition énergétique pour la croissance verte qui doit être déclinée dans chaque région par un Schéma régional biomasse.

b) Les règles applicables aux énergies renouvelables

La promotion des énergies renouvelables pour la décarbonation a requis plusieurs dispositifs juridiques au fil des décennies. Au niveau européen, il s'agit au titre de la *soft law* des Communications de la Commission du 20 novembre 1996 « Énergie pour l'avenir : les sources d'énergie renouvelables » et du 30 novembre 2016 « Une énergie propre pour tous les Européens » par laquelle l'Union affiche son ambition de devenir leader mondial dans ce domaine. Au titre de la *hard law*, il s'agit des Directives respectivement du 27 septembre 2001, du 8 mai 2003, du 23 avril 2009, du 11 décembre 2018 et du 5 juin 2019. La première invita les États membres sans les contraindre à renforcer la part du renouvelable dans la production d'électricité et la seconde d'accroître la part des biocarburants dans le transport. Les trois autres Directives ont un caractère plus contraignant. Celle de 2009 fixe l'objectif chiffré pour l'Union d'arriver à 20 % d'énergies renouvelables dans la consommation finale d'énergie en 2020 avec des aménagements par pays. La directive de décembre 2018 reprend l'ensemble des directives antérieures et porte l'objectif d'énergies renouvelables à 32 % de la consommation d'énergie de l'Union en 2030. Elle engage les États membres à lui communiquer régulièrement les actions qu'ils entreprennent pour atteindre cet objectif. Celle du 5 juin 2019 concernant les règles communes pour le marché intérieur de l'électricité consolidé par le Règlement du Parlement européen et du Conseil du 5 juin 2019 précise enfin les cadres et la manière dont les énergies renouvelables doivent être promues. Cela concerne notamment l'information des consommateurs, le système des garanties d'origine et les régimes d'aides octroyées.

Au plan national, plusieurs dispositifs accompagnent ces mesures. La loi de programme sur les orientations de la politique énergétique du 13 juillet 2005 fixa comme objectif à l'horizon 2020 la barre des 10 % de la consommation énergétique nationale et des 21 % de la production d'électricité en sources d'énergie renouvelables. La loi de programmation relative à la mise en œuvre du Grenelle de l'environnement du 3 août 2009 valida l'objectif des 23 % de renouvelables dans la consommation finale brute d'énergie en 2020. Elle introduisit également en droit français et pour chaque région un schéma régional des énergies renouvelables qui fut intégré par la suite au schéma régional d'aménagement du développement durable et d'égalité des territoires, lequel intègre également un schéma régional pour le développement de l'éolien terrestre. Dans le prolongement, la loi du 12 juillet 2010 dite Grenelle 2 créa les schémas régionaux du climat, de l'air et de l'énergie fixant des échéances à 2020 et à 2050 ainsi qu'un schéma régional de raccordement des énergies renouvelables inscrit à l'article L. 321-7 du code de l'énergie et visant à donner au renouvelable sa place dans la gestion du réseau public de transport de l'énergie. Enfin, la loi du 17 août 2015 relative à la transition énergétique pour une croissance verte contient un certain nombre de dispositions relatives aux sources d'énergie renouvelables inscrites à l'article L. 100 du code de l'énergie. Ainsi, l'article L. 100-4 chiffre-t-il à 33 % la part du renouvelable dans la consommation nationale à l'échéance de 2030 et décline cet objectif par filières : 40 % de la production d'électricité, 38 % de la consommation finale de chaleur en en multipliant la production par cinq, 15 % de la consommation finale de carburant et 10 % de la consommation de gaz. Il fixe également comme objectif la promotion de l'éolien en mer en le portant à 1 gigawatt par an en 2024 et le développement de la petite hydroélectricité.

Le soutien aux énergies de sources renouvelables peut être direct ou indirect. Dans le premier cas, l'intégration de la France dans l'Union européenne a pour effet de soumettre le régime de ces aides d'État aux règles de l'Union applicables au domaine des aides d'État régi par les articles 107 et 108 du Traité sur le Fonctionnement de l'Union européenne (TFUE). C'est notamment le cas de la compensation par l'État des surcoûts pour EDF résultants de l'obligation d'achat de l'énergie de sources renouvelables à un prix supérieur à ceux du marché. En la matière, la Commission considère encore aujourd'hui qu'une très grande partie des aides d'État aux énergies renouvelables répond à un objectif d'intérêt commun qui les rend compatible avec les principes européens de gouvernance du marché intérieur pour peu qu'il y ait intégration optimale des électricités produites au marché de l'électricité. De manière indirecte, la promotion des énergies renouvelables fait aujourd'hui appel à plusieurs instruments dont les trois principaux sont les garanties d'origine, l'obligation d'achat de l'énergie renouvelable et le contrat de complément de rémunération. Dans le premier cas, la garantie d'origine est un dispositif d'information du consommateur ayant souscrit un contrat référencé qui procède des Directives européennes du 27 septembre 2001, du 23 avril 2009 et du 11 septembre 2018. Il s'agit d'un document visant à prouver au client final qu'une quantité déterminée de l'énergie injectées dans le réseau a été produite à partir de sources renouvelables sans qu'il soit toutefois possible, pour des raisons techniques, de préciser sa part dans l'énergie consommée par ce même client. Ce mécanisme concerne, d'une part, l'électricité produite à partir de sources renouvelables qui fait l'objet des articles L. 314-14 et suivants du code de l'énergie et, d'autre part, le gaz naturel produit à partir du biogaz qui fait l'objet des articles L. 446-18 et suivants du code de l'énergie. En tant qu'il donne lieu à rémunération complémentaire pour le producteur, il est incompatible avec les deux autres dispositifs que sont le contrat d'achat d'énergie renouvelable et le contrat de complément de rémunération. Un organisme spécialement dédié par l'autorité administrative gère enfin la mise en œuvre du dispositif en répertoriant toutes les opérations de délivrance, de transfert et d'annulation des garanties d'origine.

L'obligation d'achat d'énergie est un mécanisme qui garantit au producteur d'énergie l'achat de sa marchandise. Dans le prolongement de la loi du 8 avril 1946 de nationalisation de l'énergie et de la création d'EDF, une disposition fut prise en mai 1955 obligeant EDF et les distributeurs indépendants d'acheter l'électricité produite par ce qui restait de producteurs indépendants. Depuis la loi du 10 février 2000, le même type de dispositif de garantie à la vente existe pour les énergies de sources renouvelables dont le coût de production est supérieur au prix du marché et dont le prix supérieur à celui du marché est fixé par décret pour chacune des filières et garanti pour une période qui ne peut être inférieure à 15 ans. La transaction en question est un contrat qui, selon sa date, est soit de droit privé soit administratif. Ce dispositif d'incitation à la production d'énergies de sources renouvelables ne vaut toutefois que pour autant que la filière n'a pas atteint son seuil de maturité comme c'est le cas notamment pour l'énergie tirée de l'éolien terrestre et qu'il répond toujours aux objectifs de la Programmation pluriannuelle de l'énergie comme ce n'est plus le cas pour l'énergie solaire tirée du photovoltaïque dont le coût de production a considérablement baissé au cours de la dernière décennie. Depuis la loi du 8 novembre 2019, s'y ajoute la possibilité du contrat d'expérimentation concernant les énergies renouvelables innovantes. L'article L. 446 du code de l'énergie prévoit ainsi une obligation d'achat du biogaz au moment où il est injecté dans les réseaux donnant lieu à des compensations prélevées sur les factures des consommateurs. Dans le cas où il ne trouverait pas acheteur, l'article L. 446-2 du code de l'énergie impose aux fournisseurs de gaz représentant plus de 10 % du marché de fourniture de conclure un contrat d'obligation d'achat avec le producteur qui en fait la demande. Le contrat d'achat est conclu pour 15 ans et le prix de l'énergie en question est fixé par voie administrative. Enfin, pour ce qui le concerne, le contrat de complément de rémunération du producteur d'énergies renouvelables est un dispositif particulier de vente qui permet au producteur de vendre sa production d'énergie directement sur le marché à un prix inférieur à son coût de production avec la compensation que, dans le cas de l'électricité, le montant de la différence de prix à la production et à la vente lui est reversé par EDF. Dans le cas du biogaz, le dispositif existe depuis la loi du 24 décembre 2019 sur les mobilités et concerne le biogaz non injecté dans le réseau dont la destination est la promotion de carburants alternatifs pour les véhicules propres.

En-deçà de la question de la mise sur le marché, l'implantation des infrastructures productrices d'énergies renouvelables est soumise à des règlementations qui puisent leurs sources tant dans le droit de l'urbanisme que dans les codes minier, de l'énergie et de l'environnement. Dans le premier cas, les gites géothermiques relèvent du droit minier et sont, pour l'essentiel, soumis à autorisation tant pour la prospection que pour l'exploitation. Dans le premier cas, l'article L. 124-1-1 du code minier distingue l'autorisation de recherche du permis exclusif de recherche. Une distinction antérieure à la réforme du code minier de 2019 était par ailleurs opérée à partir d'un seuil de température du gite fixé à 150°. Aujourd'hui, est simplement soumise à permis exclusif de recherche l'activité pour peu qu'elle dispose d'une garantie technique et financière considérée comme suffisante. Deux titres d'exploitation couvrent enfin la matière de part et d'autre du seuil des 20 MW qui sont la concession d'exploitation et le permis d'exploitation. Dans le premier cas, le titre donnant lieu à décret en Conseil d'État est donné en priorité au titulaire de l'autorisation de recherche pour autant qu'il dispose des capacités techniques et financières nécessaires à cette exploitation. La concession a une durée maximale de 50 ans avec possibilité de prolongation répondant au besoin de couvrir l'investissement sur un périmètre donné inscrit au titre. Le permis d'exploitation faisant l'objet d'un arrêté préfectoral est donné pour 30 ans avec possibilité de prolongation et donne également priorité au titulaire du titre d'exploration. Il court pour un volume d'exploitation donné. Le code minier prévoit également des dispositions spécifiques pour les travaux à mener. Ils sont soumis soit à déclaration administrative soit à autorisation en cas de risque. La géothermie de minime importance utilisant les échanges d'énergie thermique entre le sol et le sous-sol qui permettent de chauffer les habitations avec l'aide d'une pompe à chaleur est soumise à une simple déclaration d'ouverture de travaux et fait l'objet d'un régime simplifié lorsqu'elle ne présente pas de danger particulier. Elle a également pour particularité de ne faire l'objet ni d'étude d'impact ni d'enquête publique.

Dans le second cas, sauf pour les installations d'une puissance égale ou inférieure à 50 mégawatt ou à 300 mégawatts en cas de mise en concurrence portée à 1 gigawatt pour la filière éolienne en mer, le code de l'énergie soumet à autorisation les activités relevant du domaine des énergies de sources renouvelables compatibles avec le Plan Pluriannuel de l'Énergie. Dans ce cadre, les régimes de l'autorisation et de la concession s'opposent de part et d'autre du seuil de puissance des 4 500 KW. Dans le premier cas inférieur aux 4 500 KW, l'autorisation ne peut aller au-delà des 75 ans et est, pour l'éolien marin et une partie de l'hydroélectrique, régie par le régime des IOTA de l'article L. 214 du code de l'environnement. Le régime de la concession du code de l'énergie vaut pour les ouvrages hydrauliques d'une puissance supérieure aux 4 500 KW et son octroi s'impose au dispositif IOTA du code de l'environnement. Au titre du droit de l'environnement, l'ouvrage faisant l'objet d'une concession doit toutefois également respecter le principe de la continuité écologique du cours d'eau régi par l'article L. 214 - 18 du code de l'environnement. Dans le périmètre de la concession, le concessionnaire est tenu des travaux d'ouvrage et de maintenance ainsi que du respect des règles de sécurité des ouvrages hydrauliques applicables. Sous la pression du droit européen, l'octroi comme le renouvellement de la concession hydraulique font enfin aujourd'hui l'objet d'une procédure de mise en concurrence sous l'autorité respective du préfet ou du ministre de l'Énergie de part et d'autre d'une puissance égale à 100 mégawatts. En cas de non renouvellement, le nouveau concessionnaire doit s'acquitter auprès de l'administration des frais non amorti de l'ancien concessionnaire qui lui sera reversé.

IOTA (Installations, Ouvrages, Travaux ou Activités) est une nomenclature annexée à l'article R.214-1 du code de l'environnement concernant les installations, ouvrages, travaux et activités ayant une incidence sur l'eau et les milieux aquatiques en vue d'en assurer la gestion équilibrée et durable. Deux catégories de statut en résultent. Les ouvrages ne présentant pas de danger sont soumis à simple déclaration tout en étant astreint à l'obligation de respecter les règles générales de l'article L. 211-2 de qualité des eaux superficielles et souterraines. Par contre, les IOTA sont soumis à l'autorisation de l'article L. 214-3 du code de l'environnement lorsque les opérations en questions : présentent des dangers pour la santé et la sécurité publique, nuisent au libre écoulement des eaux, réduisent la ressource en eau, accroissent notablement le risque d'inondation et portent gravement atteinte à la qualité ou à la diversité du milieu aquatique. Le système des IOTA vient enfin de faire l'objet d'aménagements qui ont pris effet le 1er septembre 2020.

Dans le troisième cas, un certain nombre de dispositions du code de l'environnement régissent le domaine des énergies renouvelables afin, paradoxalement, d'en encadrer le développement au titre de la protection environnementale. La matière donne d'ailleurs lieu à de nombreux contentieux. Certaines installations d'une certaine puissance sont ainsi soumises à étude d'impact et à enquête publique. Il s'agit notamment des parcs éoliens de plus de 50 mètres de hauteur ou de 20 MW de puissance, des gîtes géothermiques d'une puissance supérieure à 4,5 MW et des installations d'énergie solaire de puissance supérieure à 250 kWc. De nombreuses autres installations d'énergie renouvelable sont par ailleurs soumises à déclaration, à enregistrement ou, lorsque les inconvénients pour l'environnement sont graves, à autorisation. C'est le cas des installations relevant du régime des ICPE couvertes par l'article L. 511 du code de l'environnement. Ainsi, les éoliennes terrestres d'une hauteur supérieure à 50 mètres ou d'une puissance supérieure ou égale à 20 MW se voient imposer un régime d'autorisation. S'y ajoutent des dispositions spéciales de limitation des nuisances comme celle du respect d'une distance de 500 mètres avec les habitations. De même en est-il des installations de méthanisation des déchets et des installations de combustion à partir de la biomasse au delà d'un certain niveau. En-deçà, l'installation en question est elle-même soumise soit à déclaration soit à enregistrement.

L'enregistrement est ici un système d'autorisation simplifiée applicable aux installations présentant un certain désagrément susceptible d'être prévenu ou endigué. Enfin, le domaine de la législation sur l'eau couvre également un certain nombre d'installations productrices d'énergies renouvelables à qui les mécanismes de déclaration ou d'autorisation de l'article L. 214 du code de l'environnement s'imposent. Il s'agit du système IOTA pour installations, ouvrages, travaux et activités qui couvre tout particulièrement les ouvrages de production hydroélectrique à terre ainsi que les champs d'éoliennes en mer ou les gites géothermiques en sous-sol. Ce système se distingue enfin de celui des installation ICPE par les autorisations qu'imposent le droit de l'énergie.

Comme pour toute installation de production énergétique, le droit de l'urbanisme impose enfin un certain nombre de contraintes à l'implantation des installations d'énergies de sources renouvelables. Ceci peut aller à l'encontre du fait que des installations comme les installations éoliennes et photovoltaïque ont besoin d'implantations respectivement ventées et ensoleillées. Le règlement national d'urbanisme fixe ainsi un certain nombre de règles qui s'imposent au niveau local visant à garantir les espaces de nuisances portant atteinte à la salubrité et à la sécurité publique et qui peuvent concerner les installations de valorisation des déchets ou l'implantation de parcs éoliens. Au niveau régional, s'y ajoutent certaines règles contraignantes de protection inscrites aux lois montagne et littoral intégrées au code de l'urbanisme aux articles L. 121-1 et suivants ainsi que celles répondant à la destination de certains espaces en zones protégées comme les parcs nationaux, les parcs naturels régionaux et les réserves naturelles. Au plan local, les Plans locaux d'urbanisme et les cartes communales en l'absence de ceux-ci aménagent l'espace en lui fixant une destination qui est, dans le premier cas, urbaine, agricole ou naturelle et forestière qui sont plus ou moins compatibles avec les spécificités d'une installation énergétique. Dans ces deux cas, la présence d'installations de production énergétique est toutefois très largement conditionnée à leur qualification d'appoint à des équipements collectifs. Enfin, dès lors qu'elles sont compatibles avec les règles en vigueur, les installations doivent répondre à un critère d'opportunité qui conditionne l'autorisation au titre du droit de l'urbanisme. Elles font alors l'objet d'un permis de construire relevant de l'article L. 421-1 du code de l'urbanisme lorsqu'elles présentent une certaine dimension. Concernant les éoliennes terrestres, ce permis n'est toutefois nécessaire qu'au-delà d'une hauteur de 12 mètres et se transforme en déclaration préalable lorsqu'elles sont implantées dans un secteur protégé. Dans le cas du panneau photovoltaïque, le permis est nécessaire au-delà des 3 kilowatts et d'une hauteur d'1,80 mètre. Le solaire sur bâti se contente de la déclaration préalable. Enfin, dans le cas des installations éoliennes en mer, les règles d'occupation du domaine public se substitue à celles du droit de l'urbanisme. Dans ce cas, un titre d'occupation de 40 ans est nécessaire qui est une concession lorsque l'installation est rattachée au sous-sol. Au-delà de la Mer territoriale, l'ordonnance du 8 décembre 2016 régissant les activités d'exploration et d'exploitation du Plateau continental et de la Zone économique exclusive se substitue aux règles du domaine public.

c) Nucléaire, un droit de sûreté

Énergie controversée, l'énergie nucléaire civile existe depuis le milieu du XXe siècle et son rôle n'a fait que se renforcer depuis le renchérissement du prix mondial du pétrole au cours de la décennie 1970. Son développement jouit également de son statut d'énergie décarbonée. Il y a aujourd'hui 441 réacteurs dans le monde dont 56 en France résultant de la mise en œuvre d'un programme ambitieux de construction de centrales nucléaires. Le nucléaire civil y produit aujourd'hui 70 % de l'énergie électrique du pays. Cette activité de production nucléaire civile induit par ailleurs l'existence d'une filière spécifique qui va de la production et de l'enrichissement de l'uranium au stockage des déchets nucléaires en passant par toute la chaine industrielle de la production électrique nucléaire. Au cœur du système, plusieurs technologies de production nucléaire coexistent. L'essentiel de la production d'énergie nucléaire civile répond néanmoins aujourd'hui à la technologie de la fission. La technologie de la fusion restant à l'état expérimental avec le projet ITER de Saint-Paul-Lès-Durance. Enfin, le développement du nucléaire civil est également le fait de plusieurs générations de système nucléaire. Les réacteurs construits en France dans les années 1970 sont des réacteurs de seconde génération. La technologie de l'EPR est celle de la troisième génération et des recherches sont en cours pour construire la technologie de la quatrième génération. Le droit applicable au nucléaire est par ailleurs un droit étendu. Il fut tout d'abord un droit de la promotion de l'énergie nucléaire civile, notamment en Europe avec le Traité instituant la Communauté Européenne de l'Énergie Atomique (Euratom) avant de devenir un droit de la sûreté nucléaire, notamment depuis les catastrophes nucléaires de Tchernobyl en 1986 et de Fukushima en 2011. Dans ce cadre, ce droit puise sa source internationale dans un certain nombre de conventions. Au niveau européen, trois directives méritent enfin d'être signalées. Il s'agit de la Directive du 25 juin 2009 établissant un cadre communautaire pour la sûreté des installations nucléaires modifiée en 2014 suite à l'accident de Fukushima, de la Directive du 19 juillet 2011 établissant un cadre communautaire pour la gestion du combustible nucléaire usé et des déchets radioactifs et la Directive du 5 décembre 2013 fixant des normes de base pour la protection à l'exposition aux rayonnement ionisants.

D'une puissance de 61 gigawatts (GW), le nucléaire civil français produit 380 TWh dont 56 sont exportés en Europe. Le parc se compose de 56 réacteurs de la technologie REP sur 18 sites dont 52 sont d'un âge supérieur à 30 ans et 4 de moins de 20 ans. 9 réacteurs ont déjà cessés leurs activités et une nouvelle génération de réacteur de type EPR est en cours de construction avec un premier spécimen à Flamanville. En bute aux problèmes techniques, le chantier de celui-ci a néanmoins pris plusieurs années de retard et son coût a explosé à 19,1 milliards d'euros pour un coût initial estimé à 3,4 milliards au début des années 2 000. En attendant que cette nouvelle génération de réacteur soit opérationnelle, la solution consisterait à prolonger l'âge de mise à la retraite des réacteurs existants et à s'orienter éventuellement vers la production de réacteurs nucléaires plus petits mais plus nombreux. À ce stade, aucune décision n'a encore été prise. Dans le monde, le parc nucléaire se compose de 443 nucléaires situés dans 31 pays. Pour les 2/3, ils procèdent de la technologie REP. 92 ont plus de 40 ans et 292 plus de 30 ans. La question de leur devenir se pose donc de la même manière qu'en France. Le parc nucléaire civil des États-Unis est le premier mondial avec 96 réacteurs suivi par la France, la Chine avec 48 réacteurs, la Russie avec 38, le Japon avec 33 et la Corée du Sud avec 24 réacteurs. Il y a enfin 109 réacteurs sur le territoire de l'Union européenne. L'accident de Fukushima en 2011 s'est enfin traduit par une phase d'expectative et l'abandon du nucléaire allemand.

En droit interne, la première particularité française est que nombre des dispositions du droit nucléaire ont été initialement prises par la voie réglementaire avant que la voie législative ne s'en empare en tout ou partie. Dans le premier cas, l'ordonnance du 18 octobre 1945 créa le CEA (Commissariat à l'énergie atomique). Furent également pris les décrets du 11 septembre 1963 relatif aux installations nucléaires et du 20 juin 1966 relatif à la protection contre les rayonnements ionisants. Dans le second cas, il s'agit plus tardivement de la loi du 30 octobre 1968 de transposition des deux Conventions du 29 juillet 1960 et du 31 janvier 1963 sur la responsabilité civile en cas d'accident nucléaire, de la loi du 13 juin 2006 relative à la transparence et à la sécurité en matière nucléaire et de la loi du 28 juin 2006 relative à la gestion durable des matières et déchets radioactifs. La seconde particularité française est qu'une grande partie du droit codifié applicable à la sûreté nucléaire ne l'est pas dans le code de l'énergie mais dans le code de l'environnement alors même que le droit du nucléaire est antérieur aux développements du droit de l'environnement et qu'il l'a en partie préfiguré. Des éléments de régulation se trouvent également dans le code de la santé, le code du travail et le code de la défense. Dans ce cadre, le code de l'énergie comporte donc peu d'éléments relatifs au domaine de l'énergie nucléaire. Au titre de la politique énergétique, les articles L. 100-2 et L. 100-4 du code de l'énergie posent simplement le principe et fixent les modalités d'une réévaluation du nucléaire dans le mix énergétique français. Dans le premier cas, le code de l'énergie se fixe pour objectif la diversification des conditions de production de l'électricité et, dans le second cas, la réduction de la part du nucléaire de 70 % actuellement à 50 % à l'horizon 2035. En complément, l'article L. 311-5-5 précise que l'autorisation d'exploiter une centrale nucléaire ne peut être délivrée au-delà d'un seuil de production de l'électricité nucléaire fixé à 63,2 gigawatts. Dans ce cadre, l'article L. 100-1, 4° précise enfin que l'objectif de préservation de la santé humaine et de l'environnement qui est le sien passe par la sûreté nucléaire. En matière de mise en œuvre du droit de la concurrence dans le domaine de l'énergie nucléaire, les articles L. 336-1 et suivants du code de l'énergie fixent enfin les règles relatives à l'accès des concurrents d'EDF à l'énergie nucléaire historique.

Le droit de l'environnement couvre donc l'essentiel du droit de la sûreté nucléaire. Il fixe tout d'abord les grands principes. Le principe pollueur-payeur qui est une des matrices du droit de l'environnement s'applique au domaine nucléaire avec l'article L. 591-4 du code de l'environnement par l'obligation qu'il fait à l'exploitant de supporter le coût des mesures de prévention et de réduction des risques et des rejets. De même concernant la gestion des déchets nucléaires. Ensuite, le principe de précaution visé par l'article L. 110-1 du code de l'environnement s'applique à la matière nucléaire en tant que celle-ci génère des risques de dommages graves et irréversibles dans un contexte où l'incertitude scientifique reste particulièrement prégnante. Il en est notamment ainsi quand le droit applicable impose un niveau d'exposition aux rayonnements ionisants le plus bas possible en raison de l'impossibilité de garantir l'innocuité à de faibles doses. C'est cette même incertitude scientifique du moment qui fonde le principe de réversibilité au profit des générations futures de l'enfouissement en couche géologique profonde des déchets à longue vie. S'y ajoute le principe de non-régression régi par l'article L. 100-1 du code de l'environnement par lequel la législation future doit être plus protectrice que la présente pour l'environnement compte tenu de l'évolution des connaissances scientifiques et techniques. Enfin, le code de l'environnement régit l'ensemble des domaines de l'information et de la participation des publics pour ce qui touche au nucléaire. Il s'agit notamment de l'article L. 125-10 qui ouvre l'accès aux informations détenues par l'exploitant nucléaire, de l'article L. 125-16-1 qui organise de façon stricte l'information des personnes résidant dans le périmètre du plan d'intervention d'une installation nucléaire de base et de l'article L. 125-7 qui fixe les règles d'information et de participation du public à travers des Commissions locales d'information.

Le code de l'environnement régit également le droit applicable aux installations nucléaires de base qui sont les unités de production du nucléaire civil. En la matière, la création comme la mise en service ultérieure d'une installation nucléaire de base sont sujets à autorisation. Dans le premier cas, l'autorisation est délivrée par le ministre en charge de la sûreté nucléaire après réalisation de l'étude d'impact et de l'ensemble des procédures d'information et de consultation locales ainsi qu'après avis de l'Autorité de sûreté nucléaire. L'article L. 593-7 du code de l'environnement y fixe également un préalable qui est qu'il ne peut y avoir délivrance de l'autorisation de création que *si, compte tenu des connaissances scientifiques et techniques du moment, l'exploitant démontre que les dispositions techniques ou d'organisation prises ou envisagées aux stades de la conception, de la construction et de l'exploitation ainsi que les principes généraux proposés pour le démantèlement ou, pour les installations de stockage de déchets radioactifs, pour leur entretien et leur surveillance après leur fermeture sont de nature à prévenir ou à limiter de manière suffisante les risques ou inconvénients que l'installation présente pour les intérêts mentionnés à l'article L. 593-1*. Préalablement à la délivrance de l'autorisation par décret publié au Journal officiel, le ministre en question est tenu d'envoyer à l'exploitant pour observation dans un délai de deux mois un projet de décret faisant l'objet lui-même d'un double avis de l'Autorité de sûreté nucléaire et, sur le fondement des articles 37 et 41 du Traité Euratom, de la Commission européenne. Enfin, le décret d'autorisation fixe notamment la durée de l'autorisation, le périmètre de l'installation concernée, le délai de mise en service et la périodicité des contrôles de l'installation. En cas de modifications du projet initial, deux procédures coexistent. Une modification substantielle donne lieu à un nouveau décret tandis qu'une modification notable donne lieu à déclaration à l'Autorité de sûreté nucléaire ou à autorisation de cette dernière. Ainsi en est-il dans le premier cas en cas de changement d'exploitant ou en cas de transformation de l'installation par ajout ou retrait d'une partie substantielle de l'installation. Pour finir, à l'autorisation de création succède, dans un second temps, l'autorisation de mise en service correspondant à la phase d'introduction du combustible nucléaire. Cette autorisation est le fait de l'Autorité de sûreté nucléaire à qui est adressé un dossier distinct du dossier de création mettant à jour les données de ce dernier et qui en informe le ministre compétent. Pour information, l'instruction du dossier de demande d'autorisation de mise en service est de un à deux ans selon sa complexité technique.

Dans le prolongement, le fonctionnement des installations nucléaires de base est, pour l'essentiel, régi par un arrêté du 7 février 2012 ainsi que par les décisions techniques de l'Autorité de sûreté nucléaire. Dans le premier cas, l'article 3. 1 de l'arrêté met notamment en œuvre le principe d'une défense en profondeur. Ce principe part de l'idée que, compte tenu de l'accumulation des outils de protection, un rejet radioactif dans l'environnement peut venir non pas d'une seule défaillance mais d'une succession de défaillances dans le système de sûreté. Cet élément est donc pris en compte dans la conception des dispositifs de sécurité nucléaire. Dans le second cas, l'Autorité de sûreté nucléaire dispose d'un pouvoir réglementaire à caractère technique qui vient compléter les dispositions générales existantes. Les prescriptions qu'elle édicte sont transmises à l'exploitant nucléaire qui a deux mois pour faire ses observations et font l'objet d'un acquiescement du Ministre de la sûreté nucléaire lorsqu'elles portent sur le rejet d'effluents dans l'environnement. Par ailleurs, la périodicité du réexamen de l'installation nucléaire de base à l'initiative de l'exploitant est fixé à dix ans sauf lorsqu'une périodicité autre est fixé par le décret d'autorisation et fait l'objet d'un rapport envoyé par l'exploitant à l'Autorité de sûreté nucléaire et au ministre en charge. Au-delà d'une exploitation de trente cinq ans, des réexamens approfondis des équipements sont en outre imposés qui donnent lieu à enquêtes publiques et à prescriptions supplémentaires de l'Autorité de sûreté nucléaire. Depuis l'accident de Fukushima de 201, des tests de résistance des installations aux évènements naturels extrêmes sont également demandés. Ces évènements sont notamment les séismes, les inondations et les ruptures d'alimentation en électricité. En cas de risque grave pour la santé des populations et l'environnement, plusieurs situations sont enfin couvertes par le droit applicable. Dans un premier cas, le ministre compétent peut, par arrêté, ordonner la suspension de l'activité de l'installation le temps que des mesures soient prises pour faire disparaître le risque. En cas de risque imminent, c'est à l'Autorité de sûreté nucléaire qu'il revient de faire procéder pour 3 mois maximum à la suspension de l'activité nucléaire. En cas d'impossibilité de remédier au risque, la décision peut être également prise d'arrêter définitivement l'installation et d'ordonner son démantèlement. Pour finir, l'arrêté du 7 févier 2012 complété par la loi relative à la transition énergétique pour la croissance verte du 17 août 2015 prévoit de limiter le recours à des prestataires extérieurs voire à l'interdire lorsqu'il y a risque.

En fin de vie, l'installation nucléaire de base doit être démantelée. On rappellera toutefois qu'il n'existe aucune limite de durée de vie légale d'une installation nucléaire sous réserve que des dispositions de sécurisation particulières soient prises au-delà des 35 ans. D'où le débat en France sur l'allongement des durées au-delà de ce qui était prévu initialement. Le démantèlement d'une installation nucléaire prend par ailleurs plusieurs années. Le coût de l'opération de démantèlement pour l'ensemble des centrales nucléaires françaises tournerait par ailleurs autour des 46 milliards d'euros sous réserve d'une possible sous-évaluation des montants et est, tout comme la gestion des déchets nucléaires, à la charge de l'exploitant au titre du principe pollueur-payeur. La question de ce financement et de son provisionnement est couverte par l'article L. 594 du code de l'environnement donnant lieu à des dispositions spéciales dans les actes de création même d'une installation nucléaire de base. L'ensemble des opérations obéit par ailleurs à des règles précises qui visent à éliminer la totalité des substances radioactives de l'installation nucléaire de base et couvrent des opérations complexes et risquées. La première étape est celle d'une mise à l'arrêt définitive de l'installation nucléaire de base qui est à l'initiative de l'exploitant qui en fait la demande sous la forme d'une déclaration à l'autorité ministérielle compétente qui en décide par décret après avis de l'Autorité de sûreté nucléaire. Cette déclaration à l'autorité ministérielle doit théoriquement être antérieure de deux ans à l'arrêt prévu de l'installation et doit préciser les conditions du démantèlement qui sont portées à la connaissance de la commission locale d'information et du public. Ensuite, l'autorité ministérielle a trois ans pour instruire le dossier. Sur la base du plan détaillé fourni dans l'acte de création et mis à jour par la suite, le démantèlement à proprement parler est couvert par l'article L. 593-25 et suivants du code de l'environnement et consiste alors en une série d'opérations de démontage et d'assainissement qui, bien que devant se faire dans un délai aussi court que possible, n'en prend pas moins plusieurs années. Dans ce cadre, il fait l'objet de prescriptions de l'Autorité de sûreté nucléaire. Une fois toutes les étapes du démantèlement réalisées, un dossier de demande de déclassement est fourni par l'exploitant à l'Autorité de sûreté nucléaire qui statue dans l'année après instruction et avant homologation du ministre en charge de la sûreté nucléaire.

Enfin, le droit de l'environnement régit également le domaine du stockage des déchets nucléaires de moyenne et haute activité à vie longue. Ceux-ci se distinguent des autres déchets radioactifs en ce que leur teneur ne permet pas de les stocker en surface ou à faible profondeur. Il leur faut en effet un stockage en couche géologique profonde. La matière est couverte par l'article L. 542-1-1 du code de l'environnement et les dispositions non codifiées de la loi du 28 juin 2006. Les trois principes qui la guident sont l'entreposage de longue durée, la séparation et la transmutation des éléments radioactifs à longue vie et, enfin, le stockage réversible en couche géologique profonde. Dans le second cas, il s'agit de réduire la nocivité des déchets en séparant les éléments les plus toxiques et en les transformant en éléments radioactifs de plus faible activité et de durée de vie plus courte. Dans le troisième cas, les déchets devant faire l'objet d'un traitement en couche géologique profonde sont les déchet HA et MA-VL. Des études sont menées en France par l'ANDRA (Agence nationale pour la gestion des déchets radioactifs) pour concevoir un centre industriel de stockage géologique faisant l'objet d'un projet CIGEO qui pourrait se localiser à Bure dans la Meuse. Ici, le stockage devrait se situer à 500 mètres de profondeur en couches argileuses parce que ce sont les moins conductrices et les plus stables permettant ainsi de piéger pendant plusieurs milliers d'années l'essentiel de la matière radioactive sans qu'elle puisse remonter à la surface. En la matière, on considère que les remontées en surface se feront par toute petite dose sur le très longues durées durant lesquelles le déchet se sera alors dégradé au point de se confondre avec la radioactivité naturelle. Pour une période de stockage limitée à 140 ans, le coût de l'opération était estimé à 25 milliards d'euros en 2016 à la charge des acteurs de la filière que sont EDF, le

CEA et Orano. Il est par ailleurs prévu que la mise en œuvre du projet faisant l'objet d'un décret donne lieu à étude d'impact ainsi qu'à concertations avec les élus et les populations locales sous forme d'enquête publique. Enfin, compte tenu des échelles de temps, l'article L. 542-10-1 précise que le principe de réversibilité présuppose une flexibilité des modalités de stockage de telle sorte que les générations futures aient la possibilité matérielle d'y apporter des modifications rendues possibles par le développement des technologies.

L'uranium est un métal lourd radioactif de très longue période. Sa capacité d'émission est de 4,5 milliards d'années pour l'uranium 238 et 704 millions d'années pour l'uranium 235. Elle est la principale matière première utilisée dans l'industrie nucléaire. L'énergie récupérable y est un million de fois supérieure à celle des combustibles fossiles de masse équivalente. Le minerai d'uranium exploité possède une teneur en uranium variant de 0,1 à 20 %. Au-delà, on sort de la catégorie de l'uranium naturel pour entrer dans celle de l'uranium enrichi à des fins notamment militaires. L'uranium est très abondant notamment dans les terrains granitiques et sédimentaires. Sa réserve mondiale est très importante de l'ordre du millier de milliards de tonnes pour l'écorce terrestre et de 4,5 milliards de tonnes pour les fonds marins. Simplement, cet uranium n'est pas récupérable à un coût économique satisfaisant. La production annuelle d'uranium est enfin de l'ordre de 60 000 tonnes auxquelles il convient d'ajouter les 17 000 tonnes de combustible retraité. Le Kazakhstan est le premier producteur mondial d'uranium avec 22 800 tonnes soit 41,7 % de la production mondiale et 17 % des réserves mondiales. Viennent ensuite en production le Canada (12,7 %) et l'Australie (12,1 %), la Namibie (10 %), l'Ouzbékistan (6,4 %), le Niger (5,4 %), la Russie (5,3 %), la Chine (3,4 %) et l'Ukraine (1,5 %).

En complément, les droits de la santé et du travail applicables au nucléaire civil regroupent l'ensemble des dispositions relatives à la radioprotection que le code de l'environnement définit à son article L. 591-1 comme la protection des rayonnements ionisants. Sur cette base, l'article 591-3 du code de l'environnement renvoie aux articles L. 1333-2 et L. 1333-3 du code de la santé publique pour ce qui est du cadre légal des activités comportant un risque d'exposition des personnes aux rayonnements ionisants. Dans ce cadre, l'article L. 1333-2 du code de la santé publique énonce les trois principes qui régissent la matière des activités nucléaires et qui sont les principes de justification, de limitation et d'optimisation. Dans le premier cas, l'article L. 1333-2 conditionne l'exercice d'une activité nucléaire à l'existence d'un bénéfice *sanitaire, social, économique ou scientifique* susceptible d'en être tiré rapporté aux risques inhérents qui la caractérise. Dans le prolongement, l'article L. 1333-4 précise qu'en l'absence de ce bénéfice, l'activité doit être réglementée ou interdite par la voie réglementaire. Dans le second cas, le principe de limitation fixe un seuil maximum d'exposition à ne pas dépasser dont l'article R. 1333-11 précise qu'il est de 1 mSv par an. Enfin, le principe d'optimisation dispose que l'exposition doit être maintenue au niveau le plus faible qu'il est raisonnablement possible d'atteindre compte tenu de l'état des connaissances techniques, des facteurs économiques et sociétaux et, le cas échéant, de l'objectif médical recherché. Au plan des modalités, l'article L. 1333-8 du code de la santé édicte qu'en fonction du risque qu'elles génèrent, les activités nucléaires sont soumises soit à déclaration, soit à enregistrement, soit à autorisation et l'article L. 1333-7 dispose qu'il revient au responsable de l'activité nucléaire de prendre les mesures de protection nécessaire pour la santé publique, la salubrité publique, la sécurité publique ainsi que pour l'environnement.

Les situations au-delà du seuil de 1 mSV sont traitées dans la partie du code de la santé publique consacrée aux situations d'urgence radiologique ainsi que dans les dispositions particulières du code du travail relatives à la radioprotection des travailleurs du nucléaire. Dans le premier cas, l'article L. 1333-8 de la santé définit les situation d'urgence radiologique comme étant toute situation ou tout risque d'exposition *nécessitant une réaction rapide pour atténuer les conséquences négatives graves pour la santé, l'environnement ou les biens*. L'article R. 1333-82, II en fixe le niveau de référence à 100 mSv. Dans ces cas, des dispositifs d'anticipation existent qui prennent la forme respectivement de Plans d'urgence interne activé par le responsable de l'exploitation nucléaire, d'une part, et de Plans particuliers d'intervention organisés par le code de la sécurité intérieure, d'autre part. En cas de risque avéré, l'exploitant doit en informer les autorités dans les plus brefs délais. Le Préfet de département s'appuie ensuite sur l'Autorité de sécurité nucléaire et sur l'Agence régionale de santé pour gérer la situation. En complément, les articles L. 4451-1 et R. 4451-1 et suivants du Code du travail régissent les situations d'exposition des travailleurs aux rayonnements ionisants en vue, à charge de l'employeur, de supprimer ou de réduire au minimum les risques. Pour ce faire, les installations nucléaires sont compartimentées en zones d'exposition dont l'accès est graduellement autorisé. Un suivi radiologique et médical de chaque travailleur est également organisé et une autorisation doit être demandé pour tout risque d'exposition exceptionnelle qui ne peut être supérieur à 50 mSv. Les articles R. 4451-96 et suivants du Code du travail s'attachent enfin plus spécifiquement à la situation des travailleurs amenés à travailler en situation d'urgence radiologique. Ceux-ci sont divisés en deux groupes dont le premier prévoie les situations d'affectation ionisante possibles supérieurs à 1 mSv et le second à 20 mSv sur les

12 mois nécessitant des mesures de protection ad hoc et, dans ce dernier cas, l'accord du salarié.

Avec le code de la défense, on passe du registre de la sûreté nucléaire à celui de la sécurité nucléaire. Les dispositions relatives à la sécurité nucléaire civile concernent essentiellement le domaine de la sécurité des matières nucléaires contre la perte, le vol, le détournement ou tout acte visant à les altérer, les détériorer ou les disperser. Son principe et ses modalités sont développés aux articles L. 1333-1 et suivants ainsi qu'aux articles R. 1333-1 et suivants du code de la défense. Pour satisfaire aux besoins de la non-prolifération nucléaire liée à l'importation et à l'exportation des matières nucléaires, les articles R. 1333-8 et R. 1333-9 du code de la défense organisent deux régimes respectivement de l'autorisation et de la déclaration à partir de seuils fixés en fonction du volume des matières nucléaires concernées. Dans le premier cas, les seuils sont fixé à 15 g pour l'uranium enrichi à plus de 20 %, à 250 g pour l'uranium enrichi à moins de 20 % et à 500 kg pour l'uranium naturel ou appauvri. En deçà de ces seuils, les déplacements sont soumis à simple déclaration. Cette déclaration est obligatoire passé les seuils respectivement de 1 g pour le plutonium et l'uranium enrichi et de 1 kg pour le uranium naturel ou appauvri. Elle peut donner lieu à une opposition motivée du ministre compétent dans les deux mois. Des règles particulières régissent également les domaines respectivement du suivi physique des matières nucléaires, de leur confinement dans les installations et de leur transport. Il s'agit dans le premier cas de permettre au ministre compétent d'en faire notamment la comptabilité afin de vérifier qu'il n'y a ni manque ni trop plein des matières nucléaires répertoriées. Dans le second cas, il s'agit notamment de prévenir tout vol ou tout détournement de matières. Enfin, le code de la défense prescrit un certain nombre de sanctions pénales souvent lourdes en cas de non-respect des règles qu'il émet

d) Le droit applicable à la cogénération

La cogénération consiste à produire et à utiliser simultanément de l'électricité et de la chaleur à partir d'une même énergie primaire et au sein de la même installation. Elle se base sur le fait que la production d'électricité à partir d'un moteur thermique ou d'une turbine dégage une grande quantité de chaleur habituellement inutilisée. La cogénération valorise alors cette chaleur afin d'atteindre un rendement énergétique global pouvant atteindre 85 %. Une installation classique obtient en effet un rendement électrique d'environ 35 %, tandis que le reste de l'énergie, soit 65 %, est perdu sous forme de chaleur. Dans un système en cogénération, 30 à 35 % de l'énergie primaire est donc transformée en électricité grâce à un alternateur tandis que 65 % se retrouve sous forme de chaleur dont 50 à 55 % peut être récupérée pour chauffer un circuit d'eau au moyen d'un échangeur. Cette eau est ensuite utilisée pour le chauffage des bâtiments, pour produire de l'eau chaude ou pour des procédés industriels. Il existe toutefois plusieurs formes de cogénération qui sont la cogénération par moteur, la cogénération par turbine à combustion, la cogénération par turbine à vapeur ainsi que la cogénération nucléaire. Dans le cas de la turbine à gaz comme des moteurs à combustion, il est possible de récupérer une partie de la chaleur en sortie sous forme de vapeur haute pression. L'utilisation de cette vapeur au moyen d'une turbine à vapeur permet alors d'accroître fortement la production électrique de l'ensemble et d'atteindre un rendement électrique de l'ordre de 55 %. Cette technique de production électrique s'appelle le cycle combiné. En pratique, la cogénération peut enfin être utilisée à grande échelle comme dans les installations industrielles ou dans les centrales électrothermiques ainsi qu'à petite échelle dans le résidentiel. Dans ce dernier cas d'une production électrique de 1 GW impliquant la dissipation d'environ 2 GW de chaleur, la cogénération permet de chauffer 57 000 logements de 100 m^2 construits avant 1975 ou 100 000 logements plus récents de même surface. La cogénération permet en outre de réduire les rejets de gaz à effet de serre. Toutefois, les installations de cogénération doivent produire au plus près des lieux de consommation car la chaleur se transporte mal.

En Europe, la part de la cogénération dans la production d'électricité de l'Union européenne atteignait en 2010 11,7 % contre 10,5 % en 2004. Les taux les plus élevés étaient ceux de la Lettonie à 42,6 %, du Danemark à 40,7 %, de la Finlande à 34,9 % et des Pays-Bas à 29,9 %. Cette part était de 12,5 % en Allemagne et de seulement 3,2 % pour France. Pour combler ce retard, un rapport de 2007 sur les installations de cogénération sous obligation d'achat prôna le remplacement en France du régime de l'obligation d'achat par un système d'aide aux investissements. Pour consolider l'ensemble, un certain nombre de directives s'attachèrent à la promotion de la cogénération en Europe. C'est notamment le cas de la Directive du 11 février 2004 qui prôna notamment l'adoption d'une définition de base harmonisée de la cogénération et l'obligation pour les États membres de réaliser une analyse des potentiels nationaux ainsi que d'adapter le cadre législatif et réglementaire à cette promotion. Cette directive fut par la suite remplacée par la Directive du 25 octobre 2012 sur l'efficacité qui est en partie consacrée à la cogénération à haut rendement. Il en résulta notamment l'obligation de fournir pour le 31 décembre 2015 une évaluation complète du potentiel de chaque pays membre en matière de cogénération, d'en favoriser le développement au niveau local et régional et de promouvoir les petites unités de cogénération. Elle leur demanda en outre de faire les calculs de coûts et avantages à se doter des nouvelles installations thermiques à haut rendement dont la puissance est supérieure à 20 MW et de veiller à ce que les gestionnaires de réseaux de transport et de distribution veillent au raccordement des installations de cogénération. Au plan national français, plusieurs décrets et arrêtés couvrent la matière. Le premier en date est le décret du 27 juillet 1993 qui fut modifié par le décret du 23 mars 2001 relatifs à l'exonération de la taxe intérieure de consommation sur les fiouls lourds. La même année, un arrêté du 3 juillet 2001 s'attacha à définir les spécificités techniques des installations en vue de pouvoir bénéficier du dispositif d'obligation d'achat d'électricité. Un décret du 5 décembre 2006 et un arrêté du 8 novembre 2007 introduisirent un mécanisme de garantie d'origine de l'électricité produite à partir des énergies renouvelables et de la cogénération. Enfin, un arrêté du 23 avril 2010 s'attacha à ce que soit pris en compte l'apport des chaudières à micro-cogénération dans la réglementation thermique des bâtiments.

En matière d'exploitation en France, trois points sont enfin à considérer. Tout d'abord, les installations de cogénération sont en tant qu'installations de combustion soumises aux règles du permis de construire ainsi qu'à la législation sur les installations classées. Dans ce dernier cas, les installations de cogénération de 2 à 20 MW sont soumises à déclaration et celle dont la puissance est supérieure à 20 MW à autorisation. Il y est notamment question de réduction des émissions polluantes des moteurs, des turbines à combustion et des chaudières. En la matière, il fut en outre précisé dans un arrêté du 11 août 1999 que les installations de puissances supérieure à 50 MW doivent se trouver à une distance supérieure à 50 mètres des bâtiments habités et doivent faire l'objet d'un contrôle permanent des concentrations d'oxyde de souffre, d'oxyde d'azote et de monoxyde de carbone. Deuxième point, les productions d'énergie des cogénérateurs bénéficient également du dispositif de l'obligation d'achat par EDF et les entreprises locales de distribution. Ce principe est tiré de la loi du 10 février 2000 et est mis en œuvre par l'article L. 314-1 du code de l'énergie. Un décret du 6 décembre 2000 en limite toutefois la portée aux installations d'une puissance égale ou inférieure à 12 MW présentant une efficacité énergétique particulière. Par la suite, un arrêté du 14 décembre 2010 précisa, en complément, les conditions de mise en œuvre du principe de l'obligation d'achat pour les installations de cogénération rénovées. Troisième point, en matière de fiscalité, les installations de cogénération sont soumises au régime fiscal des installations de combustion avec, toutefois, certains dégrèvements. Elles sont ainsi exonérées de la taxe intérieure de consommation sur les huiles minérales et le gaz naturel et bénéficient de l'amortissement dégressif ou exceptionnel des matériels destinés à économiser des équipements de production d'énergies renouvelables. Elles sont néanmoins soumises au paiement de la taxe intérieure de consommation sur les produits pétroliers, les houilles, les lignites et les cokes lorsqu'elles bénéficient d'un contrat d'achat de l'électricité produite.

3) La régulation juridique du secteur de l'énergie électrique

Le domaine de l'énergie électrique couvre l'ensemble des activités de production, de transport, de distribution et de négoce de l'électricité. Sa caractéristique dominante est aujourd'hui liée à la libéralisation du secteur. Impulsée par l'Union européenne, il en a résulté la fin du monopole d'EDF et la séparation juridique des activité de production et de transport et distribution.

a) Les règles applicables à la production électrique

La production électrique en France est issue pour 72 % du nucléaire, pour 21 % des énergies renouvelables dont 13 % pour ce qui est de l'hydroélectricité et pour 7 % des centrales thermiques. Le régime juridique qui la caractérise a subi d'importants changements depuis que l'Union européenne a imposé de mettre fin au monopole légal d'EDF et d'impulser la libéralisation du marché de l'électricité. Malgré le maintien de la position dominante d'EDF et du fait du développement des énergies renouvelables, il en résulta une diversification de l'offre d'électricité sur le marché et de la production électrique dans l'hexagone. Tout comme en matière de commerce de l'énergie électrique, l'activité de production reste encadré par l'obligation d'autorisation administrative qui continue de peser sur l'ensemble des capacités productives. Cette autorisation du ministre en charge de l'énergie est délivrée sur la base d'une batterie de critères dont celui de l'adéquation avec la politique énergétique nationale, la capacité technique et financière du producteur à assurer une continuité de fourniture et la réponse aux impératifs de protection de l'environnement. Il en est ainsi quand bien même il y aurait autoconsommation de la production électrique concernée. Dans le cas des installations génératrices de gaz à effet de serre, l'autorisation s'accompagne d'un plafonnement de la production d'électricité qui en limite mécaniquement la rentabilité économique. Enfin, la seule exception au régime de l'autorisation concerne les installations en-deçà d'un certain seuil de production fixé à l'article R. 311-2 du code de l'énergie qui bénéficient d'un simple régime de déclaration. Au-delà, l'autorité administrative peut également procéder à des mises en concurrence lorsque la capacité productive ne répond pas aux besoins définis par la programmation pluriannuelle de l'énergie. Elle procède alors par appel d'offres ou par l'instauration d'un dialogue avec les candidats admis à participer à la procédure.

La part de l'électricité dans le mix énergétique mondial était 19,3 % en 2018 pour un volume de production de 19

800 TWh, soit l'équivalent de 5 148 millions de tonnes d'équivalent pétrole. La production électrique mondiale est tirée à 69,4 % par les combustibles fossiles, à 25,5 % par les énergies renouvelables et à 10,1 % par le nucléaire. Au sein des énergies renouvelables, 16,2 % de la production électrique mondiale vient de l'hydroélectricité, 16,2 % de l'éolien, 4,8 % du solaire, 1,9 % de la biomasse et 0,3 % de la géothermie, Les deux principaux producteurs mondiaux d'électricité sont la Chine pour 27 % de la production mondiale et les États-Unis pour 16,7 %.. Pour ce qui la concerne, la production européenne d'électricité était de 3 277 TWh en 2018 portée à 19,6 % par l'Allemagne, 17,8 % par la France, 11,1 % par le Royaume-Uni, 8,8 % par l'Italie, 8,4 % par l'Espagne et 5,2 % par la Pologne. La part des énergies fossiles dans la production globale d'électricité était enfin en 2018 de 39 % pour 20 % tirés du charbon et 19 % du gaz naturel. La part des énergies renouvelables était de 32 % contre 14,3 % en 2004 et celle du nucléaire de 24 %. Les principaux pays pour la part de charbon dans la production d'électricité sont l'Allemagne pour 36,2 %, la Pologne pour 20,1 % et ensuite la République Tchèque pour 6,6 %.

La production française d'électricité était de 537,7 TWh en 2019. La part du thermique nucléaire était de 70,6 %, et celle du thermique fossile de 7,9 % dont 7,2 % pour le gaz. La part des énergies renouvelables en forte hausse a représenté plus de 20 % de la production totale d'électricité dont 10,3 % pour l'hydroélectricité, 6,3 % pour l'éolien, 2,2 % pour le photovoltaïque et 1,4 % pour les bioénergies. Pour l'avenir, le gestionnaire RTE du Réseau de transport de l'électricité vient de publier en octobre 2021 une étude à la demande du gouvernement sur la situation de l'électricité à l'horizon 2050 en vue d'atteindre la neutralité carbone à cette date. En 2050, la production totale d'électricité pourrait être de 645 TWh correspondant à une montée en puissance de l'électrification des usages notamment de transport et de chauffage tout en prenant en compte les gains possibles d'efficacité énergétique prévisibles. Une trajectoire sobriété énergétique a également été calculée à 554 TWh de production ainsi qu'une trajectoire de ré-industrialisation à 752 TWh. Selon ces projections, l'électricité atteindrait enfin 55 % du mix énergétique français contre 25 % aujourd'hui. Il se dégage par ailleurs de cette étude six scenarii dont les variables sont relatives aux parts respectives du nucléaire et des énergies renouvelables. Le premier scenario est celui d'une sortie du nucléaire au profit de l'éolien à 52 % de la production électrique suivi du solaire à 36 %. Le dernier scénario maintient le nucléaire à 50 % de la production électrique nationale en 2050 dont 23 % résultant de nouvelles installations. Dans ce scenario, l'éolien atteindrait 25 % de la production totale d'électricité et le solaire 13 %. Entre ces deux scenarii de base, les quatre autres modulent la part respective du nucléaire et du renouvelable.

Du côté des producteurs d'électricité, un mécanisme de production de capacités électriques complète le dispositif depuis la loi française du 7 décembre 2010 qui est encadré depuis 2019 par le droit européen du marché intérieur de l'électricité. Il s'agit par ce mécanisme de permettre un meilleur équilibre des réseaux électriques notamment pour faire face aux consommations d'hiver et de pointe. Ce mécanisme est d'autant plus nécessaire que le développement de la production des énergies renouvelables se traduit par une irrégularité des mises sur le marché. À cette cause s'ajoute celle de la faiblesse de rentabilité de l'investissement dans des capacités de production spécifique destinées à faire face aux déséquilibres rencontrés par le réseau électrique. Ce qui est alors demandé aux producteurs d'électricité n'est pas de fournir de l'énergie en continu mais d'offrir une disponibilité de capacités respectivement de production ou d'effacement géré par le gestionnaire de réseau public de transport d'électricité. Dans ce cas, la rémunération du fournissement n'est pas à la quantité produite mais à la réserve de capacité souscrite. Il s'agit par ailleurs d'une obligation qui s'impose au producteur d'énergie électrique sous peine de sanction pécuniaire et de retrait de l'autorisation d'exploiter. Pour permettre au fournisseur de répondre à cette obligation, un dispositif existe enfin par lequel il peut s'assurer sur le marché d'échange de garanties de capacité un volume de capacité qu'il pourra alors mobiliser en cas de besoin.

b) Les règles applicables au transport d'électricité

Avant que n'arrive le nucléaire, le transport de l'électricité était essentiellement un transport d'énergie tirée de l'hydroélectricité. En France, il s'agissait alors de raccorder les grands centres urbains aux régions montagneuses d'où elle était tirée que sont les Alpes, les Pyrénées et le Massif central. Les premiers avaient besoin de l'énergie des secondes et les secondes n'avaient pas de marchés sans ces centres urbains. Dans ce cadre, l'activité de transport d'énergie était indissociable de l'activité de production et les premiers transporteurs d'énergie électrique furent donc les producteurs de cette énergie. Les premières sociétés de transport d'électricité furent en effet le produit de regroupements d'électriciens auxquels s'associèrent des distributeurs. Sur cette réalité matérielle de base vint se greffer l'emprise de la volonté de l'État d'organiser la distribution d'énergie électrique sur tout le territoire national. La première loi régissant le transport d'électricité est la loi du 15 juin 1906 sur la distribution d'énergie. Parallèlement aux concessions de distribution d'électricité délivrées par les communes, elle introduisit la notion de concession de distribution au service public. Au lendemain de la Première Guerre mondiale, pas moins de 300 concessions de distribution aux services publics étaient concédées à une centaine de concessionnaires. Par la suite, la loi du 19 juillet 1922 amendant celle de 1906 prit en compte l'opérationnalité technique de la notion de réseau de transport d'électricité sur longue distance et commença à organiser le financement complémentaire des travaux d'interconnexion. Elle obligea alors producteurs et distributeurs à créer des sociétés en vue de construire et d'exploiter les nouveaux réseaux de transport d'électricité à haute tension concédés par l'État. Afin de mettre un terme à l'hétérogénéité du système, la loi du 14 septembre 1941 concentra l'essentiel de l'activité de transport et d'interconnexion de l'énergie électrique à haute tension dans les mains de trois sociétés. Enfin, la loi du 8 avril 1946 nationalisant le transport d'électricité en donna le monopole à EDF mettant ainsi fin aux 120 concessions de transport existantes sur le territoire national.

Dans le cadre de la libéralisation du marché de l'énergie au seuil des années 1990, l'Union européenne imposa aux États membres le principe de l'indépendance des gestionnaires de réseaux de transport de l'énergie électrique par rapport aux activités de production et de distribution comme clé de voute du système. Plusieurs directives européennes y contribuèrent. Lorsque les activités de production, transport et de fourniture étaient tenues par la même société, la Directive du 19 décembre 1996 imposa une séparation au moins fonctionnelle de l'activité de transport des autres activités de la société. Deux possibilités étaient alors offertes qui étaient soit l'indépendance pure et simple par création d'une entité ad hoc pour le transport totalement indépendante soit la création d'une entité spécialisée au sein de la société en question. En France, la loi du 10 février 2000 de transposition de la Directive de 1996 adopta la seconde formule et organisa l'indépendance de gestion du gestionnaire de réseau au sein d'EDF. Ne se satisfaisant toutefois pas du principe de la simple séparation fonctionnelle des activités au sein d'une même entité, la Directive du 26 juin 2003 se donna, quelques temps plus tard, pour objectif d'organiser la séparation juridique des activités de transport et de production. La loi française de transposition du 9 août 2004 créa alors la société anonyme RTE de transport de l'énergie électrique sur le territoire national filiale d'EDF à laquelle EDF transféra tous les actifs et ouvrages rattachés à l'activité de transport d'électricité. Constatant enfin que la séparation juridique formelle des activités électriques n'était pas suffisante à empêcher le maintien de certaines discriminations en matière d'accès au réseau et d'investissement vis-à-vis des tiers concurrents, une Directive du 13 juillet 2009 chercha à imposer la séparation effective des activités de production et de transport de l'électricité.

En France, l'article L. 111-7 du code de l'énergie édicte aujourd'hui que *la gestion d'un réseau de transport d'électricité est assurée par des personnes distinctes de celles qui exercent des activités de production ou de fourniture d'électricité*. Ceci n'empêche toutefois pas une entreprise de production ou de fourniture d'électricité de détenir des participations minoritaires dans une entreprise gestionnaire d'un réseau de transport. L'important est qu'il n'y ait pas de situation de contrôle de l'un vis-à-vis de l'autre. Sur cette base, deux situations coexistent selon la date à laquelle apparaît l'entreprise gestionnaire de réseau. Les sociétés créées à partir du 3 septembre 2009 sont tenues d'une pleine séparation patrimoniale avec la société de production dans laquelle elle était intégrée. Pour ce qui les concerne, les entreprises créées avant le 3 septembre 2009 ont le choix entre les alternatives respectivement de la séparation patrimoniale et du modèle ITO de maintien dans la structure intégrée sous réserve du respect d'un certain nombre de règles d'indépendance comme dans le cas de RTE. Elle ne peut ainsi détenir de participation directe ou indirecte dans une filiale de l'entreprise intégrée et ne peut avoir une part de son capital détenu directement ou indirectement par une filiale de l'entreprise intégrée exerçant une activité de production ou de fourniture. De la même manière, les sociétés de l'entreprise intégrée ne peuvent avoir accès aux informations de la société gestionnaire de réseau tout comme la société gestionnaire de réseau ne peut fournir de prestation de services à l'entreprise intégrée de telle sorte qu'il y ait discrimination entre les utilisateurs du réseau. Enfin, les salariés de la société gestionnaire de réseau ne peuvent avoir d'activités dans les autres sociétés de l'entreprise intégrée.

En pratique, RTE s'est vue concédée par l'État français la gestion du réseau public de transport d'électricité dont les rapports contractuels donnent lieu à un cahier des charges approuvé par décret en Conseil d'État après avis de la Commission de régulation de l'énergie. Dans ce cadre, sont notamment intégrés au réseau public de transport de l'électricité les ouvrages de tension égale ou supérieure à 50 kV qui appartenaient à EDF et qui lui ont été transférés. Ceci comprend notamment les équipements de haute et de très haute tension et leurs bâtiments. En sont exclus les ouvrages déclassés par décret parce qu'ayant une fonction de distribution d'électricité au bénéfice des entreprises locales de distribution ainsi que les lignes directes reliant producteurs et consommateurs sans que l'électricité transite par le réseau public. Lui ont enfin été transférés les contrats d'EDF liés à l'activité de transport. La propriété de ces actifs ne vaut par ailleurs que le temps de la concession et s'analyse donc comme étant des biens de retour. Il résulte également de la concession un droit d'exécuter sur les emprises publiques les travaux nécessaires à l'installation et à l'entretien des ouvrages relevant de la concession. Au regard des propriétés privées, les servitudes qui en résultent peuvent également faire l'objet d'une déclaration d'utilité publique délivrée par l'autorité administrative et donner lieu à indemnités.

Progressivement, les activités de RTE se sont multipliées. À la base, RTE exploite et entretient le réseau public de transport de l'électricité en France et est en charge du raccordement des consommateurs et de la connexion avec les réseaux publics de distribution tout comme de l'interconnexion avec les divers réseaux européens. Aujourd'hui, son activité ne se limite toutefois plus à la seule gestion des infrastructures de transport d'électricité mais s'étend également à la supervision des mécanismes de marché. Dans ses fonctions primaires principales, RTE est tenu d'établir un schéma décennal de développement du réseau à partir des situations sur le moyen terme de la production et de la consommation qui est visé annuellement par la Commission de régulation de l'énergie. S'y ajoute un schéma régional de raccordement au réseau des énergies renouvelables. RTE est également chargé au quotidien d'assurer l'équilibre des flux en consommation et en production sur le réseau tout particulièrement lors des pics de consommation. À cet effet, des programmes d'approvisionnement à livrer le jour suivant sont établis par les fournisseurs d'électricité et des mécanismes d'ajustement par réglage automatique de la fréquence et de la tension existent auxquels s'ajoutent le mécanisme de capacité. Sur le fond, le mécanisme de capacité est l'obligation qui est faite aux fournisseurs d'électricité de disposer des capacités électriques nécessaires à l'approvisionnement des clients dans les périodes de pic de la demande. Ces capacités sont respectivement des capacités de production et des capacités d'effacement. Il s'agit par là pour RTE d'être en mesure à chaque instant de faire en sorte que la production d'électricité soit égale à la consommation d'électricité dans la mesure où il n'y a pas de véritable capacité de stockage de l'électricité permettant d'absorber les différentiels. Ce mécanisme initié en 2017 est codifié aux articles L. 335-1 à L. 335-8 du code de l'énergie. La certification de ces capacités se fait enfin quatre années à l'avance et donne lieu à des tests pour en vérifier la faisabilité opérationnelle le moment venu.

c) Les règles applicables à la distribution de l'énergie électrique

À l'origine, l'activité de distribution de l'électricité était centrée sur l'éclairage public et sa gestion était le fait d'entreprises privées agissant concurremment aux entreprises gazières. Rapidement toutefois, les communes firent valoir leurs droits en la matière. Un premier pas fut franchi avec la loi du 5 avril 1884 permettant aux communes de prendre en charge l'exploitation des réseaux de distribution de l'électricité. Par la suite, la loi du 15 juin 1906 confia à la commune et aux éventuels syndicats intercommunaux la compétence d'organisation de la distribution publique d'électricité sur le territoire de la commune ou du syndicat. Il en résulta un développement du régime de la concession jusqu'à ce qu'un décret du 8 octobre 1917 habilite les communes et les syndicats intercommunaux à exploiter directement le service public de la distribution d'électricité sous forme de régie. Par la suite, la loi du 2 août 1923 s'attacha à promouvoir le développement des réseaux de distribution en zone rurale avec le soutien financier de l'État et des collectivités locales.

Dans la seconde moitié du XXe siècle, la loi française du 8 avril 1946 nationalisa la distribution de l'électricité et en confia la gestion à Electricité de France. Il en résulta une dualité entre les communes qui conservaient leur compétence de concéder ainsi que la propriété des réseaux, d'une part, et Electricité de France, d'autre part, qui disposait du monopole d'exploitation de ces mêmes réseaux à côté d'un certain nombre d'entreprises locales de distribution qui perdurèrent. Au-delà, l'histoire de la distribution électrique en France est marquée par le rôle qu'est amené à y jouer les institutions européennes et le droit européen. Dans la Directive du 19 décembre 1996 qui dissocie les activités de transport et de fourniture d'électricité dans un même souci de lutte contre les discriminations entre acteurs énergétiques, la fonction distribution reste encore associée à celle de la fourniture. Il fallut donc attendre la Directive du 26 juin 2003 pour que le droit européen impose la séparation des activités de fourniture et de distribution. Parce que les risques de discrimination sont moins importants dans le domaine de la distribution que dans celui du transport d'électricité, les règles de séparation y sont toutefois moins draconiennes et permet qu'y soit associée une séparation fonctionnelle et non juridique. Il en résulta la création au sein de l'entreprise EDF d'un service dit EDF Réseau de distribution. Ce n'est qu'avec la loi du 7 décembre 2007 que la séparation juridique sans transfert d'actifs fut en France opérée.

Dans ce cadre, plusieurs types de réseaux de distribution coexistent dont le principal est très largement le réseau public de distribution. Constitués des ouvrages de tension inférieure à 50 kv, leur autorité organisatrice est la commune, le syndicat intercommunal ou le département. Pour ce qui le concerne, le réseau public de distribution est géré soit en régie à raison de 2 % de l'ensemble soit par recours à la concession pour 98 % du même ensemble. Dans ce dernier cas, les autorités concédantes sont les collectivités territoriales ou leurs établissements publics de coopération. Le contrat de concession lie ces autorités concédantes au gestionnaire de réseau de distribution en charge de la gestion du réseau public de distribution ainsi qu'avec EDF ou les entreprises locales de distribution pour ce qui est de la fourniture d'électricité aux tarifs réglementés de vente. Dans le même temps, les autorités organisatrices ne peuvent choisir librement leur gestionnaire de réseau. L'article L. 111-52 précise néanmoins qu'il s'agit aujourd'hui d'ENEDIS et des entreprises locales de distribution. Il en résulte qu'en dehors des zones de desserte des entreprises locales de distribution, ENEDIS exerce un monopole de fait sur l'activité de distribution d'électricité.

Le gestionnaire de réseau public de distribution exerce ses missions dans les conditions fixées par un cahier des charges dans le cas des concessions ou par un règlement de service dans le cas de la gestion en régie. Dans ce cadre, ses missions sont multiples. Tout d'abord, il gère les contrats de concession et veille à l'équilibre des flux d'électricité ainsi qu'à la sécurité du réseau. Il exploite par ailleurs le réseau et en assure l'entretien et la maintenance. Il assure également l'accès au réseau de manière transparente et non discriminatoire. Il assure enfin la maîtrise d'œuvre des ouvrages du réseau et est en charge des politiques d'investissement pour le développement des réseaux, le raccordement des consommateurs et l'interconnexion avec les autres réseaux. Toutefois, en dehors des postes de transformation du courant de haute tension en moyenne tension qui appartiennent en propre à ENEDIS, l'article L. 322-4 du code de l'énergie dispose que les ouvrages des réseaux publics de distribution appartiennent pour l'essentiel aux autorités organisatrices de l'énergie. Par contre, le gestionnaire de réseau dispose du droit d'exercer tant sur le domaine public que sur les propriétés privées les travaux nécessaires à l'exercice de ses missions moyennant redevance dans le premier cas et éventuellement indemnisation dans le second.

Le raccordement au réseau rentre également dans les missions du gestionnaire du réseau public de distribution. Il comprend la création d'ouvrages respectivement d'extension et de branchement en basse tension qui peuvent donner lieu à contribution à la charge des bénéficiaires. Dans ce cadre, le refus de conclure un contrat d'accès au réseau public de distribution doit être motivé et est notifié à la Commission de régulation de l'énergie. Il doit être non discriminatoire et répondre à des impératifs de service public. Ces raccordements font par ailleurs l'objet de convention dont les barèmes sont également visés par la Commission de régulation de l'énergie. Pour ce qui le concerne, une partie du coût du raccordement est couvert par le tarif d'utilisation du réseau à hauteur de ce qui est appelé la réfaction tarifaire. Un arrêté du 17 juillet 2008 limite ainsi à 60 % du coût du raccordement la part couverte par son bénéficiaire. Une distinction fut néanmoins faite selon que le bénéficiaire est un consommateur ou un producteur d'électricité. Afin d'en limiter la charge financière, la loi NOME du 7 décembre 2010 remit en effet en cause le principe de réfaction tarifaire lorsque le bénéficiaire du raccordement est un producteur d'électricité. Par la suite, la loi du 24 février 2017 étendit le bénéfice de l'article L. 341-2 du code de l'énergie aux producteurs d'électricité générée par une énergie renouvelable. Dans l'entre-temps, la loi du 12 juillet 2010 instaura des schémas régionaux de raccordement des énergies renouvelables élaborés par les gestionnaires de réseau de transport et de distribution sous l'autorité du préfet de région.

Au plan financier, l'article L. 341-2 du code de l'énergie édicte que *les tarifs d'utilisation du réseau public de transport et des réseaux publics de distribution sont calculés de manière transparente et non discriminatoire, afin de couvrir l'ensemble des coûts supportés par les gestionnaires de ces réseaux dans la mesure où ces coûts correspondent à ceux d'un gestionnaire de réseau efficace*. Les méthodes utilisées pour établir ces tarifs sont fixées par la Commission de régulation de l'énergie dans le cadre d'un encadrement pluriannuel d'évolution de ces tarifs y associant les mesures incitatives appropriées. En la matière, l'article L. 341-3 précise que *la Commission de régulation de l'énergie prend en compte les orientations de politique énergétique indiquées par l'autorité administrative* et *procède… à la consultation des acteurs du marché de l'énergie*.

Il en résulte deux conséquences. La première est un principe de péréquation tarifaire qui offre un même tarif d'accès au réseau indépendamment du coût réel d'acheminement de l'électricité. Il en résulte ainsi que les concessions urbaines financent les accès en zones rurales dont le coût est accru par la dispersion de l'habitat. Dans le prolongement, un fonds de péréquation tarifaire existe aujourd'hui par lequel les gestionnaires de réseaux urbains sont contributeurs et les gestionnaires de réseaux ruraux sont bénéficiaires selon une formule de péréquation fixée de manière forfaitaire par décret en Conseil d'État. La seconde conséquence est que le niveau des tarifs est également fixé en vue de limiter la consommation des utilisateurs lors des périodes de pics de la consommation locale et nationale.

À l'opposé du réseau public de distribution, le réseau fermé de distribution d'électricité présente cette caractéristique qu'il achemine l'électricité à l'intérieur d'un site circonscrit de plusieurs utilisateurs à partir d'un seul et même raccordement au réseau public de distribution. Il s'agit donc d'un réseau interne intégré. Parce qu'il empiète sur le monopole d'ENEDIS, il fallut attendre la loi du 17 août 2015 pour qu'autorisation soit donnée d'en intégrer le principe et la faisabilité dans le code de l'énergie. En général, le réseau fermé de distribution d'électricité est le fait d'activités industrielles, commerciales ou de service mais peut également et accessoirement servir à des utilisateurs résidentiels. Il donne lieu à l'existence d'un gestionnaire de réseau spécifique distinct du gestionnaire de réseau public appelé gestionnaire du réseau fermé de distribution d'électricité. Celui-ci peut en outre être propriétaire du réseau interne en question. L'existence du réseau fermé de distribution est par ailleurs soumise à une autorisation de l'autorité administrative qui en fixe la durée qui ne peut excéder les vingt ans et est soumise à renouvellement. L'autorisation administrative est conditionnée au fait que le gestionnaire du réseau fermé dispose des capacités techniques et financières nécessaires à sa gestion. Cette autorisation peut en outre lui être refusée au cas où elle nuirait à la sûreté et au bon fonctionnement du système électrique. Dans ce cas, l'avis de la Commission de régulation de l'énergie est nécessaire. Enfin, les tarifs des redevances de ces réseaux sont proposés par le gestionnaire de réseau fermé et soumis à la Commission de régulation de l'énergie qui a quatre mois pour se prononcer.

d) Les règles applicables au négoce et à la commercialisation de l'électricité

En matière de commercialisation, la libéralisation du marché de l'électricité prend la forme suivante. Sur le fondement de la Directive 2009/72 CE du 13 juillet 2009, l'article L. 331-1 du code français de l'énergie dispose aujourd'hui que *tout client qui achète de l'électricité pour sa propre consommation ou qui achète de l'électricité pour la revendre a droit de choisir son fournisseur d'électricité. Il peut conclure un contrat d'achat d'électricité avec un producteur ou un fournisseur de son choix installé sur le territoire d'un État membre de l'Union européenne ou, dans le cadre de l'exécution d'accords internationaux, sur le territoire d'un autre État*. Cette marche à l'universalité se fit néanmoins par étapes. La première pierre de l'édifice fut la Directive 96/92/CE du Parlement européen et du Conseil du 19 décembre 1996. Elle libéralisa partiellement le marché de l'électricité aux seuls clients éligibles consommant plus de 100 gigawatts/heure par an et par site de consommation. En France, sa transposition dans l'article 22 de la loi du 10 février 2000 rendit éligible les sites industriels dont la consommation annuelle est au moins égale à 16 gigawatts /heure ainsi que les négociants d'électricité, les distributeurs non nationalisés et les propriétaires et gestionnaires de réseaux ferroviaires ou de réseaux de transports collectifs urbains. Puis la Directive 2003/54/CE du 26 juin 2003 transposée dans la loi française du

7 décembre 2006 élargit l'éligibilité à tous les clients non résidentiels au 1er juillet 2004 et à tous les clients résidentiels au 1er juillet 2007. Enfin, l'unité de mesure de la vente d'électricité est le site qui fait qu'un même client disposant de plusieurs sites peut avoir plusieurs fournisseurs.

Dans ce cadre, deux catégories d'offres coexistent aujourd'hui. La première catégorie d'offres est l'offre commerciale de marché qui est le fait de tous les fournisseurs libres de fixer le prix de l'électricité vendue. Y sont intégrés les offres dites vertes et les achats groupés. Le premier cas concerne l'électricité issue d'énergies renouvelables ou de la cogénération faisant l'objet d'une garantie d'origine. Dans le second cas, l'offre groupée est le fait d'une entité rassemblant plusieurs consommateurs. Il peut s'agir d'une personne morale, d'une centrale d'achat ou d'associations. Par ailleurs, lorsque le consommateur fait le choix de l'offre de marché, son contrat au tarif réglementé est, sous certaines réserves, résilié de plein droit et le prix facturé doit au moins couvrir les coûts de transport de l'électricité. Son nouveau contrat intègre alors l'accès au réseau et la fourniture d'électricité. La seconde catégorie d'offres est celle des tarifs réglementés de vente des fournisseurs historiques que sont EDF et les quelques 150 entreprises locales de distribution. Dans ce cas, les tarifs réglementés de vente sont fixés par la Commission de régulation de l'énergie sauf opposition ministérielle dans les trois mois et répondent à un service public de l'électricité. Jusqu'à récemment, les tarifs réglementés de vente d'électricité étaient divisés en catégories tarifaires définies en fonction, respectivement, de la puissance souscrite par le client pour chaque site de consommation et de la tension du raccordement. Le tarif bleu qui continue d'exister est un tarif de basse tension inférieur ou égal à un kilovolt et dont la puissance maximale est de 36 kilovoltampères. À côté, les tarifs jaune et vert ont aujourd'hui disparu. Le premier était un tarif de basse tension dont la puissance était supérieure à 36 kilovoltampères. Le tarif vert répondait à une haute tension au raccordement supérieur à un kilovolt et dont la puissance souscrite était supérieure à 36 kilovoltampères. Sur le fond, la question fut posée au juge du Conseil d'État du bien fondé du tarif réglementé qui considéra que l'électricité était un service universel de première nécessité poursuivant un objectif de cohésion territoriale à même de justifier la réglementation du tarif. Concernant le domaine du gaz naturel, il fut par contre répondu que la vente de gaz naturel ne poursuivait aucun objectif d'intérêt économique général le justifiant.

Le développement des énergies renouvelables a induit des techniques et des pratiques d'autoconsommation de l'électricité que le législateur a également vocation à régir. Les sources en sont principalement le photovoltaïque, l'éolien et l'hydroélectricité. L'article L. 315-1 du code de l'énergie définit l'autoconsommation comme étant une opération qui est *le fait pour un producteur, dit auto-producteur, de consommer lui-même tout ou partie de l'électricité produite par son installation.* La puissance installée de l'installation concernée doit être inférieure à 100 kilowatts et cette qualité peut être individuelle ou collective. L'article 315-2 précise à cet égard que *l'opération d'autoconsommation est collective lorsque la fourniture d'électricité est effectuée entre un ou plusieurs producteurs et un ou plusieurs consommateurs finals liés entre eux au sein d'une personne morale et dont les points de soutirage et d'injection sont situés sur une même antenne basse tension du réseau public de distribution.* Lorsqu'il y a autoconsommation, l'article L. 315-7 dispose également que les exploitants doivent déclarer les installations en question au gestionnaire de réseau public d'électricité avant toute mise en service. Afin de mieux décharger le réseau public en période de pointe, le législateur a enfin précisé que l'électricité ainsi produite doit être consommée soit instantanément soit après une période de stockage. Dans le prolongement, la part d'énergie ainsi produite mais non-autoconsommée constitutive d'un surplus d'électricité peut être vendue à des tiers dans les conditions fixées par la loi ou cédée à titre gratuit au gestionnaire de réseau qui l'affectera au comblement des pertes techniques du réseau.

À l'opposé du marché de détail, le marché de gros souvent associé au marché international est le marché dans lequel l'électricité est négociée avant d'être injectée dans le réseau. En France, notamment en matière de commerce international de l'électricité, EDF exerça longtemps un monopole en la matière. La loi du 8 avril 1946 dite loi de nationalisation octroya en effet à EDF le monopole de l'activité d'importation et d'exportation de l'électricité. La remise en cause de cette situation de monopole se fit par la suite par étapes. Tout d'abord, dans une décision du 23 octobre 1997, la Cour de justice des communautés européennes considéra qu'un droit exclusif d'importation et d'exportation était contraire à l'article 37 du Traité CE. Dans le prolongement de la libéralisation de l'activité de fourniture d'électricité, la loi du 10 février 2000 s'attacha à ouvrir à la concurrence l'activité de négoce. Il s'agissait notamment de permettre aux fournisseurs non historiques de s'approvisionner sur le marché international afin d'alimenter leur clientèle sur le marché national. La loi du 10 février 2000 ne le fit toutefois que partiellement. Elle soumit l'activité d'achat pour revente à l'autorisation pour une durée limitée de cinq ans du ministre de l'énergie et plafonna les volumes concernés à quelque 20 % de la production annuelle des seuls producteurs d'électricité. En pratique, trois sociétés seulement purent exercer le commerce de gros qui furent EDF, la Société nationale d'électricité et de thermique filiale des Charbonnages de France et la Compagnie nationale du Rhône. Puis la loi du 3 janvier 2003 libéralisa très largement l'activité de négoce afin, notamment, de mettre un terme au contournement de la loi du 10 février 2000 par la création de filiales à l'étranger achetant pour revendre sur le marché français. Le principe de l'autorisation fut néanmoins maintenu pour des raisons techniques mais sa limite temporelle fut supprimée. Dans le prolongement et pour assurer une transparence du marché de l'électricité, une bourse des marchés Spot de l'électricité fut créée à Paris et fonctionne sous le contrôle de l'Agence européenne de coopération des régulateurs de l'énergie et, au plan national, de la Commission de régulation de l'énergie.

II
Le droit international de l'énergie

La principale césure qui distingue le droit interne de l'énergie du droit international de l'énergie réside tout d'abord dans le fait que le premier est un droit principalement administré tandis que le second est surtout un droit de la régulation des marchés de l'énergie. Compte tenu du poids que l'État a longtemps joué en la matière et de l'internationalisation relativement récente des marchés de l'énergie, le droit international de l'énergie est donc un droit récent. Ce n'est en effet qu'à partir du 3e tiers du XXe siècle que le droit international de l'énergie s'est construit en réponse à la nouvelle rareté énergétique et au développement corrélatif des marchés internationaux de l'énergie. Le droit international de l'énergie est par ailleurs un droit complexe et composite. Il en est ainsi à raison de la complexité des techniques qui le caractérisent. Il en est également ainsi parce qu'il opère à trois niveaux. Au sommet, le droit de l'OMC produit un droit général dominé par la promotion du principe de la liberté du commerce. À l'échelon intermédiaire, les droits régionaux régissent les activités énergétiques notamment liées aux transports. À la base, le droit contractuel privé a pour mission de régir le détail des activités d'exploitation des ressources énergétiques.

A) Les structures juridiques du marché international de l'énergie

Les droits international et européen de l'énergie sont très largement dominés par leur fonction de régulation des marchés. Il s'agit de droits récents qui se sont développés à mesure que les marchés de l'énergie se construisaient et sous l'effet de leur libéralisation. Dans le premier cas, il s'agit principalement des marchés du pétrole et du gaz dans la mesure où la commercialisation du charbon s'est longtemps faite à proximité des lieux de production et où celle de l'électricité ne dépasse pas le cadre régional. Dans le second cas, le développement des règles de libre-échange sont portées par l'OMC ainsi que par les droits régionaux. Au plan européen, le droit de l'énergie est, dans ce cadre, constitutif de la construction du marché intérieur européen et a connu son essor à la toute fin du siècle dernier.

1) Les instruments juridiques internationaux de régulation de l'énergie

Le droit international de la régulation énergétique procède tout d'abord du droit général de la régulation des marchés à travers les actions du GATT puis de l'OMC en faveur de la liberté des échanges. Il bénéficie également d'instruments davantage spécifiques et adaptés à la matière. Il en est notamment ainsi des accords régionaux de l'ALENA et du Traité de la Charte de l'Énergie. Ces structures juridiques édictent nombre de normes ad hoc et couvrent également le domaine du règlement des différends.

a) La fonction régulatrice du droit international en matière énergétique

Le caractère stratégique de l'énergie en fait un bien spécial qui explique le rôle traditionnel de l'État national dans son exploitation comme dans sa régulation. Dans de nombreux pays, l'industrie de l'énergie a ainsi longtemps été organisée comme un monopole d'État qui ne fonctionnait pas sur la base de l'opération de marché mais sur celle du service public rendu. Dans ce cadre, le paradigme énergétique dominant était, quand cela était possible, l'autarcie énergétique nationale ou, dit autrement, l'autonomie énergétique. Jusqu'aux années 1970, il n'y avait donc pas lieu d'avoir beaucoup de règles internationales dans le domaine de l'énergie parce que la circulation internationale de l'énergie était limitée. Le droit international pertinent se limitait surtout aux règles concernant l'implication d'investisseurs étrangers dans l'exploitation des ressources énergétiques et la production d'énergie d'un pays ainsi qu'aux règles juridiques internationales applicables au domaine du transport du pétrole. Ce n'est donc que tardivement que le droit international de l'énergie est apparu avec l'émergence de marchés de l'énergie véritablement internationaux.

Ces marchés se sont développés après les deux graves crises pétrolières qui ont eu lieu en 1973 et 1981 et suite à un certain nombre de guerres ayant un fort impact sur l'industrie pétrolière et le prix de l'énergie. Ce furent la guerre israélo-arabe de 1973, la guerre Iran-Irak de la décennie 1980 et les deux guerres du Golfe de 1990 et de 2003. La conséquence en fut la remise en question par les États de l'objectif de la sécurité énergétique par la disponibilité de ressources énergétiques à bon marché dans les limites d'un système national autarcique au profit du développement des marchés internationaux de l'énergie. De nouveaux paradigmes sont alors progressivement apparus qui sont le retrait de l'État national au profit du marché, le basculement du monopole à la concurrence, le transfert au privé de la propriété publique des infrastructures et la poursuite des objectifs publics non plus par la propriété publique mais par la régulation. À partir de la fin des années 90, la remise en cause des anciens monopoles d'État qui accompagna cette tendance s'est traduite par la libéralisation des marchés nationaux et le développement du commerce dans le secteur de l'énergie. La physionomie de ces marchés fut en outre marquée par le développement de l'approvisionnement par pipelines et par l'extension des réseaux électriques transfrontaliers. Dans ce contexte, les industries énergétiques initialement organisées dans un cadre national ont alors commencé à s'internationaliser.

L'OPEP est une organisation de pays producteur de pétrole qui fut créée en septembre 1960 à l'initiative du Chah d'Iran rapidement rejoint par l'Arabie Saoudite, le Venezuela, l'Irak et le Koweït. Il s'agit d'une organisation intergouvernementale dont la finalité est de négocier avec les pétroliers occidentaux la production et le prix du pétrole. Le premier moyen en fut la nationalisation des productions de pétrole dans ces États et le second vise à peser sur les cours en modulant notamment les volumes de production. L'organisation fut par la suite rejointe par un grand nombre d'autres pays. Pour le Moyen-Orient, il s'agit des Emirats Arables Unis. Pour l'Afrique, il s'agit de l'Algérie, de la Libye, de l'Angola, du Gabon, du Nigeria, de la Guinée équatoriale et de la république du Congo. L'Indonésie, le Qatar et l'Equateur décidèrent par contre de suspendre leurs acticités ou de se retirer de l'OPEP en 2019 et 2020. Enfin, la capacité de production des pays de OPEP est de l'ordre des 30 millions de barils/jour pour un chiffre d'affaires de 711 milliards de $ en 2018 dont 9 millions pour l'Arabie Saoudite, 3 millions pour l'Irak et 2,70 pour l'Iran.

Dans les années 1970, c'est à l'origine de l'OPEP qu'eurent lieu les deux chocs pétroliers qui marquèrent la période. Plus près de nous, l'OPEP s'engagea entre 2014 et 2016 dans une politique de maximisation des productions en vue de faire drastiquement baisser le prix du baril dans le double objectif de gagner des parts de marché notamment au détriment de la Russie et afin de pousser à la faillite les producteurs de pétrole de schiste américain qui lui faisait une vive concurrence. L'opération tourna néanmoins court en raison des difficultés financières qui gagnèrent les pays membres et par leur incapacité d'atteindre les objectifs fixés de faillite des producteurs américains de pétrole de schiste en raison d'une réduction drastique des coûts de production et du recentrage de leurs activités sur les zones de production les plus abondantes. Au lendemain de ce bras de fer, il apparut que les pays de l'OPEP, Arabie saoudite en tête, n'avaient plus ni les moyens ni la surface de faire le marché pétrolier. Il en résulta en 1976 la formation d'un OPEP + associant dans un même ensemble les pays de l'OPEP et de nouveaux arrivants qui sont la Russie, l'Azerbaïdjan, le Kazakhstan et le Mexique ainsi que Bahreïn, Brunei, la Malaisie, Oman et le Soudan.

L'ensemble et plus particulièrement le passage du cadre national des marchés de l'énergie aux marchés internationaux de l'énergie ont entraîné un besoin accru de règles juridiques internationales dont il résulte une grande diversité du droit applicable. L'internationalisation des marchés de l'énergie appelle en effet par définition une réglementation internationale. D'une part, le droit international produit des normes juridiques internationales qui ont un impact sur les questions énergétiques. C'est le cas du principe de la souveraineté permanente sur les ressources naturelles et de l'obligation des gouvernements de régir ce domaine dans l'intérêt des peuples. C'est également le cas de la réglementation des activités d'exploration et d'exploitation et relatives aux transactions sur les marchés internationaux de l'énergie. C'est enfin le cas des règles applicables à la protection internationale des investissements qui constituent un domaine non négligeable du droit international de l'énergie. D'autre part, le traitement des questions énergétiques internationales contribue à l'élaboration de normes de droit international tant substantielles que procédurales dans de nombreuses branches du droit. C'est le cas en droit du commerce international, en droit international de la mer, en droit de l'environnement et jusqu'aux droits de l'homme pour ce qui est des droits des populations autochtones. Parallèlement, une *Lex petrolea* s'est développée par homogénéisation des pratiques commerciales de l'industrie pétrolière avec pour conséquence le développement des contrats types.

En régissant les aspects transfrontaliers des marchés internationaux de l'énergie, le droit international remplit par ailleurs une fonction importante que le droit national n'est pas apte à remplir. Tout d'abord, le droit international public régit le domaine des prétentions à la souveraineté territoriale des États ainsi que l'exercice des droits souverains entre États. À cet égard, l'attribution de la souveraineté est importante pour clarifier la compétence des États à réglementer les activités de production et de distribution de l'énergie. C'est notamment le cas concernant l'attribution des droits souverains sur les espaces maritimes que régit la Convention des Nations Unies sur le droit de la mer de 1982 et qui détermine les conditions d'exploration et d'exploitation des ressources énergétiques marines offshores. Le droit international clarifie également la compétence respective des États à légiférer, administrer et statuer sur les questions pertinentes en rapport avec le fonctionnement des marchés internationaux de l'énergie. Le droit international précise enfin les mécanismes de sa mise en œuvre applicable à la matière énergétique.

Depuis le premier conflit mondial, l'énergie est tout autant un facteur de guerre qu'un déterminant de la guerre. L'énergie devint en effet un déterminant de la guerre lorsque la mécanisation des forces armées fit que le poids de l'accès au pétrole devint une constante des opérations militaires. À cet égard, la Seconde Guerre mondiale fut près de 350 fois plus consommatrice de pétrole que la Première Guerre mondiale. En tant que déterminant, la suprématie de la flotte britannique sur la flotte allemande au cours de la Seconde Guerre mondiale tient à une décision de W. Churchill d'avant la Première Guerre mondiale d'équiper la flotte d'une propulsion au pétrole et non plus au charbon. La doctrine du Blitzkrieg allemande prenant appui sur la mobilité du char, son action combinée à l'aviation, les percées technologiques dans le domaine des transmissions et la recherche de l'effet de surprise est fondamentalement une doctrine visant à obtenir une décision militaire rapide parce que la configuration géopolitique de l'Allemagne limitait ses possibilités d'approvisionnement en pétrole et en matières premières pour une guerre longue. Enfin, la décision de 1942 qui déboucha sur la défaite allemande à Stalingrad détourna l'Allemagne de l'objectif de la prise de Moscou au profit d'une action militaire dans le Caucase en vue de prendre possession du pétrole de Bakou pour l'usage de ses forces et afin de bloquer le ravitaillement en pétrole des forces soviétiques.

L'énergie fut également un facteur de guerre lorsqu'en 1941 le Japon déclencha à Pearl Harbour sa guerre préventive contre les États-Unis pour échapper à asphyxie économique produite par l'embargo pétrolier américain. Au lendemain de la Seconde Guerre, l'intervention franco-britannique de Suez de 1956 fut une réponse à la nationalisation du canal de Suez par lequel transitait l'essentiel du pétrole importé par les Européens. Le premier choc pétrolier de 1973 fut également une réponse directe au soutien occidental à Israël attaquée en 1973 par une coalition menée par l'Egypte et la Syrie. La guerre Iran-Irak de 1980 à 1988 opposant deux pays qui produisaient à eux-seuls le tiers du pétrole du Golfe et qui fit 1,2 million de morts trouve en partie son origine dans un conflit de délimitation en vue d'un débouché à la mer et pour la possession du pétrole du Chatt-el-Arab au débouché du Golfe Persique. La première guerre du Golfe de 1990/1991 fait suite à l'invasion du Koweït par l'Irak pour la possession des réserves énergétiques du second. La seconde guerre du Golfe de 2003 en vue du renversement de Saddam Hussein fut pour une large part motivée par la volonté américaine de prendre le contrôle du pétrole irakien. L'embargo pétrolier est par ailleurs une arme dans les litiges interétatiques comme le montre celui à destination de l'Iran parce que sa possession de l'arme nucléaire ferait peser un grand risque sur le détroit d'Ormuz et sur la sécurité d'Israël. Il est également probable que l'autosuffisance énergétique récente des États-Unis du fait de l'exploitation des hydrocarbures de roche les conduise à se désengager du Moyen-Orient pour se concentrer sur la Chine qui est devenu entre-temps sont principal adversaire stratégique.

Dans les conflits intra-étatiques, la ressource pétrolière joue également un grand rôle en ce qu'elle alimente les soulèvements et les guerres internes pour le contrôle de sa rente comme c'est le cas aujourd'hui en Libye, au Tchad et au Soudan ainsi qu'au abords du Golfe de Guinée. Enfin, en temps de paix, la guerre des prix de l'énergie est la forme prise par la guerre de l'énergie opposant les puissances du moment. Confère celle que mena de 2014 à 2016 l'Arabie Saoudite contre les producteurs d'hydrocarbures de roche mère américains qui menaçaient sa capacité à faire le marché mondial de l'énergie et qui s'est traduite par un accroissement de la production tel qu'il fit chuter le prix mondial à moins de 40 $ le baril.

Dans ce cadre, les acteurs du droit de l'énergie ne sont plus seulement des législateurs nationaux, des administrations nationales et des tribunaux nationaux mais également des acteurs internationaux. C'est tout particulièrement le cas des organisations internationales chargées d'établir des normes et d'administrer les divers aspects des marchés internationaux de l'énergie comme l'Agence Internationale de l'Énergie (AIE) ainsi que les tribunaux internationaux en charge du règlement des différends liés à l'énergie. Les différends entre sociétés étrangères privées et États hôtes en matière d'énergie sont en effet régulièrement réglés non pas devant des tribunaux nationaux mais le plus souvent devant des tribunaux arbitraux internationaux, soit parce que les contrats entre les deux parties prévoient l'arbitrage soit parce qu'un traité international d'investissement le prévoit. Les différends concernant le commerce de l'énergie peuvent être résolus dans le cadre du Mémorandum d'accord sur le règlement des différends de l'Organisation Mondiale du Commerce (OMC) ou par des groupes spéciaux établis dans le cadre d'accords de libre-échange.

Enfin, le droit international public fournit les infrastructures institutionnelles et les organisations nécessaires à la coopération internationale bilatérale et multilatérale dans le domaine de l'énergie. C'est le cas de l'AIE dont la fonction est également de coordonner les réponses collectives aux perturbations majeures de l'approvisionnement en énergie, notamment en libérant des stocks d'urgence sur les marchés. C'est également le cas de l'Agence internationale de l'énergie atomique (AIEA) qui est une instance de coopération pour le développement et l'utilisation de l'énergie atomique à des fins pacifiques. En outre, le droit international crée des institutions internationales de règlement des différends interétatiques concernant le domaine de l'énergie. Enfin, le droit international de l'énergie permet, facilite et stabilise le fonctionnement des marchés internationaux de l'énergie à travers les règles du commerce et du transit de l'énergie.

b) La régulation juridique de l'OMC, de la Charte de l'Énergie et de l'ALENA américain

De nombreux accords internationaux régissent aujourd'hui le domaine de l'énergie qui a toutefois pour caractéristique de ne pas s'en satisfaire pleinement. Il existe en effet une spécificité des produits énergétiques distincte de celles des produits industriels et des services qu'il est difficile d'intégrer dans des accords généraux. Les ressources énergétiques sont tout d'abord des ressources vitales pour le développement économique et social des pays et marquées par de fortes contraintes matérielles. Le pétrole et le gaz sont en effet des ressources épuisables et inégalement réparties dans le monde alors que les produits manufacturés ne rencontrent pas de vraies contraintes naturelles. Par ailleurs, le commerce de l'énergie est marqué par le poids qui joue le transport par infrastructures fixes qui ne peut être exercée que par une seule entreprise. Sur le fond, la dépendance énergétique au réseau implique que l'élimination des barrières à l'importation et à l'exportation qui est l'objectif de l'OMC ne suffit pas à elle seule à la libéralisation du commerce de l'énergie. Ainsi, des mesures supplémentaires doivent être prises pour ouvrir, sur une base non discriminatoire, l'accès aux pipelines et aux réseaux de transport ainsi qu'au système de distribution et aux installations de stockage. Ceci explique que les problèmes liés au commerce de l'énergie sont traditionnellement traités au niveau bilatéral ou régional. La sécurité énergétique est un autre aspect important qui distingue le commerce de l'énergie des autres métiers industriels et requiert des décisions complémentaires au niveau multilatéral. Il en est de même de l'impact de la consommation d'énergie sur l'environnement et de la promotion de l'efficacité énergétique. Pour toutes ces raisons, le droit général des organisations internationales a du mal à saisir l'ensemble des spécificités de la matière énergétique.

En la matière, le GATT qui a réglementé le commerce international des marchandises pendant près de 50 ans n'a par ailleurs pas généré d'accord spécifique concernant le secteur de l'énergie. Les raisons de cette situation s'expliquent par la non-participation initiale des exportateurs d'énergie à l'Accord du GATT et parce que le commerce transfrontière de l'énergie n'était pas très développé au moment des négociations du GATT. À cette époque, le commerce des produits pétroliers ne se heurtait en effet pas encore à des obstacles d'accès aux marchés ni aux restrictions à l'exportation. C'est par la suite que les choses ont changé. La crise pétrolière des années 1970 et 1980 a donc incité certains pays développés, comme les États-Unis, à demander que la question des restrictions à l'exportation soit inscrite à l'ordre du jour du Tokyo Round des années 1970. La résistance de nombreux pays exportateur a toutefois rendu cela à l'époque impossible. Dans les années 1980, avant la création de l'OMC qui a succédé au GATT, la question des politiques énergétiques et des restrictions à l'exportation fut débattue lors du cycle d'Uruguay mais sans plus de succès quant aux résultats. Il fallut donc attendre la création de l'OMC en 1995 et surtout, par la suite, l'adhésion d'États fortement consommateurs comme la Chine, de grands États producteurs comme l'Arabie saoudienne puis la Russie et de pays de transit comme l'Ukraine pour qu'un nouveau paysage énergétique international puisse se dessiner. À partir de là, s'est trouvée posée la question de savoir comment les politiques énergétiques des États membres pouvaient être affectées par les règles de l'OMC.

Au sein de l'OMC, deux approches divergent en matière énergétique. Certains États souhaitent limiter les négociations sur le commerce à l'accès aux marchés et aux questions liées au commerce. D'autres États souhaitaient élargir les débats aux problèmes plus vastes de l'accès aux ressources naturelles des pays et aux pratiques commerciales restrictives. Ces derniers ont donc essayé d'élargir la portée des négociations en proposant que les règles sur les produits concernés ne se limitent pas aux seules questions d'accès au marché mais couvrent également la production, l'accès aux fournitures et les pratiques commerciales restrictives. Au final, tous les produits énergétiques échangeables tels que le charbon, le pétrole et le gaz naturel sont aujourd'hui couverts par l'Accord général sur les tarifs douaniers et le commerce de 1994 et d'autres accords multilatéraux sur le commerce des marchandises. De son côté, l'Accord général sur le commerce des services (AGCS) couvre tous les secteurs de services, incluant également les services énergétiques. Pour autant, ces instruments juridiques ne traitent de l'énergie que de manière indirecte et du seul point de vue de la liberté du commerce et non de manière spécifique.

Le Traité sur la Charte de l'Énergie est en la matière plus ouvert aux spécificités énergétiques. En effet, le Traité sur la Charte de l'énergie est un traité multilatéral contraignant spécifique au secteur de l'énergie. Le processus qui mena à la Charte de l'énergie débuta avec l'effondrement de l'Union soviétique. À cette époque, il y avait un besoin de ressources énergétiques en Europe occidentale et un besoin des anciennes républiques soviétiques de poursuivre les investissements pour explorer et exploiter leurs ressources énergétiques. Pour les pays producteurs d'énergie sur le territoire de l'ex-Union soviétique, l'exportation d'énergie était à cet égard souvent leur principale source de revenus. Mais, pour sécuriser les investisseurs et promouvoir le développement de leurs économies en transition, ils devaient moderniser leurs infrastructures et leurs technologies énergétiques. Ainsi, la Déclaration de la Charte européenne de l'énergie fut-elle tout d'abord signée en 1991 en réaction à l'effondrement de l'URSS. Ce document n'était pas un accord contraignant mais plutôt une déclaration de principes communs entre les États signataires. Ce fut un instrument politique avant de devenir un instrument juridiquement contraignant avec le Traité sur la Charte de l'énergie de décembre 1994. Ses deux objectifs étaient la sauvegarde de la sécurité de l'approvisionnement énergétique de l'Occident et la fourniture des capitaux et des technologies nécessaires à l'exploration et à l'exploitation des ressources énergétiques à l'Est. En pratique, son objectif était de créer les conditions qui stimulent le flux des investissements privés et la participation des entreprises privées à l'exploitation énergétique orientale. L'objectif plus large du processus de la Charte de l'énergie était également de servir de fondement politique et juridique à la coopération Est-Ouest à venir. Aujourd'hui, le Traité sur la Charte de l'énergie de 1994 est donc le premier et le seul instrument juridique dans le domaine de l'énergie ouvert à tous les pays de la chaîne énergétique. Il s'agit des États producteurs, des États consommateurs et des États de transit. Il a une dimension mondiale comprenant 50 États membres, plus de 20 États observateurs et plus de 10 organisations internationales en tant qu'observateurs. Sont notamment parties au Traité des pays comme le Japon, la Mongolie et les États d'Asie centrale du Kazakhstan, de l'Ouzbékistan, du Turkménistan, du Tadjikistan et du Kirghizistan. Sont observateurs des pays comme les États-Unis, le Canada, la Chine, l'Algérie, le Venezuela et de nombreux pays producteurs d'énergie du Moyen-Orient. Enfin, la Russie qui en était initialement partie s'en est retirée en 2009.

En pratique, les objectifs du Traité sont, d'une part, de promouvoir une coopération à long terme dans les domaines de l'énergie, fondée sur les complémentarités et les avantages mutuels (art. 2) et, d'autre part, de travailler à promouvoir l'accès aux marchés internationaux des produits énergétiques (art. 3). Sa fonction est également de développer une confiance accrue des investisseurs et de la communauté financière et de favoriser l'investissement et les flux commerciaux entre les membres. Au-delà, l'aspect positif du Traité sur la Charte de l'énergie est de fournir, dans les domaines de l'énergie et de la coopération internationale, un cadre multilatéral, transparent et prévisible de négociation et de règlement des différends. À tous ces égards, ce traité est le premier instrument contraignant dans le domaine de l'énergie qui promeut la protection des investissements étrangers, détaille les principes du transit énergétique et organise les mécanismes de règlement des différends. Pour finir, son article 18 s'adosse au respect du principe de la souveraineté nationale sur les ressources énergétiques. La Charte ne prévoit donc pas d'obligation d'ouvrir le secteur national de l'énergie à des investisseurs étrangers et de développer des ressources énergétiques non conformes aux objectifs de la politique nationale. Sur cette base, la structure du Traité développe deux types de normes internationales. La partie du droit dur lie les États membres en matière de protection des investissements, de commerce et de transit. La partie non contraignante contient des dispositions dans les domaines de l'efficacité énergétique, des questions environnementales, de l'accès au capital, des transferts de technologie et des questions de concurrence.

Le Traité a également pour objectif de mettre en place un cadre juridique approprié afin de promouvoir une coopération à long terme dans le domaine de l'énergie fondée sur des complémentarités et des avantages mutuels conformément aux objectifs et principes de la Charte. Il couvre de nombreuses questions telles que le libre-échange des produits liés à l'énergie fondé sur les règles du GATT et de l'OMC, la liberté de transit notamment par le biais d'un protocole de transit, la protection et la promotion des investissements étrangers notamment par le biais du mécanisme juridique du traitement de la nation la plus favorisée, l'approvisionnement énergétique sécurisé, l'efficacité énergétique et le développement économique durable. Son spectre est par ailleurs d'autant plus large qu'il s'applique à l'ensemble des produits énergétiques et des matériaux et équipements liés à l'énergie. Dans ce cadre, le nombre des domaines couverts par le Traité a augmenté au fil des ans. Les activités et les priorités du Traité dans les années 1990 étaient largement axées sur la production et l'approvisionnement en énergie. Vers la fin des années 90 et dans les années 2000, l'attention s'est déplacée pour inclure l'ensemble de la chaîne de valeur y compris le commerce, le transit et la sécurité énergétique. Plus récemment, le Traité s'est ouvert aux domaines de l'efficacité énergétique et de la protection de l'environnement. Pour les États européens et l'Union européenne, l'objectif du Traité est enfin également d'exporter le modèle occidental de l'État de droit et l'acquis énergétique de l'UE vers les anciens États soviétiques. Dans son corpus, Le Traité comprend enfin deux types de protection des investissements. D'une part, il offre une protection contre certains risques politiques et réglementaires clés que sont les risques de nationalisation et d'expropriation, les violations des contrats d'investissement individuels et les restrictions injustifiées au transfert de fonds. D'autre part, il contient des obligations contraignantes comme les principes de non-discrimination, le traitement de la nation la plus favorisée et le libre transit et des recommandations non contraignantes. L'objectif de protection des investissements est enfin consolidé par l'accès à des mécanismes internationaux contraignants de règlement des différends. Le Traité prévoit ainsi un arbitrage d'État à État et d'investisseur à État. Ce dernier mécanisme donne à l'investisseur un accès direct au forum d'arbitrage d'investissement du CIRDI tout comme au ICC Stockholm ou au CNUDCI. Les sentences rendues en vertu de ces mécanismes sont définitives et directement exécutoires.

L'Accord de libre-échange nord-américain (ALENA) est également spécifique parmi les traités internationaux par son traitement spécifique de l'énergie. Négocié entre le Canada, le Mexique et les États-Unis et entré en vigueur en 1994 avant d'être remplacé en 2020 par l'ACEUM (Accord Canada - États-Unis - Mexique), l'ALENA contient un ensemble de dispositions spécifiques au commerce de l'énergie et aux produits pétrochimiques de base, ainsi qu'à l'investissement et au commerce transfrontalier des services associés à ces produits. L'ALENA impose ainsi à ses trois signataires un certain nombre d'obligations qui viennent s'ajouter à celles résultant de leur adhésion à l'OMC. Dans une certaine mesure, ses règles rééquilibrent les intérêts des États en mettant davantage l'accent sur la question de l'accès aux ressources. Dans ce cadre, son article 302 exige le démantèlement progressif des tarifs intra-ALENA sur les produits industriels, y compris les produits énergétiques et la pétrochimie de base, tandis que l'article 1102 introduit les principes de traitement non discriminatoire en matière d'accès au marché et dans les échanges transfrontaliers de services et de capitaux. Au-delà, les dispositions spécifiques de l'ALENA en matière d'énergie sont contenues dans son chapitre 6. Dans celui-ci, l'article 602 a tout d'abord une portée extrêmement large puisqu'il couvre toutes les formes d'énergie, de l'uranium aux combustibles fossiles. Il couvre également les produits pétroliers qui peuvent être brûlés comme combustibles tels que le diesel, le kérosène et les lubrifiants. La catégorie des biens énergétiques concernés comprend également les équipements utilisés dans les différents segments de l'industrie de l'énergie allant des machines d'exploration et de forage aux équipements de raffinage et électriques tels que les turbines et les équipements solaires voltaïques ou éoliens. Le champ d'application de ce chapitre s'étend enfin à toutes les activités de production, de commerce et d'investissement. Au-delà, les articles 603 et 604 de l'ALENA limitent les obstacles aux importations et aux exportations sous forme de contingentement. L'article 606, paragraphe 3, limite également la capacité des parties à segmenter le marché en maintenant artificiellement les prérogatives des marchés intérieurs. L'article 605 vise enfin à renforcer la sécurité mutuelle des approvisionnements et la stabilisation des prix dans la région de l'ALENA.

Au résultat, si la suppression des barrières tarifaires aux marchandises constitue un pilier clé de la libéralisation des échanges dans le cadre de l'ALENA, elle n'a eu cependant que des effets modestes sur le commerce des produits énergétiques et pétrochimiques de base et a introduit des disparités dans les obligations des parties. À la demande du Mexique, l'article 601 limite en effet la portée de l'objectif de libéralisation à ce que prévoient les constitutions des Parties dont il résulte de nombreuses exemptions au Traité. Même chose lorsque le Mexique introduit des réserves à l'article 605. Du point de vue mexicain, l'objectif des réserves est que l'ensemble du secteur des hydrocarbures reste entre les mains de la compagnie pétrolière nationale Pemex et que le pays ne soit pas incité à réformer son secteur énergétique. En matière de déséquilibres, la clause de proportionnalité entre les États-Unis et le Canada a également introduit un mécanisme de déséquilibre au détriment du Canada. Il interdit au Canada d'adopter des mesures qui feraient en sorte que les exportations de pétrole brut ou de gaz naturel vers les États-Unis tombent en deçà de la proportion prévalant au cours des trente-six mois suivant la signature du Traité et correspondant à plus de 60 % de la production canadienne. Il en résulte qu'un pourcentage élevé de fournitures canadiennes doit être constamment disponible à la vente aux Etats-Unis même si le Canada n'est pas en mesure de répondre à ses propres besoins énergétiques intérieurs.

c) La gestion juridique des différends énergétiques internationaux

Les différends énergétiques internationaux varient en nature, en forme et en complexité en fonction des situations. Ces litiges sont tout d'abord des litiges territoriaux ou frontaliers pour l'appropriation des gisements de ressources naturelles énergétiques sous terre et en mer. C'est particulièrement le cas des litiges maritimes du fait de l'importance sans cesse croissante de l'exploration et de l'exploitation offshore du pétrole et du gaz. Sous réserve des deux Guerres Mondiales et des guerres du Golfe, rares sont toutefois les cas où il en résulte un emploi de la force. Les dernières décennies ont en outre montré la propension du recours aux solutions pacifiques en la matière lorsque l'investisseur est privé. Le juge ou l'arbitre international y joue alors un rôle clé. Les litiges énergétiques en question concernent notamment l'expropriation des investissements et des sociétés d'hydrocarbures ou encore le calcul des coûts et des bénéfices dans le cadre des contrats de partage de production. En matière de différend énergétique, il existe par ailleurs une différence fondamentale entre les situations litigieuses du commerce et de l'investissement. Les accords internationaux d'investissement s'intéressent aux droits individuels des entreprises concernées et non aux échanges d'État à État. Les traités d'investissement accordent ainsi aux investisseurs privés le droit de demander une indemnisation à l'État hôte pour violation de la protection accordée par le Traité. En revanche, les différends commerciaux restent des affaires mettant aux prises des acteurs souverains. En matière énergétique, il y a peu de différends commerciaux par rapport au niveau élevé de différends concernant les investissements. Dans le cadre du système de règlement des différends de l'OMC, le nombre de différends commerciaux liés à l'énergie est en effet faible. Il en est toutefois particulièrement ainsi parce que nombre des principaux pays exportateurs d'énergie ne sont pas encore membres de l'OMC. C'est le cas de l'Algérie, de l'Azerbaïdjan, de l'Iran, de l'Irak, du Kazakhstan, de la Libye ou du Turkménistan. D'autres ne l'ont rejoint que très récemment comme la Russie et l'Arabie saoudite. Enfin, dans le domaine du commerce de l'énergie, les mesures restreignant les flux de produits énergétiques ne sont généralement pas imposés par les pays importateurs d'énergie qui sont le plus souvent membres de l'OMC mais plutôt par les pays producteurs et exportateurs d'énergie qui ne sont pas membres de l'OMC.

Cinq éléments sont en train de reconfigurer la géopolitique mondiale de l'énergie. Il s'agit du renforcement des contraintes climatiques, de la réémergence des États-Unis comme premier producteur énergétique mondial, de la permanence du poids énergétique des pays du Golfe et de la Russie, de l'arrivée sur le marché de nouveaux acteurs étatiques et enfin du poids pris par la Chine et l'Inde dans la consommation mondiale d'énergie. Sur le premier élément, il a été calculé que le réchauffement climatique pourrait être limité à 1,5 ° C en cas de neutralité carbone atteinte en 2050, à 2 ° C si ce cap est obtenu en 2070 et à 2,5 ° C s'il est obtenu en 2100. Dès lors, la question est celle des moyens nécessaires en vue d'atteindre cette neutralité carbone dans un contexte international marqué par une grande divergence des intérêts économique et des moyens des pays concernés comme l'a récemment montré la COP 26 de Glasgow. Dans un contexte où la consommation mondiale d'énergie devrait encore augmenter de 50 % en 2030 par rapport à 2005, cet objectif passe par une réduction drastique de la consommation de charbon et des hydrocarbures au profit du nucléaire et des renouvelables. Dans une phase intermédiaire, cela devrait se traduire par un accroissement de la consommation de gaz en tant que substitut au charbon parce que le gaz est moins générateur de gaz à effet de serre que ce dernier. Aussi, la production annuelle de gaz naturel qui était de 3,9 milliards de m3 en 2018 avant la crise de la covid devrait continuer à progresser à l'horizon 2030/2040. Au sein de cette production de gaz naturel, la part des gaz de roche mère devrait également croître de façon notable.

Grâce aux hydrocarbures de roche mère, les États-Unis qui était alors le premier importateur mondial de pétrole et de gaz en est devenu le premier producteur mondial. Sa production de pétrole est ainsi passée de 333 à 747 millions de tonnes entre 2010 et 2019 et sa production de gaz de quelque 230 millions de m3 en 2010 à plus de 600 millions de m3 en 2019. L'ensemble ne devrait par ailleurs pas atteindre son pic avant 2030 même si la caractéristique des gisements de roche mère est qu'ils s'épuisent plus rapidement que les gisements conventionnels. La Russie et l'Arabie saoudite sont les 2e et 3e producteurs de pétrole avec des productions respectivement de 570 et 560 millions de tonnes en 2019. La Russie est également le premier exportateur de gaz naturel à destination de l'Europe et maintenant de la Chine avec une production annuelle de l'ordre de 650 milliards de m3. Enfin, la géographie mondiale de la production d'énergie s'est enrichie de nouveaux acteurs. Le Canada bénéficie aujourd'hui de ses immenses réserves de pétrole et de gaz de roche mère et sa production annuelle de pétrole est de 275 millions de tonnes de pétrole. Le Brésil est devenu un grand producteur de pétrole avec une production de 150 millions de tonnes annuelle grâce à la découverte récente d'importants gisements en eaux profondes au large de ses côtes. Enfin, les réserves énergétiques de l'Afrique sont également très importantes notamment en offshore offrant un fort potentiel de progression même si la production du continent n'est encore que de 400 millions de tonnes de pétrole par an. Les principaux gisements se trouvent dans le golfe de Guinée, au Nigeria, en Angola, au Gabon, au Ghana, au Niger et au Mozambique.

Pour ce qui la concerne, la Chine concentre aujourd'hui 24 % de la consommation mondiale d'énergie primaire et 18,5 % de sa production mondiale. Elle est le premier producteur mondial de charbon avec une production de 3,8 milliards de tonnes, le 4e producteur de gaz naturel avec une production de 191 Gm3 et le 6e producteur de pétrole avec une production de 195 millions de tonnes. Elle est également le premier importateur mondial d'énergie avec des volumes de, respectivement, 505 millions de tonnes pour le pétrole, 125 Mds m3 pour le gaz et 306 millions de tonnes pour le charbon. Compte tenu du dynamisme de sa croissance économique, cette situation devrait continuer à s'amplifier à l'horizon 2030 avec, à ce moment, un mouvement de bascule au profit de la consommation indienne d'énergie. Celle-ci se situe au 3e rang mondial pour sa consommation derrière les États-Unis et la Chine avec, toutefois, une faible consommation par habitant. Elle est au 5e rang pour ses réserves de charbon qui correspondent à 10 % des réserves mondiales et au 2e rang en production derrière la Chine. Ses réserves de pétrole et de gaz sont toutefois inférieures à 1 % des réserves mondiales avec des productions qui ne couvrent que 16 % de sa consommation de pétrole et 45 % de sa consommation de gaz. Elle se situe donc au 2e rang mondial pour ses importations de pétrole et de charbon. Ses énergies renouvelables couvrent toutefois 23 % de sa consommation d'énergie primaire.

Au-delà des particularismes, il existe des spécificités communes aux litiges énergétiques. Première spécificité, une grande partie des différends énergétiques concernent des États. C'est le cas directement lorsque l'État signe lui-même un accord ou un contrat et indirectement lorsque le contrat est signé par une entreprise nationale. Deuxième spécificité, les conflits énergétiques ont développé leurs propres techniques de résolution qui se sont ensuite étendues à toutes les industries. C'est tout particulièrement le cas du recours à l'arbitrage. Il y a deux raisons principales à cela. D'une part, l'arbitrage est une méthode consensuelle de règlement des différends qui a souvent la faveur des Parties au contrat. D'autre part, la raison en est que les États se sentent moins dépendants de la décision d'un tiers quand ils peuvent choisir leurs propres juges et les règles applicables. Au plan de la procédure les parties à l'arbitrage choisissent le tribunal compétent et la loi nationale applicable. Fréquentes sont également les procédures d'arbitrage gérées de manière confidentielle dans lesquelles les sentences ne sont pas divulguées pour des raisons de sauvegarde du secret des affaires. Dans la pratique, l'arbitrage est le fait de professionnels de l'activité commerciale internationale qui possèdent des connaissances académiques. Troisième spécificité, les litiges concernant les investissements énergétiques portent le plus souvent sur l'interprétation qu'il convient d'avoir des règles de droit international public relatives aux notions d'état de nécessité, d'ordre public ou d'intérêt essentiel pour la sécurité de l'État. De même en est-il des principes généraux de non-discrimination, de traitement juste et équitable et de compensation en cas d'expropriation. Les litiges portent également sur le paiement des dommages et intérêts dus en cas de violation d'une obligation contractuelle. Contrairement au système de l'OMC, il n'y a enfin généralement pas d'appel des sentences arbitrales.

2) La régulation juridique européenne de l'énergie

L'action européenne dans le domaine de l'énergie est relativement récente. En dehors d'EURATOM, le domaine de l'énergie fut, de manière assez lâche, longtemps couvert par le Traité de Rome instituant les Communautés Economiques Européennes qui n'avaient pas de compétence particulière dans le domaine de l'énergie. Il fallut donc attendre l'article 194 du Traité de Lisbonne du 13 décembre

2007 pour qu'il en soit autrement. Sur cette base, l'Union européenne a aujourd'hui pour objectif la construction d'un marché unique de l'énergie répondant aux critères de la liberté du commerce et de l'efficacité énergétique. Ses deux principaux acteurs en sont la Commission européenne et la Cour de Justice de l'Union européenne.

a) L'objectif juridique européen de construction d'un marché intérieur de l'énergie

L'Union européenne est avant toute chose un grand marché intérieur en voie de construction régi par les principes respectivement de libre circulation des biens, des personnes et des capitaux, d'une part, et de libre concurrence entre entreprises, d'autre part. Ces principes s'imposent donc au domaine de l'énergie dans la mesure où l'énergie est un bien et où son marché se doit d'être concurrentiel. Le socle juridique qui s'applique à la matière est composé dans le premier cas de la libre circulation des biens des articles de droit européen relatifs à l'union douanière. Les articles 28 à 33 du Traité sur le Fonctionnement de l'Union européenne (TFUE) suppriment ainsi les droits de douane entre les États membres et établissent un tarif douanier commun à l'égard des pays tiers. Les articles 34 et 35 du TFUE disposent que les restrictions quantitatives à l'importation et à l'exportation et toutes les mesures d'effet équivalent sont interdites entre les États membres. Dans ce cadre, les mesures adoptées par un État membre ayant pour objet ou pour effet de traiter moins favorablement les produits en provenance d'autres États membres sont considérées comme des mesures d'effet équivalent à des restrictions quantitatives à l'importation. De même, toutes les mesures qui empêchent les marchandises importées d'accéder au marché sont considérées comme des mesures d'effet équivalent. Enfin, l'article 63 interdit toutes les restrictions aux mouvements de capitaux entre les États membres. En pratique, les premières décisions concernant les monopoles d'importation et d'exportation d'énergie ont été rendues en 1997 dans plusieurs affaires qui opposèrent la Commission aux Pays-Bas, à l'Italie, à la France et à l'Espagne. Concernant la France, la Cour a établi que les droits exclusifs accordés aux sociétés françaises EDF et GDF établissaient une différence de traitement leur fournissant un avantage particulier sur le marché intérieur français contraire aux objectifs du Traité. Par ailleurs, ce n'est que de façon très restrictive que la CJUE reconnut la possibilité d'exemptions au nom du principe de la sécurité de l'approvisionnement énergétique. Elle justifia son raisonnement notamment en rappelant que les marchés qui fonctionnent bien sont ceux qui assurent également la sécurité de l'approvisionnement énergétique. De la même manière, la CJUE a établi qu'un État membre ne peut justifier une restriction à la libre circulation des marchandises pour des motifs purement économiques ou environnementaux sauf lorsque, dans le cas de la promotion des énergies renouvelables, les mesures en cause sont proportionnées au but poursuivi.

Au titre du marché intérieur européen, le secteur de l'énergie des Communautés était encore, jusqu'aux années 1990 et à l'exception du pétrole et du charbon, fortement compartimenté au niveau national et, dans chaque nation européenne, soumis au régime d'un monopole énergétique public se caractérisant par peu de commerce énergétique transfrontalier. L'organisation des secteurs de l'énergie était ainsi largement laissée aux États membres parce que l'énergie était encore considérée comme un domaine de la souveraineté nationale vital pour ces pays. Certains pays comme la France, la Belgique, l'Italie et l'Espagne disposaient alors d'un système de monopole d'État avec des sociétés nationales exclusivement compétentes. D'autres pays membres comme l'Allemagne, les Pays-Bas et le Danemark étaient plus tempérés avec un monopole d'État pour la production et le transport d'énergie et des entreprises privées pour la distribution d'énergie. Il en résultait une intégration complète à l'échelle nationale des activités respectivement de production, de transport et d'approvisionnement des consommateurs industriels et domestiques qui n'avait pas d'équivalent à l'échelon communautaire. Dans ce cadre, presque toutes les sociétés énergétiques vivaient repliées sur leurs pré-carrés nationaux et il n'est donc pas surprenant que les obligations relatives au marché unique du Traité CE soient restées, jusqu'à une date récente, lettre morte dans le secteur de l'énergie. Il en résulte que la libéralisation du marché européen de l'énergie est relativement récente. Ce n'est en effet que dans les années 1980 que le processus a été engagé. Sur la base de modèles provenant des États-Unis et du Royaume-Uni, les États membres de l'UE ont commencé à faire progressivement éclater le système des monopoles énergétiques centrés sur le rôle de l'État qu'ils avaient connus au cours des différentes phases de reconstruction des économies nationales après la Seconde Guerre mondiale.

Dans le nouveau paradigme de l'économie de marché de l'énergie, la sécurité de l'approvisionnement doit être assurée par les opérateurs du marché et le rôle des gouvernements doit être réduit au maximum. Du point de vue des consommateurs, la concurrence voulue a pour objectif de créer une tension à la baisse sur les prix et de réduire les relations hiérarchiques au profit du développement de relations commerciales à caractère contractuel. De son côté, le régulateur devient le garant du libre jeu des forces du marché dont la fonction est de surveiller la puissance des entreprises et d'intervenir si nécessaire pour contrer les effets d'abus de position dominante. Dans sa quête d'européanisation et de libéralisation des marchés de l'énergie, la Commission a enfin appuyé sa stratégie-cadre sur un certain nombre d'instruments. Il s'agit des directives de la Commission elle-même, des actions judiciaires engagées en cas de manquement des États membres à leurs obligations de libéralisation et des politiques d'harmonisation mises en place. Au début, la Commission s'est appuyée sur l'article 90, paragraphe 3, CEE devenue article 86, paragraphe 3, CE et maintenant 106, paragraphe 3, TFUE. Cet instrument fut tout d'abord utilisé pour libéraliser les marchés des télécommunications avant de s'étendre aux marchés de l'énergie. La première directive de la Commission en la matière chercha à clarifier les relations financières entre les États membres et les entreprises publiques nationales. Puis, respectivement en 1989 et à l'été 1991, la Commission a présenté des propositions de directives sur la concurrence dans les marchés de l'électricité et du gaz naturel. En 1993, la ratification du Traité sur l'Union européenne a ensuite apporté un soutien décisif en faveur de la libéralisation de l'énergie. L'énergie dans son ensemble ayant été ajoutée au catalogue des compétences de l'UE, le mandat pour l'harmonisation du marché intérieur de l'énergie est alors devenu opérant. Sur ces bases, la Commission a engagé des actions judiciaires contre plusieurs États pour manquement à leurs obligations découlant du Traité. En ce qui concerne les importations, le stockage et la fourniture de gaz naturel de même que les importations ou les exportations d'électricité, la Commission a également fait valoir que les droits exclusifs des États y étaient contraires à ce qui est maintenant l'article 37 TFUE afin d'obliger les États membres à éliminer progressivement les situations de monopoles. Enfin, le marché intérieur de l'énergie a fait l'objet de plusieurs séries d'orientations et de réglementations successives regroupées en paquets législatifs qui furent le premier paquet de 1996/1998 avec la directive 1996 pour le marché de l'électricité et la directive 1998 sur le marché du gaz, puis, un deuxième paquet en 2003 et le troisième paquet en 2009.

La libéralisation des marchés de l'énergie a ainsi commencé en 1996 pour l'électricité (Directive 96/92 / CE) et en 2000 pour le gaz naturel (Directive 98/30 / CE). La première mesure prise par la Commission a été de faire adopter par le Conseil une directive sur la transparence du marché. Sur la base de la compétence de l'UE pour demander aux États membres des informations pertinentes pour les tâches confiées à la Commission, la directive visa à fournir, par l'intermédiaire de l'office statistique de l'UE (Eurostat), des informations agrégées sur les prix, les conditions et les volumes des ventes de gaz et d'électricité. Selon les considérants de la directive, son objectif était d'obtenir une transparence des prix nécessaire au fonctionnement de la concurrence sur le marché commun et permettant d'identifier les imperfections du marché. La transparence des prix est en effet considérée comme l'outil majeur permettant d'accroître la liberté de choix des consommateurs et le premier instrument de bon fonctionnement d'un marché de l'énergie. La seconde étape franchie par la Commission concerna le transit énergétique au regard duquel l'existence de monopoles de transport légalement constitués constituait un obstacle important. Sans pour autant déboucher sur une obligation d'accès des tiers aux réseaux de transport, les directives transit ont au moins introduit dans la législation européenne une forme d'accès réglementé aux transports énergétiques. Lors du sommet de Lisbonne des 23 et 24 mars 2000, les chefs d'État et de gouvernement ont enfin affirmé leur volonté d'accélérer la libéralisation dans les domaines du gaz et de l'électricité dont il résulta un deuxième paquet énergie. Le Conseil de l'Union européenne du 25 novembre 2002 s'engagea dans la voie d'une libéralisation de ces marchés pour les clients non résidentiels au 1er juillet 2004 suivi d'une ouverture complète pour tous les clients au plus tard le 1er juillet 2007. Il en résulta plusieurs textes adoptés en juin 2003 qui sont le Règlement (CE) n°1228/2003 sur les conditions d'accès au réseau pour les échanges transfrontaliers d'électricité, la Directive 2003/54 / CE concernant des règles communes pour le marché intérieur de l'électricité abrogeant la Directive 96 / 92 / CE et la directive 2003/55 / CE concernant des règles communes pour le marché intérieur du gaz naturel abrogeant la Directive 98/30 / CE. Enfin, le troisième paquet énergie fut introduit en janvier 2007 et adopté le 13 juillet 2009. Il comprend cinq textes dont deux directives nécessitant des mesures de transposition en droit national. Il s'agit du Règlement (CE) n° 713/2009 instituant une agence de coopération des régulateurs de l'énergie, du Règlement (CE) n° 714/2009 sur les conditions d'accès au réseau pour les échanges transfrontaliers d'électricité abrogeant le Règlement (CE) n° 1228 / 2003, du Règlement (CE) n° 715/2009 sur les conditions d'accès aux réseaux de transport de gaz naturel abrogeant le Règlement (CE) n° 1775/2005, de la Directive 2009/72 / CE concernant des règles communes pour le marché intérieur de l'électricité abrogeant la Directive 2003/54 / CE et de la Directive 2009/73 / CE relatives aux règles communes pour le marché intérieur du gaz naturel abrogeant la Directive 2003/55 / CE.

b) Droit de l’énergie et autres règles de concurrence

En matière de libre concurrence au sein de l’Union européenne, l’article 3 du TFUE dispose tout d’abord que l’UE a une compétence exclusive pour établir les règles de concurrence nécessaires au fonctionnement du marché intérieur. À partir de là, le droit de la concurrence vise à empêcher les comportements et les structures de marché non-concurrentielles préjudiciables aux consommateurs. Ceux-ci étant libres de choisir leur fournisseur d’énergie. Le droit européen de la concurrence renvoie enfin au contenu des articles 101 et 102 TFUE ainsi qu’aux dispositions du

Traité de Lisbonne applicables aux fusions-acquisitions qui ont tous pour fonction d'empêcher les abus de pouvoir de marché d'une manière qui fausse ou restreigne la concurrence. Dans le premier cas de l'article 101 TFUE, l'interdiction s'applique à toute forme de coopération (accords, décisions ou pratiques concertées) qui supprime le risque de concurrence sur le marché en fixant les prix d'achat ou de vente ou, encore, en partageant les marchés ou les sources d'offre. Dans ses modalités, l'article 101 TFUE s'applique aux coopérations horizontales et verticales. La coopération est horizontale lorsque tous les concurrents opèrent au même niveau de production. Elle est verticale lorsqu'il existe une coopération entre des acteurs à différents niveaux de la chaîne d'approvisionnement d'un produit qui signifie qu'ils ne sont pas concurrents sur les mêmes marchés. Dans le domaine de l'énergie, l'article 101 fut par exemple applicable à l'accord entre GDF et l'allemand E.ON au terme duquel il fut décidé qu'aucun des deux ne concurrencerait l'autre sur son propre marché de part et d'autre du pipeline Megal construit par les deux pays afin de connecter les réseaux de gaz naturel allemand et français. Dans le second cas de l'article 102, le premier alinéa de l'article 102 dispose qu'est *incompatible avec le marché intérieur et interdit, dans la mesure où le commerce entre les États membres est susceptible d'être affecté, le fait pour une ou plusieurs entreprises d'exploiter de façon abusive une position dominante sur le marché intérieur ou dans une partie substantielle de celui-ci.* Même s'il est difficile de fixer des pourcentages dont la valeur dépend également des marchés concernés, il est souvent considéré qu'une part de marché de 40 % est un seuil au-delà duquel une part de marché peut être considérée comme une position dominante. Il convient toutefois de considérer qu'en droit européen, ce n'est pas la position dominante qui est illicite mais son abus. Il y a abus lorsque l'entreprise dominante impose des prix déraisonnables ou discriminatoires ou cherche à empêcher l'entrée de nouveaux concurrents sur le marché ou à forcer les concurrents à le quitter. Dans le domaine des infrastructures énergétiques de transport, l'abus de position dominante résultera paradoxalement du refus de l'entreprise dominante de contracter avec un compétiteur pour l'utilisation de son infrastructure essentielle indispensable au maintien de l'activité concurrentielle dans un contexte où la réplique de cette infrastructure serait antiéconomique. Des actions ont été ainsi menées à l'encontre de GDF, d'E.ON et de RWE au titre de l'article 102 TFUE.

Toujours en matière de concurrence, il y a par ailleurs une spécificité matérielle du secteur de l'énergie en ce qu'il est, pour le gaz et l'électricité, une industrie de réseau que le droit doit prendre en compte. Ce caractère d'industrie de réseau se traduit par l'impossibilité économique de démultiplier les réseaux de transport à un coût acceptable et dans le risque corrélatif que le contrôle du réseau par un producteur de gaz ou d'électricité se traduise par des atteintes au principe de libre concurrence au moyen de l'éviction des concurrents. C'est la raison pour laquelle, l'Union européenne impose aujourd'hui la séparation effective entre la gestion des réseaux de transport, d'une part, et les activités d'approvisionnement et de production d'autre part dans les secteurs du gaz et de l'électricité. Cette séparation doit en effet permettre une meilleure concurrence au sein de l'Union en empêchant un opérateur d'avoir le contrôle de l'ensemble de la chaîne de production et de distribution. Cet objectif fit l'objet du troisième paquet législatif européen du 13 janvier 2009. En matière de séparation des activités de transport et de production, ces textes laissent aux États membres trois possibilités juridiques. La première qui a la préférence de la Commission est celle de la dissociation intégrale des structures de propriété par laquelle une entreprise de production ou de distribution ne peut être majoritaire dans une entreprise de transport. Ceci oblige donc les entreprises intégrées à vendre leur réseau de transport. La seconde option permet à l'entreprise intégrée de conserver la propriété du réseau de transport mais l'oblige à en confier la gestion à un opérateur indépendant qui est le gestionnaire de réseau indépendant. La troisième option, sur proposition franco-allemande, conserve la structure intégrée de l'entreprise tout en l'obligeant, sous le contrôle de l'autorité nationale de régulation de l'énergie, à ce que les deux branches d'activité de production et de transport soient gérées de manière indépendante. Par la suite, la directive du 16 avril 2019 imposa ce même principe de séparation des activités aux sociétés étrangères opérant sur le territoire de l'Union européenne. Ceci concerne tout particulièrement les fournisseurs étrangers d'énergie comme Gazprom. Pour ce faire, le droit européen impose aujourd'hui aux États membres l'existence d'une autorité nationale indépendante de régulation de l'énergie bénéficiant de l'autonomie budgétaire et dont les cadres sont doté d'un contrat à durée déterminée de cinq ans durant lequel ils sont inamovibles sauf faute grave. Le domaine de compétence de cette autorité est le contrôle des gestionnaires de transport et de distribution d'énergie, le respect du droit des tiers pour l'accès aux réseaux de transport et de distribution, la transparence des marchés de l'énergie et la protection des consommateurs. Au niveau de l'Union, fut également crée une agence de coopération des régulateurs de l'énergie qui est dotée de la personnalité juridique et qui a pour mission de surveiller les opérateurs nationaux, de veiller à leur coopération et de promouvoir l'interconnexion des réseaux au niveau de l'Union. Elle formule également des recommandations et peut saisir les institutions de l'Union en cas de problème.

Du point de vue des utilisateurs de réseaux, le corollaire de cette dissociation des activités de production et de transport est que rien ne doit empêcher les producteurs tiers d'énergie d'avoir accès aux réseaux de transport. Cette obligation prend sa source dans la théorie des facilité essentielles dégagée par les jurisprudences américaine et européenne. Les facilités essentielles sont des installations et des infrastructures de biens ou de services difficilement reproductibles, détenus par une entreprise en position dominante et dont l'accès est indispensable aux concurrents pour exercer leur activité sur le marché concerné. Son principe oblige le détenteur d'une facilité ou d'une infrastructure essentielles à en accorder l'accès à ses concurrents à certaines conditions dès lors qu'un tel moyen se révèle essentiel à l'existence et au développement de l'activité de ces concurrents sur un marché déterminé. Ceci concerne tout particulièrement le domaine des infrastructures de réseaux comme les transports dont d'énergies et les télécommunications. En pratique, la contrainte que fait peser la théorie des facilités essentielles sur les détenteurs d'actifs peut toutefois avoir pour effet d'affaiblir la rentabilité d'un investissement robuste initial. Au plan juridique, elle fait prévaloir le droit de la concurrence sur le droit de propriété et la liberté contractuelle. La notion d'essentialité telle qu'on la connaît aujourd'hui en Europe puise enfin sa source dans l'*essential facilities doctrine* américaine. La première référence qui en est faite date de 1912 et porte sur l'accès de tiers à l'infrastructure ferroviaire d'une entreprise exerçant un monopole d'accès à la ville de Saint-Louis. La Cour suprême américaine qui jugea l'affaire considéra que le refus d'accès de l'infrastructure aux concurrents constituait à la fois une restriction légale au commerce et un abus de position dominante. Par la suite, la question se posa de la même manière dans de nombreuses affaires aussi variées qu'en matière d'accès à des infrastructures électriques, téléphonique ou de domaine skiable. Dans l'ensemble de ses décisions, la jurisprudence américaine eut l'occasion de préciser les conditions d'application des *essential facilities*. Par la suite, la Cour prit néanmoins en 1983 un arrêt de principe restreignant l'application de la notion dans une affaire concernant l'accès à une infrastructure téléphonique. Elle le fit en imposant au plaignant 4 conditions cumulatives pour que sa requête en abus de position dominante soit recevable : l'effectivité du contrôle de la facilité essentielle par un unique opérateur - l'impossibilité raisonnable et pratique de la duplication de cette facilité essentielle - la possibilité de fournir à un concurrent un accès à la facilité essentielle - le refus de permettre à un concurrent d'accéder à la facilité essentielle.

En Europe, la jurisprudence européenne s'engagea dans la même voie que les États-Unis quelques décennies plus tard. Tout en rappelant que la condition de base de la facilité essentielle réside dans l'existence d'un actif donnant à son détenteur la maîtrise d'une activité donnée, elle ajouta à la doctrine américaine un certain nombre de compléments. Dans une décision du 15 septembre 1998, le Tribunal de première instance des Communautés européennes ajouta à l'impossibilité matérielle de constituer une infrastructure équivalente le coût prohibitif et le temps requis pour cette duplication. Dans le premier cas, le coût prohibitif peut notamment prendre la forme de prix d'accès arbitraires et non justifiés par rapport à la valeur de la prestation. D'une manière plus générale, elle considéra toutefois dans une décision du 26 septembre 1998 que la non-rentabilité économique de l'investissement dans l'infrastructure n'était pas suffisante en soi et qu'il y fallait également *des obstacles techniques, réglementaires et mêmes économiques qui soient de nature à rendre impossible* toute alternative. La jurisprudence tempéra également le dispositif en précisant que la validité du refus d'accès à la facilité essentielle pouvait résider, alternativement, dans la saturation de l'utilisation de cette dernière, dans la désorganisation de la gestion de l'actif générée ou dans le préjudice qui peut en résulter pour le consommateur. Elle compléta enfin le dispositif en élargissant le domaine de l'abus de position dominante d'une entreprise du seul refus sans raison valable d'accès à la facilité essentielle au fait de l'y autoriser à des *conditions moins favorables que celles qu'elle réserve à ses propres services* ou à des conditions non-raisonnables et/ou discriminatoires. Ainsi en décida la Cour des Communautés européennes dans ses décisions respectivement *B&I contre Sealink* du 11 juin 1992 dans le premier cas et *Sea Containers contre Sealink* du 21 décembre 1993 dans le second cas. Enfin, l'arrêt *Magill* du 6 avril 1995 de la Cour de Justice des Communautés Européennes précisa la doctrine de la jurisprudence européenne en matière d'application de la théorie des facilités essentielles au domaine des biens intellectuels en sanctionnant un abus de position dominante dans le refus d'accorder une licence d'édition.

Dans le prolongement, le régime des aides d'État constitue une branche du droit de la libre concurrence qui pèse sur le droit de l'énergie en vigueur dans la mesure où il peut y avoir distorsion de la concurrence lorsque l'État finance ou exonère de taxe certains secteurs énergétiques comme celui des énergies renouvelables. Le premier alinéa de l'article 107 TFUE applicable dispose en la matière que *sauf dérogations prévues par les traités, sont incompatibles avec le marché intérieur, dans la mesure où elles affectent les échanges entre États membres, les aides accordées par les États ou au moyen de ressources d'État sous quelque forme que ce soit qui faussent ou qui menacent de fausser la concurrence en favorisant certaines entreprises ou certaines productions.* Un certain nombre de critères cumulatifs doivent toutefois être remplis pour qu'une mesure relève de l'article 107, paragraphe 1 du TFUE. Premièrement, il doit y avoir intervention de l'État ou au moyen de ressources d'État. Deuxièmement, l'aide doit conférer au bénéficiaire un avantage sélectif qu'il n'aurait pas dû avoir dans des conditions normales de marché. Troisièmement, l'intervention doit être susceptible d'affecter le commerce entre États membres. Quatrièmement, elle doit fausser ou menacer de fausser la concurrence. Lorsque ces quatre critères cumulatifs sont remplis, une mesure est considérée comme une aide d'État. Comme bien d'autres industries, l'industrie de l'énergie est directement concernée par ce dispositif juridique. Il en est notamment ainsi parce que de nombreuses fonctions dans le secteur de l'énergie ne sont pas prises en charge par les seules forces du marché et que de nombreux problèmes ne peuvent être résolus par le seul marché. Une intervention de l'État est ainsi nécessaire dans des domaines tels que l'élimination progressive du charbon, les aides environnementales accordées comme les aides aux énergies renouvelables ou à l'efficacité énergétique ou encore le soutien aux services d'intérêt économique général tels que l'aide au développement des infrastructures transfrontalières. À titre d'exemple et en matière d'intervention de l'État, l'affaire *Preussen Elektra* de 2001 concerna un problème de tarifs de rachat dans lequel les sociétés de fourniture d'électricité étaient obligées d'acheter l'électricité produite à partir de sources d'énergie renouvelables à un prix fixe plus élevé que celle de l'électricité produite à partir d'énergies non renouvelables. La question fut alors de savoir si la compensation de l'État constituait une aide d'État. Dans ce cas, la Cour a rejeté le point de vue selon lequel les mesures de soutien mises en place par l'État mais financées par des entreprises privées relèvent de l'article 107, paragraphe 1 TFUE. La Cour a ainsi clairement adopté ici une interprétation très stricte de la notion de ressources d'État qui favorise l'intervention de l'État.

c) Le volet énergétique des politiques sectorielles de l'Union européenne

Pendant une longue période, de la reconstruction d'après-guerre des économies européennes aux années 80, l'histoire sectorielle de l'énergie de l'Union européenne (UE) fut essentiellement liée à la mise en œuvre du Traité de Paris de 1951 instituant la Communauté européenne du charbon et de l'acier (CECA), du Traité EURATOM de 1957 en matière nucléaire et des règles du Traité de Rome instituant la Communauté économique européenne (CEE) applicables à l'énergie. La CECA eut un double objectif à sa création qui était, en communautarisant la production et le commerce du charbon et de l'acier, d'une part, de contrôler le redressement allemand et sa capacité de production militaire et, d'autre part, de jeter les bases dans ces domaines d'un premier marché commun européen. Le premier volet de cet objectif est rapidement devenu obsolète en raison du début de la guerre froide et du réarmement de l'Allemagne. Le second volet le fut plus tard du fait de la substitution du pétrole au charbon et de deux décennies d'énergie abondante et bon marché. Il en résulta que le Traité CECA qui était de cinquante ans ne fut pas renouvelé à son extinction. De son côté, le Traité EURATOM ou CEEA (Communauté européenne de l'énergie atomique) eut pour fonction de promouvoir un développement européen conjoint dans les domaines de la recherche, du développement technologique, de l'approvisionnement en combustible nucléaire et de la sûreté nucléaires. Même si le Traité est toujours en vigueur et son organisation indépendante de celle de l'Union européenne, les résultats ne furent toutefois pas également à la hauteur des espérances. D'une part, les États membres continuèrent à s'approvisionner individuellement en uranium. D'autre part, ils divergèrent rapidement en matière d'engagement nucléaire, notamment à partir de l'accident nucléaire de Chernobyl en 1985. Enfin,

La France s'en désintéressa lorsqu'elle prit la décision de s'engager seule dans la voie du nucléaire militaire.

Au niveau de la CEE, les dispositions du Traité de Rome furent longtemps étrangères aux domaines de l''énergie et des politiques énergétiques. Il en résulta donc à l'origine un manque de base juridique solide capable de fonder une action européenne dans le domaine de l'énergie. Cela n'a cependant pas empêché l'adoption d'un important processus législatif européen en la matière au moyen du droit dérivé en prenant indirectement appui sur les compétences que les Communautés européennes avaient en matière environnementale. Grâce à la ténacité des de Commission et de la Cour de justice, l'absence de dispositions spécifiques sur l'énergie n'a donc nullement entravé l'action de l'Union européenne dans ce secteur de sorte que l'on a pu s'interroger un temps sur l'opportunité de mettre en place une politique énergétique spécifique puisque la base juridique indirecte offerte par les traités européens permettait d'atteindre les objectifs souhaités. Les choses ont toutefois commencé à changer avec la crise de l'énergie des années 1970 et 1980 et les premières tentatives de la Commission de développer un système européen de lutte respectivement contre la dépendance croissante aux importations de pétrole et de gaz ainsi que contre l'insuffisance des performances européennes en matière énergétique. Cela a entraîné la nécessité d'aller au-delà du cadre minimaliste d'une approche juridique indirecte au profit d'une politique énergétique européenne plus directive et globale. Telles furent les contributions du Traité avorté établissant une Constitution pour l'Europe de 2004 dit Rome II et surtout du Traité de Lisbonne sur le fonctionnement de l'Union européenne (TFUE) adopté en 2007 après le rejet référendaire du Traité constitutionnel en 2005.

Au plan chronologique, antérieurement au Traité de Lisbonne de 2007, le fondement juridique de l'action de l'UE susceptible d'impact énergétique puisa tout d'abord, de manière indirecte, sa source dans l'article 175 du Traité de Rome de 1957 devenus 191 et 192 du TFUE de Lisbonne relatif au développement durable. L'article 175 disposait que le Conseil statuant à l'unanimité sur proposition de la Commission *arrête... - les mesures affectant sensiblement le choix d'un État membre entre différentes sources d'énergie et la structure générale de son approvisionnement énergétique*. L'article 191 dispose notamment aujourd'hui que *la politique de l'Union dans le domaine de l'environnement contribue à la poursuite des objectifs suivants : - la préservation, la protection et l'amélioration de la qualité de l'environnement... - l'utilisation prudente et rationnelle des ressources naturelles, - la promotion, sur le plan international des mesures destinées à faire face aux problèmes régionaux ou planétaires de l'environnement, et en particulier la lutte contre le changement climatique. - La politique de l'Union dans le domaine de l'environnement vise un niveau de protection élevé, en tenant compte de la diversité des situations dans les différentes régions de l'Union. Elle est fondée sur les principes de précaution et d'action préventive, sur le principe de la correction, par priorité à la source, des attentes à l'environnement et sur le principe du pollueur-payeur. Dans ce contexte, les mesures d'harmonisation répondant aux exigences en matière de protection de l'environnement comportent, dans les cas appropriés, une clause de sauvegarde autorisant les États membres à prendre, pour des motifs d'environnement non économique, des mesures provisoires soumises à une procédure de contrôle de l'Union*... Avec des références plus directes à l'énergie, l'article 192 qui reprend pour partie l'article 175 du Traité de Rome dispose enfin qu'après consultation du Parlement européen, du Conseil économique et social et du Comité des régions, arrête à l'unanimité *les mesures affectant la gestion quantitative des ressources hydrauliques ou touchant directement ou indirectement la disponibilité desdites ressources* ainsi que *les mesures affectant sensiblement le choix d'un État membre entre différentes sources d'énergie et la structure générale de son approvisionnement énergétique*.

Il résulta de ce socle juridique imparfait puisant dans le droit dérivé une série de décisions européennes importantes en matière de promotion de l'efficacité énergétique ainsi qu'une directive 2009/28 / CE relative à la promotion des sources d'énergie renouvelables qui vise à accroître la part des énergies renouvelables dans le mix énergétique européen. Elle a été adopté avant le Traité de Lisbonne et donc avant l'adoption de l'article 194 TFUE en vertu de la compétence environnementale du Traité CE. Cette dernière directive vise à promouvoir l'utilisation des énergies renouvelables et a permis de formaliser dans le document Énergie 2020 la règle des trois 20 % : réaliser 20 % d'économies d'énergie grâce à une utilisation plus rationnelle de l'énergie et renforcer les ressources d'efficacité énergétique - augmenter de 20 % de la part des énergies renouvelables d'ici 2020 dans le mix énergétique européen - opérer 20 % de réduction des émissions de gaz à effet de serre par rapport à 1990. Pour atteindre l'objectif de ces trois 20 %, des investissements financiers importants sont préconisés en faveur de l'innovation et du développement technologique. Dans ce cas, les États membres n'en conservent pas moins la compétence pour développer, mettre en œuvre et faire appliquer les mesures grâce auxquelles l'objectif 2020 pourra être atteint. Un moyen d'y parvenir consiste notamment à utiliser différents régimes de soutien tels que les certificats verts, les tarifs de rachat ou les primes de rachat.

Puis, le Traité de Lisbonne de 2007 introduisit dans le droit européen l'article 194 TFUE qui donne directement à l'Union européenne une compétence partagée dans le domaine de l'énergie. Dans son premier alinéa, l'article 194 dispose que *dans le cadre de l'établissement ou du fonctionnement du marché intérieur et en tenant compte de l'exigence de préserver et d'améliorer l'environnement, la politique de l'Union dans le domaine de l'énergie vise, dans un esprit de solidarité entre les États membres : a) à assurer le fonctionnement du marché de l'énergie ; b) à assurer la sécurité de l'approvisionnement énergétique dans l'Union ; c) à promouvoir l'efficacité énergétique et les économies d'énergie ainsi que le développement des énergies nouvelles et renouvelables ; et d) à promouvoir l'interconnexion des réseaux énergétiques*. Le secteur de l'énergie est donc aujourd'hui régi par l'article 194 du Traité. Celui-ci prend la forme d'un traité-cadre qui établit un certain nombre d'objectifs principaux et fournit les procédures pour les atteindre. L'incidence de cette transformation juridique est double. D'une part, l'article 194 TFUE sert de base juridique pour approfondir les politiques sectorielles de l'énergie dont il résulta trois nouvelles directives : la directive efficacité énergétique du 11 décembre 2018 se substituant à celle de 2012, la directive performance énergétique des bâtiments du 30 mai 2018 et la directive du 11 décembre 2018 relative à la promotion de l'utilisation de l'énergie produite à partir de sources renouvelables. Sur cette base, la Commission fixa les grands objectifs énergétique pour 2030 qui sont, pour les objectifs contraignants, une réduction d'au moins 40 % des émissions de gaz à effet de serre et un pourcentage d'énergies renouvelables fixé à 32 % du mix énergétique européen et, pour les objectifs non contraignants, une amélioration de 32,5 % de l'efficacité énergétique. S'y ajoute l'objectif d'accroître de 15 % la capacité européenne d'interconnexion électrique en 2030 nécessitant d'importants investissements dans le domaine des infrastructures.

L'autre incidence de la compétence nouvelle de l'Union européenne en matière d'énergie instituée par l'article 194

TFUE réside dans la capacité nouvelle de l'Union à embrasser de manière globale la matière énergétique et à renforcer, par la même occasion, l'objectif d'une plus grande solidarité européenne en matière énergétique. Paradoxalement, dans le cadre d'une approche de type *bottom up* s'opposant à une approche *top down* imposant par le haut les décisions de l'Union aux États membres, ce nouveau dimensionnement européen issu de l'article 194 prit tout d'abord la forme d'une plus grande latitude laissée aux États membres en ce que ceux-ci fixent eux-mêmes, sous contrôle de la Commission, leurs propres objectifs et réalisations pour atteindre l'objectif global commun fixé au niveau de l'Union. Dans le prolongement, un Règlement du 11 décembre 2018 se propose de promouvoir une gouvernance de l'Union de l'énergie et du climat davantage transparente, coordonnée et cohérente. Ce même nouveau dimensionnement prit, d'autre part, la forme d'un projet d'union européenne de l'énergie qui, toutefois, au plan des formes du droit, relève de la soft law et non de la hard law. Il ne s'impose donc pas en tant que règle de droit à part entière parce qu'il n'en a pas tous les attributs juridiques et parce que sa portée est essentiellement déclaratoire. Il n'en est pas moins une orientation proposée par la Commission dans sa Communication du 25 février 2015 pour une stratégie d'Union de l'énergie plus intégrée et en vue d'une énergie sûre, soutenable, compétitive et à des prix raisonnables. Elle promeut confiance et solidarité en vue, notamment, de plus de sécurité énergétique commune notamment en matière de sécurité des approvisionnements, d'un renforcement de l'intégration du marché européen de l'énergie au moyen d'un accroissement des investissements dans le domaine des interconnexions de réseaux et du développement de l'innovation en matière d'énergie. Cet objectif se matérialisa enfin par la création d'un portefeuille de commissaire à l'énergie auprès de l'Union européenne.

Au-delà des principes et malgré un nombre croissant de directives et de réglementations allant dans le sens d'une plus grande solidarité énergétique européenne, l'objectif énergétique européen reste néanmoins difficile à atteindre. La principale difficulté vient du principe de subsidiarité permettant une différenciation nationale et du caractère discrétionnaire de nombre de décisions des pouvoirs publics prises dans l'élaboration des politiques énergétiques mises en œuvre. À cet égard, l'alinéa 2 de l'article 194 précise en effet que les mesures adoptées par l'Union *n'affectent pas le droit d'un État membre de déterminer les conditions d'exploitation de ses ressources énergétiques, son choix entre différentes sources d'énergie et la structure générale de son approvisionnement énergétique*. Par ailleurs, les règles de vote au sein de l'Union européenne limitent également les possibilités d'action énergétique de l'Union européenne. Si une directive portant sur les questions énergétiques qui contribue au marché intérieur ne requiert pas l'unanimité des voix des États membres au Conseil européen, cette dernière est à l'inverse requise en matière de fiscalité énergétique, de détermination du prorata des sources d'énergie (nucléaire, renouvelable et charbon notamment) dans les mix énergétiques nationaux et de régulation de l'approvisionnement énergétique. L'ensemble laisse donc une grande latitude énergétique aux États membres à qui les autorités européennes émettent souvent des recommandations qui ne les lient toutefois pas. Par contre, au titre du droit européen de la concurrence dont l'UE a la compétence exclusive, les mesures prises par les États deviennent illégales au regard du droit européen si elles sont génératrices de discrimination, de restriction des échanges au sein de l'UE ou d'obstacle au fonctionnement du marché intérieur.

Dans leurs relations énergétiques extérieures, les institutions européennes utilisent enfin principalement la règle de droit et le dispositif financier. En matière juridique, l'émergence internationale de l'UE résulte d'évolutions tant au niveau international avec la reconnaissance de l'UE en tant qu'acteur juridique international qu'en interne UE. Dans ce dernier cas, il s'agit de la personnalité juridique de l'article 47 du TFUE permettant de signer des conventions en propre, de l'accroissement de ses compétences exclusives en matière commerciale et énergétique et de sa compétence spécifique tirée de l'article 216, paragraphe 1, TFUE pour conclure des accords internationaux contraignants afin d'atteindre l'un des objectifs de l'UE. Sur cette base, l'UE est aujourd'hui membre à part entière de nombreuses organisations internationales telles que l'OMC, le Traité sur la Charte de l'Énergie et le Traité instituant la Communauté de l'énergie. Dans la pratique, pendant longtemps, le Traité sur la Charte de l'Énergie (TCE) de 1994 a été le seul traité consacré à l'énergie auquel était partie l'UE avant la signature du Traité instituant la Communauté de l'énergie en 2005. Par la suite, le Traité de la Communauté de l'énergie signé le 25 octobre 2005 eut au fond pour objectif de répondre au fait qu'aucun des principaux fournisseurs de gaz de l'UE que sont la Russie, l'Algérie et la Norvège n'avait ratifié le TCE. Le second instrument juridique de la politique énergétique internationale de l'UE est le soft power et l'ensemble des instruments juridiques non contraignants en vue du développement des coopérations techniques et des aides financières. Avec ses programmes d'assistance technique et financière, l'UE tente en effet d'influencer les politiques énergétiques des pays partenaires dans une direction favorable à l'UE, en particulier dans le commerce de l'énergie, l'exportation d'équipements et de services et les investissements. En fait, il s'agit de coopérations engagées avec un chapitre spécial sur l'énergie qui tente de promouvoir les valeurs européennes de démocratie, de libre-échange et de transition économique vers un système de marché. En matière énergétique, l'UE envisage clairement l'exportation de sa législation énergétique vers les pays tiers et s'efforce d'élargir sa zone géographique de mise en œuvre de l'acquis de l'UE en matière d'énergie. Dans ce cadre, la coopération technique et les programmes d'assistance financière de l'UE aident les industries et les entreprises de l'UE à pénétrer de nouveaux marchés. Dans le même temps, la plupart des pays qui ont une relation énergétique avec l'UE sont souvent prisonniers de systèmes de gouvernance économique qui entravent les perspectives libérales de l'UE. C'est le cas notamment en Asie centrale, au Moyen-Orient et en Afrique de l'Ouest. Pour les pays de l'ex-bloc soviétique, les structures et les pratiques de l'ère communistes n'ont en effet pas totalement disparues. Dans ce cadre, l'accord de partenariat le plus important entre l'UE et les pays en développement est l'accord de Cotonou de 2000 avec 79 pays d'Afrique, des Caraïbes et du Pacifique. Il existe également un accord de partenariat et de coopération de 1994 avec la Russie et un mécanisme de dialogue UE-Norvège datant de 2008. Pour finir, l'UE développe également des dialogues énergétiques spécifiques avec chacun de ces pays en particulier pour la promotion de la sécurité énergétique européenne dans les domaines du pétrole, du gaz et de l'électricité.

d) La gestion juridique des différends énergétiques par l'Union européenne

La Cour de Justice de l'Union européenne (CJUE) a joué un rôle central à chaque étape du processus d'ouverture des marchés européens de l'énergie. Tous ces développements ont impliqué la Cour en tant qu'une des institutions centrales de l'UE garante de l'interprétation uniforme du droit de l'Union. Du point de vue des formes du droit, la jurisprudence de la Cour fait partie intégrante des sources contraignantes du droit européen. Avec 27 États membres, une interprétation et une application uniformes du droit européen sont en effet essentielles. Pour que le droit européen soit efficace, il doit être interprété de manière uniforme quelles que soient les circonstances dans lesquelles il doit s'appliquer. Des différences entre les juridictions nationales des États membres quant à la validité du droit européen risqueraient en effet de mettre en péril l'unité de l'ordre juridique européen et de saper l'exigence fondamentale de sécurité juridique au niveau de l'Union. L'article 267 TFUE dispose donc que *la Cour de justice de l'Union européenne est compétente pour statuer à titre préjudiciel sur : a) l'interprétation des traités ; b) la validité et l'interprétation des actes des institutions, organes, bureaux ou agences de l'Union.* L'arrêt rendu par la Cour constitue par ailleurs la première étape de la procédure devant le juge national qui doit ensuite l'appliquer aux faits de la cause. Enfin, la Cour veille à ce que les États membres respectent leurs obligations au titre des traités. La Commission est ainsi habilitée à saisir la Cour contre tout État membre qui ne respecte pas les exigences fixées par le traité.

En matière énergétique, dans sa décision *Costa / ENEL* de 1964, la CJUE jugea tout d'abord que tous les produits énergétiques constituaient un bien au sens de l'article 34 TFUE. En 1984, dans l'affaire *Campus Oil c. Irlande*, la Cour a estimé que l'obligation pour une société d'importation d'utiliser une raffinerie du pays d'accueil constituait une restriction à la libre circulation des marchandises. Elle introduisit par ailleurs le principe de sécurité publique énergétique pour fonder les décisions restrictives au commerce de l'État tout en en limitant la portée. Sur la base du principe de proportionnalité, la Cour a en effet considéré qu'au-delà d'un certain volume et impact, la décision de l'État répondait uniquement à des fins économiques et non à un objectif de sécurité publique. Plus tard, dans son arrêt *Commission / Grèce* de 1990, la Cour confirma cette position en statuant que seules les mesures garantissant un approvisionnement minimal et proportionné pouvaient faire l'objet de l'exemption prévue à l'article 36 TFUE. En droit de la concurrence, la Cour a rendu en 1997 trois arrêts qui précisèrent sa position selon laquelle la Commission peut prendre toutes mesures en vue d'interdire l'octroi de droits exclusifs aux monopoles nationaux avec la réserve que sa charge de la preuve doit alors être renforcée dès lors qu'il s'agit de démontrer que l'existence de ces droits exclusifs n'est pas indispensable au respect des obligations de service public. La Cour considéra également qu'un approvisionnement continu et ininterrompu en électricité était vital pour le fonctionnement de l'économie de tout État moderne tout en soulignant que le monopole national n'était pas une condition pour garantir un approvisionnement ininterrompu. Dans le cadre des paquets de libéralisation du milieu des années 90 et des années 2000, une vague de procédures d'infraction a enfin été engagée devant la Cour européenne qui lui permit de préciser sa position en matière de commerce transfrontalier de l'énergie, d'interconnexion des réseaux et d'accès des tiers aux réseaux. Dans sa sentence *Citiworks* de 2007, la Cour a ainsi jugé que les mesures accordant une attribution prioritaire des capacités de transport et de distribution étaient incompatibles avec le droit d'accès des tiers. Dans le prolongement, la Cour a considéré de manière plus générale que l'accès non discriminatoire, transparent et à des prix équitables des tiers aux systèmes de transport et de distribution de l'énergie était la pierre angulaire de la libéralisation du marché européen de l'énergie.

B) La diversité des normes internationales applicables au domaine de l'énergie

Les domaines couverts par le droit international de l'énergie sont multiples et diversifiés. Ainsi vont-ils du domaine de l'activité de transit à celui de l'exploitation des plates-formes offshores en passant par celui de la lutte contre les restrictions au commerce, du soutien aux services énergétiques et de la promotion de la responsabilité internationale en matière d'accident nucléaire. Dans ce cadre, le droit international promeut au principal la liberté du marché et la lutte contre les entraves au commerce. Il en est particulièrement ainsi de la lutte contre les obstacles au transit et la distorsion des prix intérieur et à l'exportation. Très tôt, la communauté internationale s'est également mobilisée pour instaurer un régime de responsabilité en cas d'accident nucléaire qu'elle consolida par la suite après les accidents de Tchernobyl et de Fukushima. Le droit international régit enfin le domaine de la sécurité des plates-formes pétrolières offshores.

1) Les normes régissant le domaine de la libéralisation des marchés de l'énergie

Trois domaines principaux contribuent au développement du droit international de l'énergie applicable au domaine des libertés. Il s'agit des règles applicables au transit de l'énergie, à la formation de son prix et à la libéralisation des services. Dans le premier cas, la circulation des biens et notamment des biens énergétiques bute sur la souveraineté territoriale des États qui fixent les conditions du transit. Aussi, la communauté internationale s'est-elle très tôt mobilisée pour les libéraliser. Elle s'est plus récemment mobilisée pour, au sein du champ de la liberté du commerce, promouvoir le principe de la non distorsion des prix et en étendre les règles au domaine des services énergétiques.

a) Les normes relatives au transit de l'énergie

Le transit des produits énergétiques à travers le territoire des pays tiers est une donnée essentielle du commerce de l'énergie et des litiges qui y sont associés. Plusieurs différends politico-juridiques sur le transit énergétique survenus dans le passé, notamment entre la Russie et l'Ukraine, ont montré que les questions liées au transit énergétique figurent parmi les problèmes les plus importants du multilatéralisme énergétique. Souvent lié à des infrastructures fixes, le transit énergétique diffère par ailleurs du transit de nombreux autres biens industriels. Les caractéristiques intrinsèques du gaz et de l'électricité font en effet qu'une part importante de ces échanges se fait au moyen d'infrastructures fixes qui posent des défis importants au commerce de l'énergie en ce que la flexibilité de ce type de transport est faible. Il faut en outre y investir dans des projets d'infrastructures à forte intensité capitalistique et accepter les contraintes d'accès aux réseaux qui y sont liées. Les limitations physiques de ces infrastructures fixes nécessitent également un surcroit d'investissements pour la construction de réseaux supplémentaires. En raison de la limitation de la capacité de transport, les volumes d'énergie doivent enfin être transportés de manière synchronisée pour ne pas saturer les réseaux. Pour ce faire, le transport de l'énergie au moyen d'infrastructures fixes doit notamment être programmé sur de longues périodes. Pour toutes ces raisons, les infrastructures en question ont besoin non seulement d'un haut niveau d'apport technologique mais aussi d'un très haut niveau de sécurité juridique dans leur construction et leur gestion. Il existe donc ici des niveaux élevés de contraintes de transport que nous ne retrouvons pas dans le transport de la plupart des autres produits manufacturés. L'ensemble a donc donné lieu à un fort développement des réglementations nationales et du droit international concernant les activités de transport dans ce secteur économique.

La question de la liberté de transit de l'énergie est une question controversée en droit international à cause de la résistance initiale des États de transit à accorder des droits de passage sur leurs territoires aux entités et marchandises énergétiques étrangères même s'ils en tirent un bénéfice. L'argument de la souveraineté territoriale est notamment utilisé pour réduire les transits et empêcher la construction d'infrastructures de transit. C'est pour cette raison que le droit international tend depuis longtemps à promouvoir certaines règles de libre-échange en matière de transit énergétique. À cet égard, c'est notamment la fonction de l'OMC, du Traité sur la Charte de l'Énergie et des règles de l'Union européenne que de promouvoir, protéger et organiser le transit international des marchandises, en particulier en matière énergétique. Du point de vue juridique formel, la question s'est également longtemps posée de savoir s'il existait ou non une coutume internationale imposant le libre transit des marchandises sur le territoire des États. Les fondements de la notion de libre transit ont été posés au XVIIe siècle par Hugo Grotius qui a été le premier à considérer que l'existence d'un droit général de transit sur le territoire d'un autre État est dans l'intérêt de la communauté des nations. Ensuite, de nombreux traités d'États ont été signés sur cette base en particulier au cours du XXe siècle. Ceci étant, le fait qu'il y ait besoin de traités et que les États conservent la possibilité de refuser ce droit signifie qu'il n'y a probablement pas de coutume internationale générale en la matière constitutive d'un droit absolu de transit international sur le territoire des États.

L'Ukraine est de très loin le principal pays de transit à 80 % du gaz russe acheminé vers l'Europe. La guerre du gaz entre l'Ukraine et la Russie s'inscrit dans un contexte général de tensions suite à la révolution orange d'Ukraine, à l'annexion de la Crimée en 2014 et à la sécession toujours en cours du Donbass. La guerre du gaz entre les deux pays commença en 2006 avec des soubresauts jusqu'à nos jours. Précédée par la Biélorussie, l'Ukraine s'opposa tout d'abord en 2006 à la hausse des tarifs du gaz russe qu'elle importait pour elle-même. Gazprom décida alors de couper l'approvisionnement de l'Ukraine en gaz paralysant les pays européens parce que Gazprom reprochait en outre à l'Ukraine de réexporter son gaz acheté à bas coût à des prix supérieurs. Compte-tenu des enjeux en présence, de rapide négociations permirent néanmoins de débloquer la situation. L'année suivante, la tension reprit qui culmina en 2009. Parmi les causes, s'y ajouta le différend sur une dette d'1,5 milliard de $ opposant la société nationale ukrainienne Neftogaz à Gazprom.

Il s'en suivit trois semaines d'interruption des fournitures de gaz russe qui impactèrent d'autant plus les nations européennes qu'on était en hiver. Un compromis fut finalement trouvé au profit de Gazprom qui n'empêcha pas les tensions de resurgir par la suite notamment après les évènements de la place *Maïdan* de 2013 qui vit le gouvernement ukrainien proche de la Russie renversé par la foule. Depuis, la Russie mène une politique énergique de diversification des routes d'exportation de son gaz en Europe au moyen de la construction de gazoducs sous les mers visant à réduire la puissance de transit de l'Ukraine. Sous la mer Noire, il en résulta la construction des gazoducs *Blue Stream* et *Turkish Stream* ainsi qu'un projet de construction d'un *South Stream*. Sous la mer Baltique, il en résulta la construction des *Nord-Stream* 1 et 2 en direction de l'Allemagne dont le dernier fit l'objet de vives tensions avec les États-Unis et d'une promesse allemande qu'il n'en résulterait pas un assèchement de la position de transit de l'Ukraine. À cet égard, le contrat signé en 2019 entre les présidents Zelensky et Poutine prévoit un passage du transit ukrainien de 65 milliards de m3 en 2020 à 40 milliards annuels entre 2021 et 2024.

La guerre actuelle en Ukraine n'a pas de cause énergétique. Les racines de la guerre ont en effet une triple dimension. Tout d'abord, le rapprochement de l'Ukraine de l'Europe et de l'Occident est vécu par les Russes comme une menace militaire aux frontières de la Russie.

L'insistance de l'Ukraine a vouloir intégrer l'OTAN y contribua tout en s'expliquant par le besoin de sécurité du pays après le coup de force russe de 2014 en Crimée et dans le Donbass qui entama la confiance ukrainienne dans la protection du mémorandum de Budapest de 1994. Celui-ci qui fut signé notamment par la Russie garantissait à l'Ukraine son intégrité territoriale en échange de la rétrocession à la Russie de son armement nucléaire datant de l'époque soviétique. Par ailleurs, il est probable que le développement actuel du processus démocratique en Ukraine soit vécu par le régime autoritaire russe comme une menace pour son propre système politique. Enfin, il est également probable que la Russie n'a pas fait le deuil de la perte de l'Ukraine lorsque celle-ci accéda à son indépendance au lendemain de l'effondrement de l'Union Soviétique. Ceci s'exprime notamment dans la doxa officielle sublimant la grande Russie du XVIIIe siècle où les terres de langues slaves procédaient de la même autorité. Les conséquences énergétiques de cette guerre n'en sont pas moins réelles qui sont principalement de deux ordres : le coup d'arrêt donné au processus de certification du gazoduc Nord-Stream 2 et la réduction en cours de l'approvisionnement énergétique russe à l'Europe susceptible de déboucher sur un embargo de plus grande ampleur.

Les traités bilatéraux et multilatéraux issus notamment des XIXe et XXe siècles sont effectivement nombreux en la matière. Parmi ceux-ci, certains grands traités uniformes codifient les pratiques des États en matière de transit international. Des traités quasi universels assurant la liberté de transit ont notamment été signés sous les auspices de la Société des Nations dans la première partie du XXe siècle. C'est le cas respectivement pour le transit par voies navigables, le transit international par voie terrestre avec la définition associée d'un régime juridique international ad hoc pour les chemins de fer ainsi qu'en matière de transit international de l'énergie électrique. En la matière, la Convention de Barcelone de 1921 a ainsi établi un équilibre entre les deux principes de souveraineté territoriale et de liberté de transit international. Elle définit le transit comme *le passage à travers un territoire... commençant et se terminant au-delà de la frontière des États sur le territoire desquels le transit a lieu.* Plus tard, la Convention de New York de 1967 consolida cette définition et y associa le passage *à travers le territoire d'un État contractant entre un État sans littoral et la mer.* Plus tard encore, la définition du transit par le GATT est relativement similaire à celle fournie par la Convention de Barcelone de 1921 tout en permettant une consolidation du droit de transit. En effet, elle impose une obligation plus lourde à l'État de transit qui est celle de respecter *la liberté de transit* qui va donc au-delà de celle de *faciliter le libre transit* déjà en vigueur. Au sein de l'Organisation Mondiale de Commerce (OMC), le cycle de Doha sembla confirmer cette tendance. D'une part, l'OMC promeut le principe de non-discrimination en matière de transit concernant le traitement des nationaux ainsi qu'entre modes de transport. D'autre part, il est aujourd'hui convenu que seuls les frais liés aux dépenses de transit peuvent être facturés et que les tarifs doivent être raisonnables compte tenu des conditions du trafic. Dans le même temps, l'État de transit conserve toutefois la capacité juridique de définir lui-même les voies géographiques du transit international à travers la définition des itinéraires qui lui semblent les plus adéquats. De la même manière, il reste maître des décisions de construction des infrastructures de transit sur son territoire. De la même manière, rien n'indique que la spécificité du transit énergétique est prise en compte dans les règles du GATT et de l'OMC. Il convient en effet de noter que les accords internationaux applicables s'en tiennent à un concept générique du transit sans référence à l'énergie à l'opposé du Traité de la Charte et de l'acquis de l'UE. Il est donc nécessaire de se référer à ces deux dernières sources internationales du droit pour dégager des règles plus précises sur le transit international de l'énergie.

Le Traité sur la Charte de l'Énergie (TCE) a été signé en 1994 pour une mise en vigueur en 1998 et est spécifique au secteur de l'énergie. Il s'agit du premier et seul accord international à prévoir un ensemble de dispositions régissant les relations de transit spécifiques au secteur de l'énergie. Historiquement, l'objectif principal des créateurs du Traité sur la Charte de l'Énergie était de concevoir un instrument juridique international garantissant la sécurité de l'approvisionnement en ressources énergétiques et notamment du gaz du territoire de l'ancienne Union soviétique vers l'Europe. Compte tenu de l'éloignement et de la multiplicité des frontières à traverser, la question du transit y occupe en effet une place essentielle. Il s'agit que tous les pays le long de la chaîne énergétique du continent eurasien souscrivent un cadre contraignant en la matière. Le TCE fixe ainsi des règles de transit international de l'énergie et organise une procédure spécifique de conciliation pour les différends issus des questions de transit. Alors que l'article V du GATT est loin d'être explicite concernant sa couverture du transit énergétique par des infrastructures fixes, le TCE s'applique au contraire expressément à ce mode de transport de l'énergie. Dans ce cadre, l'objectif des négociateurs du TCE fut de définir des règles spécifiques au transit de gros volumes d'énergie à des conditions raisonnables. Le régime de commerce et de transit du Traité de la Charte de l'Énergie est toutefois fondé sur les règles de l'OMC en ce qu'il ne déroge pas à celles-ci. Dans le même temps, les dispositions de transit du TCE contiennent des éléments supplémentaires importants qui sont absents des dispositions plus générales de transit de l'article V du GATT. Dans ce cadre, la méthode des négociations a eu pour objectif d'assurer l'équilibre entre les intérêts souverains des États de transit et la nécessité pour les États d'exportation et de consommation d'assurer la sécurité et la stabilité du transit de leurs biens énergétiques. De ce point de vue, l'article 7 du TCE sur le transit est l'élément le plus innovant et le plus significatif du TCE. L'objectif du Traité est également de régir le règlement des différends entre États concernant la mise en œuvre de la Convention relativement au transit des produits énergétiques. C'est l'objet de l'article 7, paragraphes 6, 26 et 27 du texte qui fixe les termes de la procédure en cas de litiges entre les parties. Celles-ci en informent tout d'abord le Secrétariat de la Conférence de la Charte qui s'assure qu'elles ont bien rempli leurs obligations et qui informe les États signataires du litige. Ensuite, le Secrétaire général a trente jour pour nommer un conciliateur afin de parvenir à un accord. Si les parties parviennent à un accord, cet accord les lie. Après l'expiration d'un délai d'un an sans accord entre les parties, celles-ci doivent pouvoir soumettre leur différend à l'arbitrage.

L'édifice juridique construit par le TCE est toutefois complexe en ce que les intérêts des pays exportateurs, importateurs et de transit varient considérablement. L'intérêt du pays exportateur est de transférer son énergie au moindre coût et de choisir, lorsque cela est possible, la voie de transport qui diminuera ses coûts et augmentera ses bénéfices. Le pays importateur veut obtenir de l'énergie à un prix abordable à partir d'une source d'approvisionnement stable et sûre, en particulier là où elle doit passer par le territoire d'un pays de transit. Aussi décide-t-il du coût de l'approvisionnement qui lui garantit une importation sûre et sécurisée. Pour finir, le pays de transit tire un revenu du transit mais peut également être un pays exportateur, importateur ou producteur. Dans ce cas, le problème est que la diversité de ses propres intérêts peut compromettre sa fonction de transit. En la matière, il lui est notamment demandé de faciliter la construction, l'expansion et l'exploitation des installations de transport d'énergie utilisées pour le transit, de ne pas détourner des produits énergétiques en transit et de pratiquer un tarif non discriminatoire, objectif, raisonnable et transparent fondé sur les coûts et non affecté par des distorsions du marché.

Le PIB de la Chine est passé de 2 % du PIB mondial en 1990 à 15 % en 2017. Entre ces deux dates, la consommation énergétique chinoise a été multipliée par sept et le pays importe aujourd'hui 80 % de sa consommation énergétique. Pour l'avenir, la Chine devrait devenir le premier consommateur mondial de pétrole en 2040 nécessitant une importation de 13 Mb/j et sa demande de gaz devrait tripler à cet horizon représentant plus de 30 % de la croissance de la demande mondiale de gaz. Dans ce cadre, l'actuel projet de nouvelles routes de la soie chinoise s'étendant sur plus de 65 pays représentant 62 % de la population mondiale et un tiers du PIB mondial a une forte connotation énergétique en ce qu'il couvre 80 % des réserves de gaz naturel et 60 % des réserves pétrolières mondiales.

La première mission énergétique de cette nouvelle route de la soie est de permettre à la Chine de diversifier ses sources d'approvisionnement notamment en direction de la Russie et des pays d'Asie centrale. Un réseau d'oléoduc et de gazoduc existe déjà entre la Chine et le Kazakhstan ainsi qu'un gazoduc Chine/Asie centrale et des projets au Pakistan. Sa seconde mission énergétique est de contourner le détroit de Malacca par où transitent 80 % des importations énergétiques chinoises mais que la Chine ne contrôle pas. C'est la fonction de l'extension du port de Gwadar au Pakistan et des 16 projets de corridor économique Chine/Pakistan dont des pipelines entre la côte sud du Pakistan et le Xinjiang capables d'acheminer 1 million de barils jour, soit 15 % de la consommation chinoise. Enfin, des projets existent d'établir des liaisons électriques entre l'Europe et la Chine de sorte à satisfaire l'augmentation de 70 % de la consommation chinoise prévue d'ici 2040.

Dans l'ordre juridique européen, les règles de transit énergétique concernent essentiellement le transit de 40 % de la consommation de gaz importé à destination de l'UE. Dans ce cadre, trois directives gaz fixent les compétences de l'Union européenne en matière de transit énergétique. Dans la première Directive gaz, le transit est défini comme toute transaction de transport de gaz naturel à haute pression à l'exception de la distribution impliquant le franchissement d'au moins une frontière intracommunautaire. Le transit comprend donc non seulement le transit de frontières externes mais également le transport à l'intérieur de l'Union. Puis la Directive impose aux États membres l'obligation de veiller à ce que les parties notifient à la Commission européenne toute demande de transit et l'informent de la conclusion d'un contrat de transit ainsi que des raisons de l'échec si ce contrat n'est pas conclu dans les douze mois suivant la demande. La seconde Directive gaz adopté le 26 juin 2003 a abrogé la première directive gaz. Elle a fusionné les notions de transit et de transport accordant un traitement identique à tous les flux de gaz dans l'UE qu'ils soient ou non transfrontaliers, notamment en matière d'accès au réseau comme en matière de tarifs. Elle a également confié à l'autorité réglementaire nationale la responsabilité d'assurer la non-discrimination, une concurrence effective et un fonctionnement efficace du marché. Contrairement à la directive transit, la deuxième directive gaz n'oblige pas les États membres à informer la Commission européenne de la conclusion d'un contrat. Cependant, la Commission européenne peut demander une modification des clauses contractuelles violant le droit de la concurrence de l'UE. En juillet 2009, la Commission a enfin adopté une troisième directive gaz abrogeant la deuxième directive gaz. À l'instar de la deuxième directive gaz, la troisième ne fait pas de distinction entre le traitement juridique du transit et les autres formes de transport. La troisième directive accorde toutefois à la Commission plus de temps pour prendre une décision sur l'opportunité d'obliger l'autorité réglementaire nationale à modifier ou à retirer la décision d'octroi d'une exemption. Enfin, elle a accru les pouvoirs de la Commission européenne dans le cadre du processus d'octroi d'exemptions.

b) La légalité internationale des clauses de prix et des restrictions à l'exportation

La question de la clause de prix est avant tout une question relative au commerce international du gaz. En pratique, la plupart des différends existant en la matière concerne le gaz russe fourni par Gazprom. Le nœud du problème trouve ici son origine dans le fait que, sur le marché européen du gaz, le gaz a traditionnellement été vendu dans le cadre de contrats à long terme de type *take-or-pay* dont la plupart ont des clauses de prix indexé sur le prix du pétrole. Dans ce cas, il y a dans le contrat une clause d'indexation à partir de laquelle le mouvement du prix du gaz épouse automatiquement et mécaniquement celui du prix du pétrole. La composante fixe y représente le prix à la date de conclusion du contrat et la composante mobile est celle de la composante d'indexation qui s'appuie sur le différentiel de prix. Sur le fond, la clause de révision des prix est devenue un élément essentiel des contrats de long terme d'approvisionnement en gaz qui permet un partage des risques entre acheteur et vendeur. En pratique, les contrats gaziers ont en effet pour caractéristique que l'acheteur est obligé, chaque année, de prendre et de payer 80 à 90 % des volumes annuels contractuels précédents. Cela signifie que le risque volumique est en grande partie assumé par l'acheteur quand les prix du marché de l'énergie baissent ultérieurement. Aussi, la clause mobile est-elle un mécanisme de rééquilibrage, au bénéfice de l'acheteur et au détriment du vendeur, de la charge financière résultant de la baisse des prix sur le marché final. Enfin, pour justifier une telle révision des prix, les événements déclencheurs pertinents ayant une incidence sur le mouvement des prix doivent normalement s'être produits pendant une certaine période qui est généralement de trois ans et qu'on appelle période de référence ou période de révision des prix. De manière plus élaborée, les contrats disposent également aujourd'hui de clauses contractuelles visant à réviser le prix du contrat de gaz à échéance régulière et de façon fixée à l'avance en vue d'adapter le contrat au changement de circonstances économique qui, au-delà des cours du pétrole, peut prendre en compte d'autres facteurs comme la valeur de la monnaie d'échange.

Sur le fond, la pratique européenne de l'indexation du gaz sur les prix du pétrole s'est développée à une époque où il n'y avait pas de prix de gaz indépendant sur les marchés parce que le gaz n'était alors simplement perçu que comme un dérivé de l'extraction pétrolière. Par la suite, la libéralisation du marché européen du gaz eut pour effet l'entrée de nouveaux acteurs sur le marché européen du gaz et une amorce de découplage économique et juridique entre le processus de fixation du prix du gaz et celui du prix du pétrole qui participent au développement d'un marché du gaz autonome. L'ensemble fut compété par deux révolutions énergétiques qui sont celle du gaz naturel liquéfié (GNL) et celle du gaz de schiste et qui se traduisent par un renforcement de la concurrence gaz/gaz sur le marché du gaz. Dans le premier cas, la technique du GNL permet de développer de nouveaux marchés du gaz notamment en Europe et en Asie. Dans le second cas, les nouvelles technologies ont permis d'extraire du gaz et du pétrole des formations rocheuses de schiste aux États-Unis en quantité suffisante pour en permettre la revente sur les marchés extérieurs. Il résulte de l'ensemble la construction d'un marché mondialisé du gaz et non plus simplement continental. À partir de là, le principe du prix indexé sur celui du pétrole ne rend plus aujourd'hui compte du nouveau statut international et de la valeur marchande du gaz ni de l'existence aujourd'hui d'un marché du gaz autonome. Il y a donc une tendance à la remise en cause du dispositif de l'indexation. La question de la révision des prix du gaz est enfin génératrice de nombreux litiges qui font l'objet d'arbitrage Parmi ceux-ci, le point de départ de la période de référence est souvent contesté qui peut être la date de la dernière demande de révision des prix où le prix actualisé a été convenu ou encore la date à laquelle le prix actualisé est entré en vigueur. Au cours de la période de référence, la date exacte de l'événement déclencheur de l'ajustement est également souvent contestée. La question peut se poser lorsque, par exemple, un nouveau pipeline a été construit qui augmente l'offre de gaz sur le marché. Troisièmement, le caractère temporaire ou non des changements de circonstances invoquées pour justifier une demande de révision de prix est également souvent contesté. À ce propos, la question se pose de savoir ce que l'on entend par les termes temporaires et de long terme. En règle générale, il s'agit de savoir si le changement continuera d'avoir un impact dans la période suivant l'entrée en vigueur du nouveau prix du contrat. Quatrièmement, le différend peut porter sur la question de savoir si un même événement déclencheur peut générer plusieurs révisions de prix ou s'il convient de procéder à chaque fois à une nouvelle révision de prix. Là, deux possibilités. D'une part, le même événement déclencheur qui se reproduit est interprété comme un nouvel événement. D'autre part, le même événement déclencheur continue d'avoir un impact au cours de la prochaine période de référence. Dans ce cas, le vendeur peut faire valoir que l'événement doit avoir eu lieu au cours de la période de référence concernée et que ses effets ne peuvent pas constituer un événement en soi.

La double tarification de l'énergie désigne la distorsion qui existe chez un pays producteur entre les prix respectivement sur le marché intérieur où il est maintenu bas et sur le marché de l'exportation où il est davantage valorisé. Sur le fond, ces politiques de double tarification sont une forme de subventions publiques qui peut être critiquée du point de vue économique libéral. Au plan juridique, ces pratiques de subventions à l'énergie sont donc aujourd'hui strictement contrôlées dans le cadre du GATT puis de l'OMC. Il est en effet considéré que la double tarification de l'énergie engendre une discrimination entre les marchés respectivement intérieur et d'exportation contraire aux principes commerciaux du GATT et de l'OMC. Il est également considéré, en particulier par les pays importateurs d'énergie, que la double tarification génère un avantage économique comparatif indu qui fausse la structure des échanges commerciaux internationaux et qui conduit à la formation d'une concurrence internationale déloyale en stimulant artificiellement le développement économique national de l'État exportateur. À cet égard, la double tarification de l'énergie est souvent associée par l'OMC à la fourniture d'intrants énergétiques à bas coût au bénéfice des producteurs nationaux dont l'exportation des produits se fait alors à des prix inférieurs aux coûts standard de production sur le marché international. Ainsi en est-il tout particulièrement lorsque ces produits ont une forte intensité énergétique. Cela touche particulièrement les exportations des pays comme la Chine ou la Russie. Pour s'en assurer, il faut toutefois être en mesure de comparer les prix à l'exportation et les prix intérieurs qui se heurte à la question de la transparence des prix des biens et des services dans les pays concernés. Au niveau national, la double tarification de l'énergie peut également décourager les investissements liés à l'énergie et imposer des contraintes financières aux industries énergétiques nationales. Il a donc été convenu avec la Russie, au cours des négociations d'adhésion de cette dernière à l'OMC, de l'objectif d'augmenter ses prix intérieurs du gaz naturel. De son côté, l'Union européenne a cherché à intégrer des pays comme l'Ukraine dans le traité instituant la Communauté de l'énergie dans la perspective d'une adoption de l'acquis de l'UE en la matière.

Enfin, le commerce international des produits énergétiques est également marqué par des restrictions et des discriminations. Alors que les pays importateurs d'énergie tendent à maintenir des barrières à l'importation faibles pour les biens énergétiques, les pays exportateurs d'énergie peuvent, à l'exportation, prendre des mesures fiscales et non fiscales visant à augmenter ainsi leurs revenus et à favoriser indirectement leurs propres industries. Pour limiter et réduire cette tendance, le GATT a imposé en 1994 des obligations de fond limitant la capacité des membres de recourir à des restrictions à l'exportation qui eurent toutefois peu d'effets positifs dans la pratique. Le GATT consacre ainsi depuis 1994 le principe du pays le plus favorisé qui s'applique au commerce international de l'énergie et qui donne aux États les mêmes garanties. Il dispose également que les tarifs d'exportation ou d'importation sont prohibitifs lorsque leur niveau est si élevé qu'ils empêchent toute exportation ou toute importation. En pratique, la question dépend toutefois de la situation du marché. Un prix peut en effet être prohibitif à une certaine date et non après lorsque les prix sur le marché international ont changé. Ces règles s'appliquent enfin aux mesures non tarifaires de restriction à l'exportation comme le retard, les impositions, etc. Le GATT prévoit toutefois lui-même des exceptions à ses propres règles. En matière énergique, il peut en résulter la possibilité de mesures restrictives à l'exportation pour des produits énergétiques dangereux ou polluants. L'article XX g) du

GATT prévoit également une possibilité de restriction des exportations pour les ressources naturelles épuisables en vue de s'assurer de leur conservation. Il y associe toutefois la condition que ces mesures de restriction à l'exportation sous la forme notamment de quota soient également appliquées à la consommation nationale intérieure. Ainsi, une restriction à l'exportation d'énergie établie par une taxe à la production mais sans taxe sur les ventes intérieures serait contraire au droit applicable. Enfin, la restriction à l'exportation ne doit pas être appliquée d'une manière qui constituerait un moyen de discrimination entre les pays. Pour terminer, avec l'article XI : 1 du GATT, la restriction ou l'interdiction d'exporter doit également être temporaire et prévenir ou soulager les pénuries critiques de denrées essentielles pour la partie exportatrice. Il doit en fait s'agir d'un mécanisme de sauvegarde temporaire répondant à une catastrophe naturelle ou à une situation équivalente.

c) Les normes internationales relatives à libéralisation des services énergétiques

Le domaine des services énergétiques a été ignoré des premières négociations multilatérales sur les services qui ont eu lieu lors du Cycle d'Uruguay de 1986-1994 mais ont fait, par la suite, l'objet de négociations dans le cadre de l'Accord général sur le commerce des services (AGCS) du Programme de Doha pour le développement. Entre les deux cycles et au cours des vingt dernières années, les programmes de réformes et le développement technologique ont en outre donné une nouvelle dimension aux services dont dans le secteur de l'énergie. L'objectif des avancées juridiques du Programme de Doha était de contribuer à créer un environnement commercial plus stable et prévisible pour les fournisseurs de services dont les services énergétiques. L'AGCS fournit à cet égard un cadre juridique au développement du commerce des services intervenant le long de la chaîne énergétique et complète les règles de l'OMC applicables au commerce de l'énergie. Toutefois, dans la pratique, le niveau réel des obligations au titre de l'AGCS sur les services énergétiques est encore limité par le faible nombre de Membres ayant pris des engagements spécifiques pertinents. Sur ces bases, quatre éléments de réflexion peuvent être dégagés concernant la matière des services énergétiques. Se pose tout d'abord les questions de la définition des services énergétiques et de l'application de l'AGCS aux services énergétiques. Ensuite, l'existence de régimes distincts pour le commerce des marchandises et le commerce des services reste problématique quant à l'application des règles de l'OMC au commerce de l'énergie. La troisième question concerne la définition du périmètre du concept même de services énergétiques et l'extension de son champ d'application aux nouveaux services. Enfin, la question se pose des normes de droit international concernant l'accès aux services énergétiques, en particulier pour les habitants des pays en développement. Pour terminer, il convient de prendre en compte le fait que les États membres de l'AGCS prévoient des exemptions pour eux-mêmes et des méthodes pour élargir la portée de l'AGCS en matière de services énergétiques.

Dans le cadre de l'AGCS et de l'OMC, il existe sur le fond une dichotomie fondamentale entre les activités de commerce de marchandises et de commerce de services qui sont soumis à des règles différentes. D'une part, cette question est particulièrement importante dans le domaine de l'énergie parce que ces deux champs ne prévoient pas le même périmètre ni les mêmes règles pour les différents éléments qu'elles contiennent. D'autre part, le problème de fond est également que l'AGCS fixe des mesures affectant le commerce des services mais ne contient pas de définition précise de la notion de services. Le métier de services y est simplement défini comme étant *la production, la distribution, la commercialisation, la vente et la livraison d'un service*. Il y est néanmoins indiqué que, pour qu'un service soit couvert par les règles de l'AGCS sur les services, il a besoin, d'une part, d'un apport de service venant de l'extérieur d'une unité économique de production et, d'autre part, d'une transaction entre le producteur d'un service et le consommateur qui achète ce service. En matière énergétique, la question est alors celle de savoir si les opérations de raffinage du pétrole et de liquéfaction ou regazéification rentrent dans la catégorie des services. En la matière, il existe plusieurs interprétations possibles parce que l'AGCS n'offre pas d'indications suffisamment claires. À la base, une certitude toutefois qui est celle du besoin d'un contrat entre le vendeur du service et l'acheteur de ce service impliquant l'existence de deux entités économiques distinctes. La conséquence en est donc que l'opération est considérée comme un bien et non comme un service lorsqu'elle est produite en interne au sein d'une seule entité économique. Aussi, en ce qui concerne le transport des ressources énergétiques, l'activité de transport sera considérée comme un bien si l'entreprise transporte ses propres ressources alors qu'elle sera un service si elle est le fait d'une autre entreprise. Enfin, c'est également le niveau de transformation de la chose qui permet de distinguer le service lié à la production de la production elle-même. Aussi, pour qu'il y ait service, faut-il que le degré de transformation de la chose par l'activité soit faible. En pratique, pour distinguer un service d'un bien, il convient donc que le propriétaire du bien soit capable de le reconnaître et de l'extraire à tout moment du processus de transformation.

Pour mieux déterminer les contours de la catégorie des services énergétiques au niveau international, l'ensemble peut être complétés avec les indications contenues dans la liste de classification sectorielle du *1991 United Nations Central Classification des produits* (CPC) utilisée par les États membres de l'OMC. Il en est toutefois ainsi sous deux réserves. D'une part, l'instrument ne contient pas de chapitre spécifique aux services énergétiques qui fait que la classification CPC est neutre concernant le domaine de l'énergie. D'autre part, cet instrument n'a pas de portée obligatoire mais peut quand même être utilisés en vue d'éclairer la description des services énergétiques. Cet instrument a en outre le mérite de couvrir toute la chaîne des services énergétiques sauf ceux qui sont apparus plus récemment ou sont considérés comme ne faisant pas partie de la catégorie des services énergétiques. Concernant le premier élément, aussi bien à l'AGCS qu'à l'OMC, les activités de services pertinentes du secteur de l'énergie présentes dans la classification ne sont pas regroupées dans un chapitre unique mais réparties dans différents secteurs de services généraux tels que les services aux entreprises, la construction, la distribution, les transports, etc. Par contre, la classification contient des sous-secteurs exclusivement liés aux activités énergétiques. Il s'agit des Services annexes à l'exploitation minière, des Services annexes à la distribution d'énergie ou des Services annexes au Transport de combustibles. Parallèlement, la CPC a produit une liste de différents types de services qui peuvent être intégrés dans la catégorie des services énergétiques. Quelques autres indications peuvent également être dégagées à travers les exemptions déclarées des États membres qui peuvent être ainsi intégrées dans la catégorie des services énergétiques sous les rubriques respectivement : investissements, régimes fiscaux, subventions, conseils en gestion, commercialisation du pétrole et des produits pétroliers, échange de technologies, etc. Enfin, pour l'avenir, il semble que la définition de la notion de services de la CPC est suffisamment large pour couvrir les services requis pour la capture, le transport et le stockage du CO2. Même chose, la CPC est suffisamment flexible pour offrir la possibilité de nouveaux services. Par contre, à l'OMC, un service inconnu au moment où l'engagement a été pris ne peut pas être considéré comme liant les Parties même si le libellé du CPC peut éventuellement le couvrir. À cet égard, on peut toutefois convenir qu'un service non traité dans une législation nationale peut être considéré comme nouveau simplement pour le Membre concerné. La conséquence en serait toutefois que la notion de nouveau service serait à géométrie variable en existant pour certains pays mais pas pour d'autres.

Le droit international d'accès aux services énergétiques, en particulier pour les populations des pays en développement, constitue enfin un enjeu et un défi majeur pour l'humanité et la communauté internationale. Un cinquième de la population mondiale, soit 1,4 milliard, n'a effectivement pas accès à l'électricité et plus de 95 % des personnes n'ayant pas accès à l'énergie moderne vivent dans les pays en développement d'Asie et d'Afrique subsaharienne et, pour la grande majorité de leurs populations, en zone rurale. Au plan des principes, il est désormais reconnu qu'un meilleur accès aux services énergétiques modernes est un facteur déterminant pour toute stratégie de développement. Sur cette base, les Nations Unies ont déclaré en décembre 2011 la décennie 2014-2024 comme devant être celle de l'énergie durable pour tous. Pour ce faire, le *World Energy Outlook* de 2011 a fourni une feuille de route en vue de permettre un meilleur accès aux services énergétiques modernes en finançant l'accès des plus pauvres. Le rapport comptabilisait alors qu'en 2009, 9,1 milliards de dollars avaient été investis dans le monde pour étendre l'accès aux services énergétiques modernes et chiffra à 48 milliards de dollars par an le montant nécessaire pour assurer l'accès universel à l'énergie d'ici 2030. Dans ce cadre, les Nations Unies proposent cinq types d'action aux États. Elles considèrent tout d'abord que le droit est un instrument essentiel pour la réalisation de ces objectifs. Un cadre juridique visant à promouvoir les services énergétiques doit alors comprendre des lois qui encouragent la fourniture d'électricité aux populations urbaines et rurales et la fourniture de carburants adéquats et abordables afin de promouvoir des services de transport efficaces. Il doit également comprendre des lois qui obligent à passer des sources d'énergie les moins efficaces telles que le bois de chauffage à d'autres formes plus efficaces comme le poêle solaire. Ces lois doivent également permettre une action administrative plus efficace pour promouvoir ce changement. Il est enfin reconnu que le changement souhaité dans la consommation d'énergie ne réussira pas en l'absence de subventions énergétiques ciblées. À cet égard, il apparaît que les coûts d'équipement sont effectivement trop élevés compte tenu des ressources de nombre de populations locales. Ce problème peut toutefois être en partie résolu par l'octroi de crédits abordables au moyen de micro-crédits locaux ou par la promotion d'entreprises qui louent à des prix attractifs des équipements de base aux consommateurs, aux communautés et aux fournisseurs d'énergie locaux.

2) Les normes régissant le domaine des risques énergétiques

Lorsqu'il procède de la technologie, le développement énergétique est marqué du poids qui est celui du risque technologique. Dans ce cadre, l'action de la communauté internationale en matière de mise en cause des responsabilités nucléaires vise à permettre une meilleure indemnisation des victimes d'accidents nucléaires. En matière de pollution des milieux marins, la communauté des États a également édicté des normes de prévention et de réparation qui s'appliquent au domaine des installations énergétiques offshores. Ces normes tiennent compte de la distribution des souverainetés en mer et régissent notamment les opérations de déclassement des plates-formes pétrolières offshores.

a) Le droit de la responsabilité internationale en matière d'accident nucléaire

Les spécificités du nucléaire civil imposent un haut niveau de mise en cause des responsabilités que le droit international a cherché à circonscrire. Il en est ainsi parce que les dommages résultant d'un accident nucléaire n'ont pas de frontières et que les montants des indemnités à verser peuvent être considérables. Aussi, dès les années 1960, le droit international a-t-il été mobilisé pour dégager des solutions juridiques ad hoc. Il en a résulté deux séries de conventions. La première signée notamment par les pays d'Europe occidentale dont la France regroupe les deux Conventions de Paris du 29 juillet 1960 et de Bruxelles du 31 janvier 1963 sur la responsabilité civile dans le domaine de l'énergie nucléaire complétées par plusieurs Protocoles dont le principal est celui du 12 février 2004 qui les modifie sur la nature des dommages couverts, le plafonnement des responsabilités, le niveau des indemnisations d'État et le régime des exonérations. Sous l'égide de l'Agence Internationale de l'Energie Atomique (IAEA), une autre Convention sur la responsabilité civile en matière de dommages nucléaires a été signée le 21 ami 1963 par l'essentiel des pays d'Europe de l'Est de l'époque et un certain nombre de pays d'Afrique et d'Amérique latine. Se rajoute à cet ensemble un Protocole commun du 21 septembre 1988 dit de passerelle permettant de couvrir les dommages nucléaires dans les zones non couvertes par l'une ou l'autre de ces conventions ainsi qu'une Convention post-Tchernobyl du 12 septembre 1997 sur la réparation complémentaire des dommages nucléaires. Dans le premier cas, la juxtaposition des deux régimes internationaux de responsabilité civile ne pouvait en effet que poser problème pour les victimes d'un pays ayant ratifié l'autre Convention. Un Protocole commun aux Conventions de Vienne et de Paris fut donc adopté qui entra en vigueur le 27 avril 1992 et compte vingt-quatre

Parties. Il permet à une victime d'un pays ayant ratifié l'une des deux conventions d'être indemnisée lorsque l'État de l'accident a ratifié l'autre convention.

Trois grandes catastrophes nucléaires ont marqué l'histoire du développement du nucléaire civil. La première de ces catastrophes a eu lieu aux États-Unis le 28 mars 1979 dans la centrale de *Three Mile Island* équipée de deux réacteurs de 900 MWe. Elle résulta de la perte d'alimentation en eau des générateurs de vapeur de l'un des deux réacteurs due à des défaillances humaines. La conséquence en fut la fusion partielle du cœur du réacteur et l'expulsion d'une partie de sa radioactivité dans l'enceinte de confinement. La résistance de cette enceinte eut néanmoins pour effet qu'il n'y eut pas de victime et que l'environnement extérieur n'en fut pas contaminé. L'expérience n'en a pas moins mobilisé par la suite l'industrie nucléaire et les autorités publiques pour éviter que ce type d'événement ne se renouvelle.

La seconde catastrophe nucléaire eut lieu le 26 avril 1986 à une centaine de km de Kiev dans la centrale de Tchernobyl qui était équipée de quatre réacteurs de 1 000 MWe. Elle résulte également d'une défaillance humaine au cours d'un essai sur l'alimentation électrique de secours dont il résulta une perte totale de contrôle du réacteur qui atteint alors 100 fois sa puissance nominale. Il s'en suivi deux explosions qui détruisirent le bâtiment et le départ de plusieurs incendies qui ne furent maîtrisé que le 9 mai. Du fait de l'absence d'enceinte de confinement, la radioactivité du réacteur gagna l'atmosphère jusqu'à une hauteur de 1 500 mètres qui s'éparpilla ensuite pour venir contaminer par les airs une grande partie de l'Europe dont la France. À l'est, l'Ukraine, la Biélorussie et la Russie furent également très touchée. La population locale très fortement exposée aux rayonnements dut enfin être évacuées au-delà un périmètre de sécurité de 30 km autour de la centrale. Des morts furent à déplorer ainsi que de nombreux cas de leucémie. Une enceinte de confinement dut être construite en catastrophe et une zone de 2 600 km2 autour de la centrale est encore interdite aujourd'hui.

Le 11 mars 2011, la centrale de Fukushima située à 240 km de Tokyo et composée de six réacteurs fut, comme une partie du nord-est du Japon, touchée par un tremblement de terre de magnitude 9 suivi d'un puissant tsunami qui submergea la centrale et endommagèrent les circuits de refroidissement provoquant une fusion du cœur de trois des réacteurs. Sous l'effet de la chaleur, il en résulta la formation de nuages d'hydrogène provoquant des explosions et permettant à la radioactivité de gagner l'atmosphère. Un périmètre d'exclusion de 20 km fut immédiatement installé obligeant l'évacuation des populations. La solidité des enceintes permit néanmoins de limiter les conséquence de l'événement et aucune victime ne semble à déplorer. Les travaux de remise en état durèrent plus de 10 ans.

Au plan matériel, il se dégage du droit conventionnel cinq principes de base qui s'impose en droit français et qui sont les principes de la canalisation de la responsabilité sur la personne de l'exploitant nucléaire, de la responsabilité objective la caractérisant, du plafonnement de la responsabilité en question, de la limitation de la responsabilité dans la durée et de l'obligation pour l'exploitant de souscrire des garanties financières. Dans le premier cas, la responsabilité exclusive de l'exploitant nucléaire permet à la victime de ne pas avoir à disperser ses recours et exonère donc les autres intervenants nucléaires contre lesquels l'exploitant ne peut recourir. Etant objective, la responsabilité nucléaire est une responsabilité sans faute qui exonère la victime d'avoir à prouver la faute de l'opérateur dans un domaine de très haute technicité. Sont donc simplement requis un événement générateur de dommage et un lien de causalité entre cet événement et le dommage en question. À l'instar de l'article L. 597-36 du code français de l'environnement, les droits nationaux peuvent également introduire une présomption de lien de causalité pour certaines pathologies différées. Dans ce cadre, les causes d'exonération se limitaient jusqu'à l'accident de Fukushima et au Protocole du 12 février 2004 aux cataclysmes naturels d'ampleur exceptionnelle qui disparurent du droit applicable et aux faits de guerre et d'insurrection qui sont maintenus. Il fallut enfin attendre le Protocole du 12 février 2004 pour que la notion même de dommage nucléaire résultant des propriétés radioactives et dangereuses des combustibles nucléaires préalablement laissée à l'appréciation des droits nationaux soit précisée.

La limitation de la responsabilité dans son montant et dans la durée est la contrepartie, pour l'exploitant nucléaire et la pérennité de son activité, de l'exclusivité de sa responsabilité. Trois tranches de plafond de réparation complémentaire coexistent définissant respectivement les responsabilités de l'exploitant, de l'État et de l'ensemble des États parties aux Conventions de Paris et de Bruxelles. La première tranche, définie par le Protocole portant modification de la Convention de Paris prévoit un plafond de responsabilité de l'exploitant fixé à 700 millions d'euros que les États peuvent encore augmenter au moyen de leur législation nationale. Le plafond de la deuxième tranche qui est à la charge de l'État de l'installation est fixé à 500 millions d'euros par le Protocole portant modification de la Convention complémentaire de Bruxelles. La troisième tranche s'élève à 300 millions d'euros et est financée par mutualisation entre les États de la Convention de Bruxelles. La clé de répartition des contributions à cette troisième tranche prend appui sur la capacité nucléaire des États de la partie contractante à hauteur de 65 % et sur le PIB pour les

35 % restants. En pratique, il y a recours à cette troisième tranche lorsque le montant d'indemnisation dépasse les 1,2 milliards d'euros. Dans la durée, la limitation conventionnelle est enfin de dix ans à compter de la date de l'accident avec possibilité d'aménagement par le droit national. C'est ainsi que la France a introduit un point de départ correspondant à la date de la connaissance du dommage par la victime avec, d'une part, une limitation à trois ans à partir de la date de l'accident et, d'autre part, la possibilité d'indemnisation complémentaire de l'État au-delà des dix ans pour une durée supplémentaire de cinq ans. Enfin, l'incapacité d'une compagnie d'assurances à couvrir seule les coûts d'un accident a conduit à la création de pools nationaux de sociétés d'assurances d'un même pays susceptibles de se réassurer ensuite auprès d'autres pools nationaux. Dans l'accident de *Three Mile Island* de 1979, toutes les compagnies d'assurances du monde assurant le risque nucléaire ont ainsi été mobilisées au titre de la réassurance.

b) Les normes relatives à la sécurité des installations offshores

La production de pétrole offshore représente près d'un tiers de la production mondiale d'hydrocarbures liquides. Pour des pays comme l'Australie, elle en représente 90 %. Pour ce faire, il y avait dans le monde à l'orée du XXIe siècle plus de 8 000 plates-formes pétrolières offshores et 700 plates-formes de forage d'exploration sur les plateaux continentaux d'une cinquantaine de pays. Elle n'étaient toutefois plus que quelque 6 500 en 2015 et un grande nombre d'entre elles devraient être mises hors service dans les prochaines années parce qu'ayant atteint le terme de leur durée de vie. Cela concerne tout particulièrement les installations du Golfe du Mexique et de Mer du nord. D'où l'importance de la question des règles juridiques applicables à leur démantèlement. Sur les 6 500 installations existantes, près de 4 000 se trouvent dans le Golfe du

Mexique, 950 en Asie, 700 au Moyen-Orient et 600 en Mer du Nord et en Atlantique Nord-est et 480 le long des côtes africaines. Chaque installation pèse enfin plus de 10000 tonnes. Au sein de la catégorie, la variété des installations offshores en fonction de leur utilisation a un impact sur leur statut juridique. Une classification des structures est en effet basée sur la notion d'unité de forage qui comporte les installations à des fins de forage exploratoire et d'autres à des fins de forage de production. Chaque unité de forage pétrolier se subdivise également en plates-formes fixes et en unités mobiles. Les plates-formes pétrolières renvoient en effet à deux types d'installations qui sont, d'une part, les installations reposant sur le fond marin et fixées au moyen de pieux ou de tubes plongés dans le plancher océanique ou fixées par leur propre poids et, d'autre part, les installations mobiles autopropulsées ou remorquées. Bien qu'une plate-forme de forage fixe puisse être définie comme une plate-forme de forage, le terme plate-forme pétrolière se réfère toutefois généralement à une unité mobile. Les plates-formes pétrolières fixes sont des structures de gaine, des plates-formes de tour, des structures gravitaires et des plates-formes de caissons. Les plates-formes pétrolières mobiles sont flottantes ou soutenues par le bas. La première catégorie comprend des unités submersibles et des unités de forage autoélévatrices. La deuxième catégorie comprend les navires de forage, les semi-submersibles et les barges.

La question du statut juridique des plates-formes pétrolières offshore est d'une grande importance. La catégorisation des plates-formes pétrolières offshore en tant que navires, îles artificielles, installations et structures offshore ou leur inclusion dans une catégorie distincte produit en effet des conséquences juridiques distinctes. Par exemple, si les plates-formes pétrolières sont considérées comme des navires, elles doivent, en droit international, avoir un drapeau qui fait que l'État du pavillon a une juridiction sur elles et sur les personnes à bord. Elles ont également droit aux droits de passage inoffensif dans la Mer territoriale des États. La plate-forme pétrolière offshore peut également être traitée comme une île artificielle lorsque les traités la définissent ainsi ou la régissent par des dispositions similaires en matière de juridiction ou de responsabilité pour pollution par exemple. C'est particulièrement le cas de la Convention sur le droit de la mer de Montego Bay de 1982. Elle définit l'île artificielle comme étant une structure non naturellement formée, attachée en permanence au fond marin et placée au-dessus de l'eau à marée haute. Ce statut n'est pas sans conséquence puisque selon l'art. 60 (8) de la Convention de Montego Bay, les îles artificielles *ne possèdent pas le statut d'îles. Elles n'ont pas de mer territoriale propre et leur présence n'affecte pas la délimitation de la zone économique exclusive ou du plateau continental*. Dans le cas contraire, les pays dotés d'une puissance technologique et économique avancée pourraient, grâce au développement rapide des technologies, allouer une grande partie de la Haute mer à leur territoire maritime sous souveraineté au moyen de la construction de structures artificielles comme la République Populaire de Chine cherche à le faire en Mer de Chine Méridionale. La question se pose enfin de la distinction éventuelle entre une île artificielle et une installation offshore. Au plan juridique, nombreuses sont les conventions dont la Convention de Montego Bay qui ne font pas de distinction entre les îles artificielles et les installations offshore et utilisent les deux termes simultanément pour les dénommer. Il n'en est toutefois pas de même pour la Convention de Genève de 1958 sur le Plateau continental qui a créé une catégorie juridique distincte pour les installations en mer aux fins de l'exploration et de l'exploitation des ressources minérales de la mer qui ne sont ni des îles ni des navires. Enfin, la qualification de navires produit de la complexité par le fait qu'il n'y a pas de définition juridique homogène de la notion de navire en droit international et entre les droits nationaux. Pour cette raison, la Convention de 1976 sur la responsabilité civile pour les dommages dus à la pollution par les hydrocarbures résultant de l'exploration et de l'exploitation des ressources minérales des fonds marins précise que ces installations en mer ne sont pas des navires même si elles comprennent des plates-formes mobiles.

La détermination de la compétence en matière de construction et de contrôle des plates-formes pétrolières et des personnes à bord dans les différentes zones maritimes découle également du statut juridique des eaux. L'État côtier est ainsi compétent pour construire et contrôler les installations offshores dans ses Eaux intérieures et dans sa Mer territoriale. Sur le Plateau continental et dans la Zone économique exclusive (ZEE), l'État côtier a également le droit de construire, d'autoriser et de réglementer la construction, l'utilisation et l'exploitation des plates-formes pétrolières en mer ainsi que d'établir des zones de sécurité autour ne dépassant pas les 500 mètres de largeur. La seule limite à la compétence de l'État côtier tient dans ce que la réalisation de plates-formes pétrolières en mer et la définition des zones de sécurité ad hoc ne doit pas être un obstacle à la mise en œuvre du principe de la liberté de navigation sur le plateau continental et dans la ZEE reconnue à tout État tiers. L'État côtier est également tenu de notifier aux autres États la présence des plates-formes pétrolières et de déployer des moyens permanents pour avertir de leur présence afin d'éviter les accidents. Au-delà des limites externes de la Mer territoriale, la mise en place de plates-formes pétrolières est enfin soumise à deux régimes juridiques distincts. Lorsqu'un État côtier n'a pas établi de ZEE, seul le régime juridique relatif au Plateau continental est applicable dans la limite des 200 milles. Dans la zone internationale qui débute au-delà de la limite de juridiction nationale des 200 milles, la construction et le retrait des plates-formes pétrolières sont soumis aux autorisations, règles et règlements de l'Autorité internationale des fonds marins. Dans tous les cas, les installations ne doivent enfin pas créer d'interférence déraisonnable avec les activités de pêche et de conservation des ressources vivantes, de recherche scientifique dans la zone et de pose de câbles et de pipelines.

En matière civile et pénale, la compétence de l'État dépend également du statut des eaux maritimes considérées. Dans les Eaux intérieures jusqu'aux lignes de base ainsi que dans la Mer territoriale, l'État côtier jouit d'une pleine souveraineté territoriale. Ces pouvoirs souverains sont simplement limités par l'obligation qu'il a de respecter à la fois le droit de libre accès du navire au port dans le premier cas et le droit de passage inoffensif du navire dans les eaux territoriales dans le second cas. Ensuite, tout dépend si l'événement de mer concerne une installation fixe ou un navire. Les règles civiles et pénales de l'État côtier sont ainsi applicables aux plates-formes pétrolières fixes et aux îles artificielles. La situation est toutefois aléatoire selon la qualification juridique de la plateforme. Si la plate-forme est qualifiée de navire en raison de sa mobilité, la loi compétente sera la même que celle du navire navigant dans la Mer territoriale de l'État côtier ou dans ses Eaux intérieures pour accéder au port, soit la loi de l'État du pavillon. À souligner enfin que le passage du navire dans les eaux sous souveraineté territoriale doit être continu qui signifie que la plateforme mobile ne peut pas explorer, forer et exploiter les ressources minières des zones considérées sans l'autorisation de l'État côtier. En Haute mer, au-delà des limites de juridiction nationale, l'État national de l'exploitant des plates-formes pétrolières peut enfin exercer quand même sa juridiction et son contrôle sur les installations parce que l'autorité internationale des fonds marins qui est compétente ne dispose pas d'instruments juridiques et judiciaires pour exercer une juridiction effective sur les plates-formes pétrolières sur la zone internationale des fonds marins.

La délimitation maritime est l'opération juridique par laquelle on fixe les frontières maritimes des États les uns par rapport aux autres ainsi qu'avec les espaces de Haute mer ne relevant d'aucune souveraineté. Outre la répartition des espaces, cette opération conduit à départager les ressources qu'ils contiennent, qu'elles soient halieutiques, énergétiques ou minières. La question a d'ailleurs pris aujourd'hui une forte actualité depuis qu'une partie de l'exploitation pétrolière et gazière se fait en offshore. À cet égard, la découverte récente d'importantes ressources gazières en Méditerranée orientale a très largement contribué à l'enclenchement d'un processus de délimitation maritime dans la zone afin de repartir dans l'espace la souveraineté des États sur ces ressources.

La géographie physique sert forcément de support à cette opération de délimitation mais n'en est toutefois pas la matrice parce que le droit qui en est le pivot se construit sur la base du titre juridique par lequel l'État a un droit sur les espaces concernés. Pour ce faire, le droit prend assise sur un certain nombre d'éléments géographiques qui sont, d'une part, la laisse de basse mer à partir de laquelle est calculée la limite externe des différentes eaux (Mer territoriale, Zone contiguë et Zone économique exclusive) et, d'autre part, la masse continentale dont procède le Plateau continental. Dans ce cadre, la présence d'îles ou d'ilots repousse d'autant la limite externe des espaces concernés qu'ils possèdent une ZEE et un plateau continental qui leur sont propres. La géographie physique pèse enfin également sur le principe selon lequel la terre domine la mer qui fait que les attributs de la souveraineté se dégradent à mesure qu'on s'éloigne des côtes : pleine souveraineté sur la Mer territoriale jusqu'à sa limite des 12 milles marins et souveraineté sur les seules ressources naturelles de la Zone économique exclusive jusqu'à 200 milles des lignes de base et du Plateau continental jusqu'à 350 milles des lignes de base.

Dans ce cadre, l'opération de délimitation ne se limite toutefois pas à prendre acte des caractéristiques de la géographie. Elle obéit à un certain nombre de principes dégagés par le droit conventionnel, la pratique des États et le droit prétorien qui en modèlent la physionomie. La première règle qui l'affecte est donné par l'arrêt Golfe du Maine de la CIJ de 1984 qui dispose *qu'aucune délimitation maritime entre deux États dont les côtes sont adjacentes ou se font face ne peut être effectuée unilatéralement par l'un de ces États*. Ensuite, la CIJ précise ce qu'il faut entendre par délimitation dans son arrêt de 1978 du plateau continental de la mer Egée qui a pour objet de *tracer la ligne exacte ou les lignes exactes de rencontre des espaces où s'exercent respectivement les pouvoirs et droits souverains* des deux États. Enfin, il n'y a besoin de délimitation que lorsque les projections maritimes de deux États se chevauchent.

Concernant la situation du Plateau continental dans lequel se trouvent les ressources énergétiques convoitées, l'article 6 de la convention de Genève sur le Plateau continental fixe un premier principe selon lequel *à défaut d'accord* (entre les deux États*), et à moins que des circonstances spéciales ne justifient une autre délimitation, celle-ci est constituée par la ligne médiane dont tous les points sont équidistants des points les plus proches des lignes de base*. Aussi, la ligne exacte est la ligne médiane obéissant au principe de l'équidistance. Quand les deux États sont juxtaposés, le principe de l'équidistance peut se traduire par une ligne de partage épousant la perpendiculaire à la direction générale des côtes. Enfin, le processus de délimitation doit répondre aux principes de proportionnalité et d'équité du résultat.

Dans ce cadre, le statut de la mer caspienne qui dispose de 50 milliards de barils de réserve de pétrole et de 300 000 milliards de m3 de réserve de gaz est, en matière de délimitation, sui generis. À l'éclatement de l'Union soviétique en 1991, les accords de 1921 et de 1940 liant l'Iran et l'URSS ont dû être renégociés pour faire une place aux trois nouveaux États que sont l'Azerbaïdjan, le Kazakhstan et le Turkménistan. La question qui se posa alors fut de savoir si la mer Caspienne était une mer ou un lac. Dans le premier cas soutenu par les trois nouveaux États, son étroitesse signifiait qu'il y avait chevauchement des souverainetés des États et qu'une délimitation maritime était nécessaire. La Russie et surtout l'Iran prônaient la seconde solution parce qu'un découpage selon les règles du droit de la mer leur aurait été défavorable compte tenu de l'étroitesse des espaces maritimes concernés. L'Iran se serait ainsi vu attribuer 13 % de la surface totale au lieu des 20 % auxquels elle aspirait. Finalement, un accord entre les parties fut signé en août 2018 qui définit une zone sui generis qui n'est ni une mer ni un lac et en effectue le partage à égalité selon des règles spécifiques.

En raison des risques élevés d'accidents de mer, la charge de l'intégrité des puits de pétrole et de gaz est une responsabilité fondamentale des entreprises impliquées dans l'exploitation et la production pétrolières offshore. Les accidents de puits de pétrole ou de gaz peuvent en effet avoir des conséquences graves tant du point de vue de la vie humaine que pour l'environnement marin. Ils ont aussi des conséquences commerciales substantielles pour les entreprises directement impliquées et les tiers touchés par le déversement. Les catastrophes ayant déjà eu lieu tendent à le montrer. Le 6 juillet 1988, la plate-forme pétrolière Piper

Alpha a explosé au large des côtes du Royaume-Uni faisant 167 morts et une pollution pétrolière importante. En août 2009, la marée noire de Montara a gravement touché le littoral australien. Pour terminer la catastrophe maritime pétrolière de Macondo dans le golfe du Mexique en avril 2010 a fait 11 morts et a obligé l'entreprise BP à verser plus de 4 milliards de dollars d'amendes. S'y ajoutent les coûts des remises en état environnementales ainsi que le dédommagement des pertes économiques subies par les tiers comme la perte de bénéfices liées à leurs activités économiques. Dans le même temps, à mesure que la technologie se développe, des techniques et des pratiques nouvelles réduisent les risques. De leur côté, les droits nationaux et le droit international ont pour charge de développer des normes techniques et des recommandations en matière de construction et de gestion des installations offshore par l'industrie. Ceci vient compléter les considérations techniques des régimes de licences pétrolières définis et imposés par la législation nationale de l'État d'accueil aux entreprises d'exploration et d'exploitation. En effet, les activités industrielles offshore sont des activités sous licence qui font que les activités pétrolières et gazières offshore sont soumises à des exigences techniques de plusieurs centaines de pages pour la prévention et le contrôle de la pollution, le forage, l'entretien et la production de puits, les méthodes de contrôle, les systèmes de sécurité et les plans d'urgence. Enfin, les sociétés d'assurance imposent également leurs propres certifications de sécurité aux compagnies extractives. Pour finir, il n'est pas possible de réglementer les activités pétrolières et offshores sans l'implication de l'industrie dans l'expertise technologique. Les meilleures pratiques sont en effet souvent développées en interne avant d'essaimer ensuite et les associations industrielles contribuent à diffuser plus rapidement la technologie de sécurité ad hoc. Dans tous les cas, chaque accident est également l'occasion de développer de nouvelles normes de sécurité.

Le déclassement des plates-formes pétrolières offshores est un processus consistant à décider comment retirer et éliminer les installations offshores arrivant en fin de vie. Il s'agit d'opérations complexes dont le coût est supérieur à 50 millions de dollars pour chaque installation et dont les modalités de prise en charge par les entreprises varient selon les cas. Du point de vue juridique international, il existe de grandes différences de réglementation selon les dates de mise en place des différents instruments juridiques régissant la question dont il résulte un manque d'homogénéité du droit applicable. La Convention de Genève de 1958 sur le plateau continental prévoit ainsi la suppression totale des installations offshore sous le contrôle de l'État côtier. La Convention de Londres de 1972 et son Protocole de 1996 imposent l'élimination en mer des plates-formes pétrolières sous certaines conditions. De son côté, la Convention de 1982 de Montego Bay n'exige pas le retrait total de la plate-forme pétrolière sous réserve qu'il n'en résulte pas un risque pour la sécurité de la navigation. Formellement, son l'article 311 (1) dispose que *la présente Convention prévaut, entre les États parties, sur la Convention de Genève du droit de la mer du 29 avril 1958*. Dans ce cadre, l'article 1 (5) de la Convention de Montego Bay définit l'immersion comme *toute immersion délibérée en mer de navires, aéronefs, plates-formes ou autres structures artificielles*. Son article 210 (5) relatif à la pollution par les immersions autorise les immersions sous réserve que l'immersion dans la Mer territoriale et dans la Zone économique exclusive ou sur le Plateau continental ne peut être effectuée sans l'autorisation expresse préalable de l'État côtier. Celui-ci a enfin une responsabilité internationale en la matière qui peut être engagée par un autre État ou une organisation internationale en cas de pollution du milieu marin. Les articles 210 (1) et

210 (2) de la Convention de Montego Bay édictent à cet égard que *les États adoptent des lois et règlements pour prévenir, réduire et maîtriser la pollution du milieu marin par immersion* et *prennent les autres mesures nécessaires pour prévenir, réduire et contrôler cette pollution.* Ils imposent donc à l'État côtier l'obligation de réglementer le déclassement d'une manière qui ne provoque pas de pollution marine par immersion. De son côté, L'Organisation Maritime Internationale (OMI) a émis, notamment en 1989, plusieurs directives sur le sujet qui imposent l'obligation d'un retrait total des installations. Au niveau régional, la Convention pour la protection du milieu marin de l'Atlantique Nord-Est de 1998 a également comme principe directeur celui de l'interdiction de l'immersion et du maintien en place, en totalité ou en partie, des installations offshores désaffectées avec toutefois certaines dérogations. Elle l'a assorti du principe pollueur-payeur dont il résulte que les frais de prévention des pollutions et de démantèlement doivent être à la charge de l'entreprise en ayant la charge. De son côté, l'Union européenne a produit une Directive du 12 juin 2013 relative à la sécurité des opérations pétrolières et gazières en mer afin de réduire les risques d'accident majeur et d'en limiter les conséquences. Il en résulte donc un droit international diversifié dont l'hétérogénéité gène toutefois la mise en œuvre. En pratique, une des principales questions posées par l'opération de démantèlement des installations offshores est enfin de s'assurer que l'opérateur industriel en charge a bien provisionné les sommes qui lui sont nécessaires.

C) Les règles internationales applicables aux contrats d'hydrocarbures

Le droit international de l'énergie ne peut s'abstraire du contrat énergétique parce que l'activité contractuelle est au centre des activités d'exploration et d'exploitation des ressources énergétiques. Dans ce cadre, le contrat est international lorsqu'il possède un élément d'extranéité. C'est souvent le cas en matière pétrolière et gazière dans la mesure où l'exploitant privé et L'État titulaire du titre de propriété sont le plus souvent de nationalités distinctes. Le contrat est également international par la diversité des règles nationales distinctes auxquelles il fait appel. Enfin, il s'agit d'un objet particulièrement complexe à la mesure de la complexité des opérations d'exploration et de production. Cette complexité est renforcée par la nécessité de maintenir, quelles qu'en soient les circonstances, l'équilibre contractuel initial dont la rupture est génératrice de contentieux extractifs.

1) Les caractéristiques du contrat d'hydrocarbures

L'activité énergétique implique de nombreux acteurs qui sont liés ensemble par contrats. Deux principaux acteurs dominent la matière. Il s'agit de l'État titulaire du titre de propriété sur le gisement, d'une part, et de l'exploitant du gisement, d'autre part. Le premier est une personne publique et le second plus généralement une personne privée ou un ensemble de personnes privées. Ces contrats sont ensuite très complexes parce que l'activité d'exploration-exploitation recouvre un très grand nombre d'opérations très techniques que le contrat doit traduire en langage juridique. Il en est enfin particulièrement ainsi dans le domaine du gaz compte tenu de sa spécificité commerciale.

a) La structure du contrat d'exploration-exploitation

En matière d'exploration-production des hydrocarbures, un contrat spécifique couvre les relations entre l'État, directement ou par l'entremise d'une société nationale, et le concessionnaire. Lorsque le titulaire du contrat est constitué de plusieurs partenaires, ceux-ci organisent leurs relations juridiques au moyen d'un accord d'association dit *Joint Operating Agreement* qui couvre, à hauteur de la part de chacun dans l'association, leurs relations pour ce qui est des décisions et de la conduite des opérations sous la responsabilité d'un opérateur principal désigné parmi les partenaires. Dans ce cadre, la structure générale d'un contrat pétrolier ou gazier se présente le plus souvent sous la forme d'un document d'une centaine de pages comprenant plusieurs sections : le préambule, le texte principal et les annexes jointes au contrat qui en font parties intégrantes. Le préambule comporte un certain nombre de considérations générales permettant de situer, dans un contexte plus global, l'objet et le contenu du contrat. Il y est fait mention des bases respectivement juridiques en référence à la législation applicable et politiques lorsqu'il est fait référence notamment à l'intérêt de l'État et à sa politique de développement des ressources naturelles. Le texte principal prend, quant à lui, la forme d'une série d'articles ou de sous-articles numérotés en séquences et le plus souvent regroupés en chapitres définissant les parties au contrat, son objet, sa durée de validité ainsi que leurs droits et obligations respectifs. À l'intérieur du texte, les clauses juridiques couvrent l'application et la modification des relations contractuelles entre les parties. Les clauses économiques, financière, fiscales et commerciales déterminent le partage de la rente entre les parties, la comptabilisation des coûts pétroliers, la valorisation et l'enlèvement de la production. Les clauses techniques, opérationnelles et administratives couvrent les aspects pratiques de la conduite des opérations durant les différentes phases d'exploration et d'exploitation. Des clauses diverses complètent les aspects précédents. Enfin, les annexes comprennent un certain nombre d'éléments plus factuels. Il s'agit de la description de la zone contractuelle avec ses coordonnées et sa superficie augmentées de l'insertion d'un schéma correspondant. Il s'agit ensuite de la procédure comptable qui précise les méthodes et les procédures applicables à la comptabilité des opérations d'exploration et d'exploitation couvertes par le contrat. On y trouve également souvent un programme d'engagement de travaux et la garantie, pour l'ensemble ou ses parties, de la société-mère et/ou d'une banque.

Dans le domaine des clauses techniques et opérationnelles, il convient de bien distinguer les différentes phases d'un contrat auxquelles correspondent des clauses bien distinctes. La première phase est la phase d'exploration ou de recherche durant laquelle le titulaire réalise des travaux de géologie, de géophysique et de forage en vue d'identifier des prospects à l'intérieur de la zone contractuelle puis à les forer pour en déterminer les contenants en hydrocarbures. La tendance est d'accorder ici au titulaire une temporalité relativement longue de 5 à 10 ans subdivisée en plusieurs sous-périodes. La durée accordée vise à satisfaire deux objectifs : 1) accorder au titulaire le temps nécessaire pour mener à bien les travaux nécessaires à la découverte d'un gisement 2) tout en évitant que le titulaire ne conduise cette phase à un rythme trop lent immobilisant une surface d'exploration susceptible d'intéresser d'autres contractants. La subdivision en sous-périodes a également pour but de permettre au titulaire de faire renouveler ses droits d'une sous-période à l'autre s'il a satisfait à ses engagements pour la période en cours. À l'échéance de la dernière sous-période d'exploration, le contrat expire sur la totalité de la surface détenue par le titulaire à l'exception des zones délimitant les découvertes commerciales susceptibles de faire l'objet d'un développement. Il est par ailleurs souvent précisé dans le contrat que le titulaire doit démarrer les travaux d'exploration dans un délai maximal de 3 à 6 mois à compter de la date d'effet du contrat qui est celle du début de la période initiale d'exploration. Enfin, sur la durée elle-même, la tendance était jusqu'au milieu des années 1980 de limiter au maximum la durée de cette phase d'exploration tout comme les périmètres d'exploration. Aujourd'hui, la tendance est de les rallonger en raison, notamment, de l'accroissement des difficultés techniques lorsque l'exploration concerne des zones maritimes en eaux profondes.

Pour ce qui le concerne, le périmètre du permis d'exploration est spécifié au moyen d'une carte montrant les limites de la zone concernée et indiquant les coordonnées géographiques des points de repère. Elle est souvent définie par l'État avant l'ouverture des blocs à l'appel d'offres. Cette superficie varie beaucoup selon les situations et les circonstances. Sauf le cas des zones peu explorées ou maritimes, la tendance est de limiter les superficies explorables de l'ordre des 1000 à 5000 km2 afin d'intensifier l'activité d'exploration par chaque société titulaire d'un titre d'exploration. Pour les mêmes raisons, tout renouvellement de sous-période d'exploration s'accompagne habituellement d'une réduction de la surface contractuelle d'exploration. Dans la majorité des contrats où l'on trouve une sous-période d'exploration initiale suivie de deux périodes additionnelles, les deux renouvellements font l'objet d'un rendu de surface contractuelle pouvant atteindre 25 à 50 % de la surface initiale. Si le titulaire du permis rend des surfaces, des clauses contractuelles lui imposent généralement de rendre des surfaces relativement homogènes afin d'éviter de morceler trop l'espace contractualisé. Pour chacune des sous-périodes d'exploration, le contrat stipule également souvent un programme minimum de travaux que le titulaire doit obligatoirement réaliser s'il veut le renouvellement de ses droits. En principe, ce programme est subdivisé par type d'opération : études géologiques, campagnes sismiques, forage d'exploration. Pour chaque type d'opération, le contrat prévoit généralement un nombre minimal de forages à réaliser ainsi que la fixation de profondeurs minimales. Il peut également être fait au titulaire obligation de consacrer un investissement minimum pour chaque sous-période inscrite. Une garantie financière peut en outre être demandée par l'État concédant qui se présente sous forme de caution. Des pénalités sont enfin souvent prévues en cas d'abandon. À l'issue des phases, le titulaire informe les autorités des résultats obtenus et des conclusions qu'il en tire concernant la faisabilité d'un développement commercial ou non et s'il veut s'engager à l'assurer. C'est donc l'appréciation du titulaire qui compte en la matière parce que c'est l'investisseur qui prend le risque du développement et de l'exploitation en fonction du calcul qu'il fait de la rentabilité de cet investissement. Dans le cas où le titulaire déclare la découverte comme étant commercialisable, il prépare un plan de développement et de production qu'il soumet aux autorités étatiques pour approbation. Dès l'acceptation de ce plan, le titulaire doit débuter les travaux de développement dans les plus brefs délais.

La période d'exploitation doit, quant à elle, tout d'abord se conformer à un plan de développement fourni qui en aborde tous les aspects techniques et économiques : estimation des réserves et des futurs profils de production, évaluation économique justifiant le caractère commercial de l'exploitation, schéma de développement, forages et installations de production, stockage et évacuation des productions, environnement et sécurité, schéma d'abandon envisagé à la fin de l'exploitation, transfert sans frais des installations à l'État ou abandon des puits, enlèvement des installation et remise en état à la charge de l'exploitant. Après l'adoption du plan de développement, le titulaire des droits d'exploration devient alors bénéficiaire des droits exclusifs d'exploitation du gisement découvert. En général, la phase d'exploitation autorisée est de l'ordre des 20 à 25 ans éventuellement renouvelable sur 10 ans ou plus si l'exploitation se justifie commercialement. La zone d'exploitation concernée correspond à l'étendue du gisement exploitable dont la délimitation précise a été soumise aux autorités après travaux de délinéation lors de la déclaration de découverte commerciale. Enfin, certaines clauses peuvent prévoir la possibilité d'agrandir cette zone pour autant qu'elle reste dans le périmètre de la zone d'exploration. Il s'agit ici d'adapter le cadre de production à la réalité des expériences acquises du gisement sur la durée. Il est enfin possible qu'un gisement commercialement exploitable s'étende sur plusieurs zones d'exploration attribuées à des titulaires différents. Dans ce cas, différents contrats stipulent les mesures appropriées afin que les titulaires en question exploitent de façon cohérente l'ensemble des réserves récupérables. Une clause figure alors dans chacun des contrats prévoyants, par exemple, l'adoption d'un plan conjoint de développement et d'exploitation.

D'autres obligations pèsent sur le titulaire des droits d'exploration et d'exploitation. Il s'agit tout d'abord de respecter, dans son activité de conduite des opérations, les règles dites de l'art dont les éléments saillants sont l'optimisation de l'exploitation et la sécurité de l'activité notamment au plan environnemental. Dans ce dernier cas, certains contrats imposent des études d'impact environnemental et l'établissement de procédures de surveillance, notamment dans les zones écologiquement sensibles. Au plan organisationnel, des programmes prévisionnels annuels de travaux budgétés peuvent également être requis et soumis à autorisation. En matière d'exécution et de surveillance, les activités générées sont soumises à la supervision des directions chargées des mines ou des hydrocarbures des ministères compétents qui doivent être informées par le titulaire du contrat du déroulement des opérations, notamment lorsqu'elles sont génératrices de risques. Des rapports d'activités sont enfin requis pour les différents travaux réalisés accompagnés des supports techniques nécessaires. Les informations utiles à la connaissance du sous-sol et de la production doivent également être fournies. Dans le premier cas, il s'agit notamment des données géologiques et géophysiques, des résultats d'analyse ainsi que des études sur les réserves disponibles et exploitables. Dans le second cas, il s'agit notamment d'informations sur la production des gisements, les quantités produites et vendues, les acheteurs et les pays de destination ainsi que le prix de chaque cargaison. Des règles de confidentialité s'appliquent à nombre de ces informations. Des obligations peuvent également peser sur le titulaire du contrat qui l'obligent à employer et à former du personnel local tout comme elles peuvent l'obliger à recourir à l'utilisation de produits et de services locaux de sorte à générer des retombées locales.

L'énergie contemporaine est pour une très large part fille de l'innovation technologique. Les révolutions industrielles ont ainsi reposé en partie sur les innovations liées à l'énergie. Pour les innovations les plus importantes, la mise au point de la machine à vapeur par J. Watt en 1769 permit à la traction vapeur de se substituer à la traction animale. La seconde révolution industrielle de la fin du XIXe siècle, fut, d'une part, celle de l'électricité qui s'appuya sur les innovations industrielles permettant de démultiplier la force de l'hydraulique et, d'autre part, celle du moteur à explosion qui ouvrit la voie à l'aventure pétrolière. Quelques décennies plus tard, l'invention de la fission nucléaire bouleversa de larges pans de l'économie de l'énergie dans l'attente de percées technologiques dans le domaine de la fusion qui devraient avoir lieu au cours du XXIe siècle. De la même manière, le développement des technologies d'exploration et de production pétrolières et gazières permet aujourd'hui de creuser toujours plus profond et dans les zones les plus hostiles comme les grands fonds marins et l'océan Arctique. Aujourd'hui, le développement de l'énergie solaire et éolienne tout comme le développement de la production des hydrocarbures de roche mère est également le produit du développement des technologies ad hoc. Demain, la production d'énergie à partir de l'hydrogène devrait enfin également bouleverser l'ensemble de l'économie énergétique.

Une grande partie de l'innovation technologique est le produit de deux phénomènes économiques qui sont le besoin de réduire les coûts et sa stimulation par le jeu de la concurrence. Dans ce cadre, deux catégories d'innovations coexistent qui sont l'innovation incrémentale résultant de l'amélioration des technologies existantes et l'innovation disruptive ou de rupture qui bouleverse les fondements mêmes de l'action innovatrice. Le nucléaire de fusion constituerait ainsi une innovation de rupture en ce qu'elle serait une rupture technologique démultipliant la capacité de production de l'énergie et permettant de ne pas produire de déchets nucléaires. Plus près de nous, constituent des innovations de rupture la batterie de stockage de l'électricité, la capacité de capture et de stockage à grande échelle du CO2 ainsi que le recours au Big data et aux réseaux intelligents. Dans les deux premiers cas, des éléments de technologie existent mais sont encore incapables d'opérer à des coûts économiques compatibles avec les prix de marché de l'énergie. La portée de la rupture technologique est, dans le cas de la batterie, celle de la massification du véhicule électrique et, dans le cas du carbone, de permettre la production d'un charbon propre. Le recours à la rupture technologique du numérique et au développement des *Smart grid* introduit enfin de la flexibilité dans les systèmes de consommation énergétique en vue d'en accroître l'efficacité.

b) La diversité des formes contractuelles en droit des hydrocarbures

Dans le régime de la concession, le concessionnaire est titulaire d'un titre minier octroyé par l'État qui lui accorde un permis de recherche et/ou un permis d'exploitation, dit de concession, sur une certaine surface et pendant une certaine durée. L'État perçoit alors des revenus tandis que le concessionnaire exerçant un droit exclusif dispose des produits extraits sous réserve du respect de certaines obligations déterminées à l'avance par l'État. Dans le régime de partage de la production, le contractant n'est pas lui-même titulaire d'un titre minier. C'est en général la société nationale représentant l'État qui est titulaire du titre minier et qui passe alors contrat sur cette base avec le cocontractant privé apportant les investissements nécessaires. Dans ce cas, le cocontractant est un simple prestataire de services. Il supporte les risques techniques et financiers de l'activité d'exploration ou d'exploitation en contrepartie d'une rémunération correspondant à une fraction de la production. Dans les années 1970-1980, notamment dans le domaine pétrolier, certains pays ont également introduit une clause de participation par laquelle l'État peut lui-même participer directement aux opérations en tant que partenaire du titulaire. Il assume alors les mêmes droits et les mêmes obligations à hauteur de sa quote-part de participation. Les principaux objectifs de cette clause de participation vise à faciliter son accès aux ressources, à augmenter les revenus nets après financement de sa part des investissements et à accroître son implication dans la réalisation des opérations, notamment en matière de contrôle, de supervision et de transfert de compétence. L'impact économique et financier de la participation peut en outre s'avérer important selon les modalités retenues. Dans tous les cas, la clause de participation réduit l'accès des investisseurs à la production. Mais, dans les années 1990-2000, un mouvement inverse s'est amorcé qui a eu pour effet de réduire les parts de participation de l'État comme ce fut le cas en Algérie, au Venezuela et en Bolivie.

Au plan des modalités juridiques, la participation de l'État peut prendre la forme soit d'une association incorporelle soit celle d'une association corporelle. Dans le premier cas, l'État devient un partenaire du contrat à hauteur de sa quote-part, généralement par le biais d'une société nationale. Les relations entre partenaires sont alors régis par un accord d'association. Dans ce cadre, l'État peut en outre bénéficier d'avantages spécifiques comme le portage de sa quote-part de financement par les autres partenaires pendant la phase d'exploration ou encore le remboursement ultérieur de sa part de production. Dans le second cas, le principe de l'association corporelle prend la forme de la création d'une entreprise mixte. Le Venezuela a ainsi adopté en 2006 une loi visant à convertir tous les contrats en vigueur avec des partenaires étrangers en la forme de sociétés mixtes dont l'entreprise nationale PDVSA détient au moins 51 % des parts. En matière fiscale, il existe une spécificité applicable aux opérations d'exploration-exploitation avec des avantages fiscaux octroyés aux titulaires du contrat ou à leurs sous-traitants, comme l'exonération de taxes sur le chiffre d'affaires notamment pour ce qui est de la TVA sur les prestations de service ou sur la distribution des dividendes ou encore sur les produits des emprunts réalisés à l'étranger. En dehors de ces cas, le régime de la fiscalité applicable demeure celui du droit commun et, dans ce cadre, une retenue forfaitaire à la source correspondant à un certain pourcentage du chiffre d'affaires est souvent réalisée. En matière douanière et de contrôle des changes, des spécificités existent également. Pour faciliter les opérations d'exploration et d'exploitation, des assouplissements aux règles de change peuvent exister. En matière douanière, certains avantages peuvent être accordés. Ainsi en est-il de la libre importation de biens ou de produits ou du régime d'admission temporaire pour l'importation d'équipements destinés à être réexportés. De même en est-il surtout de la libre exportation des productions énergétiques, éventuellement sous réserve de l'obligation d'approvisionner en premier le marché national du pays d'accueil.

Dans les contrats de partage de production, après déduction de la part de la production correspondant au recouvrement des coûts appelée *cost oil*, le reste de la production, appelé *profit oil*, est partagé entre l'État et son contractant selon des modalités qui ont souvent évolué depuis une trentaine d'années. Dans le cas du *cost oil*, les modalités varient selon les périodes et les pays ou les zones. Le principe n'en reste pas moins le même partout. Le contractant se rembourse chaque année des coûts engagés selon une formule qui ne peut pas dépasser un certain pourcentage de la production annuelle de la zone contractuelle. La fraction de la production correspondante est alors valorisée en prenant comme référence le prix du marché du pétrole à l'instant T lorsqu'il s'agit de production de pétrole. Le taux usuel de remboursement oscille en général entre 30 et 60 %. Plus ce taux est élevé et plus le contractant récupère ses coûts et rentabilise ses investissements. Le recouvrement se fait également toujours en valeur nominale sans indexation. Enfin, d'une manière générale, les contrats de partage de production ne prévoient pas de paiement de redevance à la production. Dans le cas où il en serait autrement, le *cost oil* est alors calculé sur la production restante après redevance. Dans le cas du *profit oil* dont les modalités prennent effet une fois déduit le *cost oil*, un taux unique de partage de production est généralement prévu au contrat quelles que soient les caractéristiques des découvertes effectuées. Il se détermine après paiement de l'impôt sur les bénéfices. Des variantes existent par ailleurs. Dans le cas de l'Indonésie, le taux de partage était initialement de 65 % pour l'État et de 35 % pour le contractant. À partir de 1976, il est passé à un ratio de 85-15% pour le pétrole tout en restant stable à 65-35% pour le gaz. Des variantes existent également en fonction des capacités de production journalière et de la difficulté d'exploitation des sites. Dans le premier cas, le ratio peut alors être de 50-50% pour les zones de faible production et aller jusqu'à 85-15% pour les zones de haute production. Des différentiels existent aussi en fonction de l'évolution des prix des hydrocarbures. Pour la fraction de prix supérieur au prix de base indexé, la part octroyée à l'État peut en outre évoluer à la hausse dans des proportions non négligeables. C'est le système du prix plafond ou *price cap* qui a été adopté en Angola, en Malaisie, au Pérou et en Indonésie. Enfin, un certain nombre de pays ont également introduit un dernier mécanisme de partage de la production fondé non sur la production journalière ou cumulée mais sur le taux de rentabilité obtenu par le contractant. Tel est le cas au Liberia, en Libye, en Azerbaïdjan et en Côte d'Ivoire.

La dernière forme de contrat usitée est le contrat de service au sens strict du terme. Bien que leur développement reste limité, on les trouve principalement au Moyen-Orient et en Indonésie. Dans cette catégorie, deux types de contrats coexistent qui sont les contrats de service à risque et les contrats de coopération technique sans risque. La formule des contrats de service à risque a été introduite dans les pays qui ont nationalisé les activités de recherche et de production ou qui sont tenus par un monopole octroyé à une société nationale. Ainsi en est-il de l'Argentine, du Brésil, de l'Indonésie, de l'Iran et de l'Irak. La caractéristique de ces contrats est que, d'une part, le contractant procède aux recherches à ses frais et risques et, d'autre part, que la production revient en totalité à la société nationale à qui le contractant pourra néanmoins acheter une fraction de la production. Dans ce cadre, le contractant obtient un remboursement des dépenses encourues et une rémunération en espèces en cas de succès des travaux de recherche. La différence avec le contrat de concession est que la rémunération est payée en espèces et non en nature et que le contractant n'a pas accès aux hydrocarbures extraits pour les commercialiser. Au plan des modalités de mise en œuvre, le contractant détient néanmoins la direction des opérations sous le contrôle de la société nationale qui peut parfois devenir opérateur à compter des phases de développement ou de production. Enfin, la société nationale est propriétaire des installations sur lesquelles le contractant n'a qu'un droit d'usage. Dans le cas des contrats de coopération technique sans risque, le contractant ne prend par contre aucun risque dans la mesure où il ne finance pas directement les travaux qui le sont entièrement par l'État ou sa société nationale. En contrepartie, il ne fait que percevoir une rémunération au prorata des services rendus qui peut en outre être liées aux résultats. En général, ce type de contrat est utilisé pour l'exploitation de gisements déjà anciens ou en soutien à la phase de développement. On trouve en général cette situation contractuelle dans les pays qui ont nationalisé leurs activités d'hydrocarbures comme l'Arabie Saoudite, le Koweït, le Qatar et le Venezuela. On la trouve également à l'époque de l'ex-URSS ainsi qu'en Inde, au Bénin et à Abou Dhabi.

En matière de nationalisation comme de réquisition temporaire, le droit international en reconnait le droit aux États comme corollaire du principe de la souveraineté permanente sur les ressources naturelles sous réserve du bien fondé de la motivation d'intérêt général qui l'accompagne et de la détermination d'une juste et préalable indemnisation. Il s'agit, dans ce dernier cas, d'une opération difficile. En équité, l'indemnité devrait couvrir la valeur marchande estimée de l'entreprise ou bien la valeur comptable des installations et des gisements correspondant à la valeur des profits à venir que procurerait l'exploitation des réserves en question. En pratique, au regard de la prise en compte du critère de propriété des réserves, c'est le plus souvent la valeur comptable des installations qui est retenu pour l'indemnisation. En cas de litige, c'est également souvent l'arbitrage international qui est le principal recours.

c) Le régime des contrats d'échange gazier et la question des mécanismes d'indexation

Pour des raisons historiques comme de sécurisation du retour sur investissement, le gaz est encore aujourd'hui importé dans le cadre de contrats essentiellement de long terme. Ceci est notamment le cas du gaz importé en Europe qui correspond à près de 60 % du gaz qui y est consommé et à 24 % du mix de l'UE. Le bien fondé de ce type de contrat tient au coût très élevé du transport sur longue distance qui en caractérise les échanges. Pour ce qui concerne l'Europe, 90 % du gaz importé l'est par gazoducs, le gaz naturel liquéfié (GNL) ne représentant encore guère que 10 % du gaz importé. Il est par contre important dans le cas des importations chinoises et devrait croître en Europe avec l'accroissement de l'importation de gaz américain suite à la guerre en Ukraine. Dans sa structure, le contrat de long terme s'oppose au contrat de court terme dit *spot* dont l'assiette reste encore également relativement limitée. Les deux marchés *spot* européens sont le *National Balancing Point* au Royaume-Uni et le *hub* de Zeebruges en Belgique. Le poids du marché *spot* devrait néanmoins se trouver consolidé dans le futur compte tenu d'un renforcement du maillage du réseau européen de transport de gaz et d'un processus de libéralisation qui tendent à remettre en cause un certain nombre de contrats de long terme. Néanmoins, le contrat de long terme domine toujours très largement les relations d'échange gazier avec les grands exportateurs que sont la Russie et, dans une moindre mesure, l'Algérie.

Dans la catégorie des contrats de long terme, deux sous-catégories coexistent qui sont les contrats de gisement dits également contrats d'exclusivité et les contrats de fourniture. Dans le premier cas qui répond aux spécificités des petits gisements, l'importateur s'engage à acheter la totalité d'un gisement et le vendeur à exploiter ce gisement en bon opérateur. Dans le second cas, l'importateur s'engage à acheter chaque année une certaine quantité de gaz que le vendeur s'engage à lui fournir. Ces derniers contrats courent en général sur une durée de 20 à 25 ans même si la tendance est aujourd'hui à une réduction de cette durée sauf pour les grands opérateurs historiques qui continuent à signer des contrats de plus de 20 ans. Dans les deux cas, l'équilibre recherché est celui à trouver entre le risque prix pesant sur l'exportateur et le risque volume qui pèse sur l'acheteur. Ne pouvant savoir le prix du gaz exporté au moment où il le sera, l'exportateur court en effet le risque, dans ce type de contrat long, de vendre son gaz à un prix inférieur au prix du marché au moment de l'exportation. De son côté, l'importateur court le risque en amont de s'engager à importer un certain volume de gaz sans savoir a priori si la demande de gaz sera, dans le futur, suffisante à l'écoulement de son importation. D'où la nécessité de réévaluer régulièrement les termes des contrats en question.

La structure de ces contrats de long terme inclut un certain nombre de clauses qui en font la spécificité. Il s'agit tout d'abord de la clause *Take or Pay* (TOP). L'acquéreur s'y engage à l'avance à enlever la quantité prévue au contrat et à en payer le vendeur même si, pour une raison quelconque, il ne pourra pas prendre livraison de l'entière quantité prévue au contrat. Cette clause a pour objet de garantir à l'exportateur un minimum de recettes lui permettant de couvrir l'importance des mises de fond qu'il a du engager pour mettre en exploitation son gisement et amener le gaz jusqu'au lieu de livraison du contrat qui est en général le port ou la frontière. À l'opposé symétrique de la clause *Take or Pay*, la clause *Deliver or Pay* engage le vendeur à fournir en temps les volumes prévus au contrat sous peine de devoir verser à l'acheteur un indemnité compensatrice.

Dans les deux cas, une flexibilité contractuelle qui peut être de l'ordre des 10 % existe néanmoins qui permet des ajustements rendus nécessaires du fait de l'impossibilité de prévoir aussi longtemps à l'avance. D'autres clauses existent et complètent le dispositif. Il s'agit tout d'abord des clauses concernant le prix de base du gaz à la date de signature du contrat. Il s'agit en général d'un prix FOB (*Free on Board*) à la frontière du pays exportateur. Ce sont les ports d'Arzew ou de Skida pour l'Algérie et, longtemps, la ville de Kosice à la frontière entre la Slovaquie et l'Ukraine dans le cas des contrats d'exportation de gaz russe. Ce prix est enfin libellé en $ US par millions de BTU ou en euros par MWh. Par exemple, 1000 m3 de gaz correspondent à 35 MBTU et 1 baril de pétrole à 5,8 MBTU. C'est enfin la détermination de ce prix qui constitue la phase la plus sensible et la plus âpre des négociations.

Restent les deux clauses de destination et d'indexation des prix de base. La clause de destination en voie de disparition fait obligation à l'acheteur de ne pas revendre le gaz acheté dans les pays de transit traversés par le gaz. Ainsi, le gaz importé de Russie étant par exemple vendu un peu moins cher en France qu'en Allemagne, la contrepartie française à cette situation est de s'engager à ne pas revendre ce gaz en Allemagne. Cette clause ayant néanmoins été reconnue comme contraire au droit européen lors du processus de libéralisation de l'industrie gazière, il en résulte une quasi disparition en Europe. Pour ce qui la concerne, la clause d'indexation part du principe qu'on ne peut pas fixer un prix pour 20 ou 25 ans, d'où la conséquence qu'il convient d'indexer ce prix sur l'évolution des prix des principales ressources susceptibles d'offrir un substitut au gaz naturel. Cette indexation est soit trimestrielle soit semestrielle. Le problème qui se pose alors est relatif à la définition du ou des référents d'indexation. Ainsi, en tant que pays exportateur, l'Algérie considère que l'indexation doit se faire à partir du prix du pétrole brut et retient un panier de six bruts OPEP dont le vendeur en choisira trois et l'acheteur trois. Tout comme les pays importateurs, les exportateurs néerlandais, norvégiens et russes ont, à l'inverse, tendance à considérer que le gaz n'est pas un substitut aux seuls produits pétroliers brut et qu'il se trouve donc en concurrence, par exemple, avec le charbon pour certains usages. Aussi, des indexations partielles sur le prix du charbon-vapeur peuvent exister.

Enfin, un débat est aujourd'hui lancé sur les principes mêmes du maintien des contrats de long terme et de leur indexation. Parmi les arguments favorables au maintien du principe de contrat de long terme, les plus déterminants sont que, sans de tels contrats, certains gisements et surtout certaines infrastructures de transport extrêmement couteuses en investissement initiaux auraient peu de chances de trouver des investisseurs. Ces contrats sont par ailleurs pour les importateurs un facteur de sécurisation des approvisionnements. L'assouplissement et la flexibilisation des clauses contractuelles dans les contrats de long terme permettent en outre aujourd'hui l'adaptation des échanges concernés à l'évolution des conditions du marché à la différence des formules anciennes plus rigides. Rien n'empêche également l'importateur de gaz de revendre tout ou partie de la production achetée sur le marché *spot* si les prix de celui-ci lui sont plus favorables. En matière d'indexation à proprement parler, les arguments favorables sont de trois ordres. D'une part, l'indexation assure à l'importateur que son gaz sera compétitif avec ses substituts sur le marché final. D'autre part, avec cette indexation qui stabilise les prix parce qu'opérée sur des moyennes de prix pétrolier, le prix du gaz en devient moins volatile. Enfin, rien n'empêche, comme au Royaume-Uni, d'indexer, tout au moins partiellement, le prix du gaz sur d'autres prix que les prix pétroliers. Ceci peut être le cas des prix du charbon, de l'électricité voire même des prix *spot* du gaz naturel.

Une transaction spot est une opération d'achat ou de vente instantanées et isolées. Ainsi, un affrètement spot d'un navire est un affrètement pour un seul voyage par opposition à un affrètement de longue durée qui comprend plusieurs voyages. En matière énergétique, le marché s'articula pendant très longtemps autour de contrats signés entre producteurs et fournisseurs sur le long terme, soit pour une période en général de 25 ans. Le marché Spot prend le contre-pied de ce fonctionnement. Les transactions sont fixées au jour le jour à J + 2 et les prix sont fixés *on the spot*, c'est-à-dire sur le moment et au comptant. Pour faire le calcul du prix spot d'un bien pétrolier, on prend les rendements issus du brut, les frais de raffinage et autres frais du jour, les taux *Worldscale* et les prix des produits publiés le jour même. En fait, ce qui se négocie sur ce marché est le différentiel entre les prix du pétrole brut et des produits pétroliers.

Sur le fond, l'introduction sur le marché spot est liée à la libéralisation du marché de l'énergie et se traduit par une plus grande volatilité des prix. Cette libéralisation est ancienne concernant le pétrole qui explique qu'il se vend sur le marché spot depuis très longtemps. Elle date des années 2000 de libéralisation du marché du gaz et de l'électricité. En matière de gaz, la renégociation des contrats de long terme du gaz russe en 2016 traduite par une indexation tant sur les prix du pétrole que sur les prix spot du gaz qui explique leur flambée en cas de forte augmentation de la demande mondiale de gaz. L'introduction du prix de l'électricité sur le marché spot date de sa libéralisation en France en 2004 et 2007. En cas d'augmentation de la demande, le prix est celui du 1er KWh produit à partir d'une source externe qui peut être celui de la 1ère centrale à gaz utilisée pour satisfaire l'accroissement de cette demande. Il en résulte dans ce cas un alignement sur le prix du gaz du marché spot. Il y a enfin autant de prix spot que de marchés. Ainsi, les principaux marchés spot du pétrole brut sont ceux de Londres pour le Brent, de New-York pour le baril de WTI et le marché de Singapour pour le pétrole de la zone de Dubaï. Les marchés spot des produits raffinés sont par contre plus nombreux et se trouvent dans les principales zones de raffinage.

Parmi les arguments hostiles au maintien du contrat de long terme et de son régime d'indexation, le premier d'entre eux est que ce type de contrat érige une barrière à l'entrée du marché pour de nouveaux opérateurs face aux opérateurs historiques car il bloque le développement des marchés *spot*. Le second est qu'il empêche l'importateur de recourir à d'autres fournisseurs et de diversifier ainsi ses sources d'approvisionnement compte tenu de la durée de ces contrats. Enfin, ces contrats auraient perdu de leur intérêt au fur et à mesure du renforcement de la part de GNL dans les approvisionnements et du renforcement du maillage des voies de transport. En matière d'indexation, les tenants de sa remise en cause tendent, d'une part, à considérer que l'indexation du gaz sur le prix du pétrole se traduit par un surenchérissement des deux énergies et empêche le développement d'un marché du gaz véritablement autonome. En matière de surenchérissement, la raréfaction possible du pétrole fait en effet gonfler artificiellement le prix du gaz. Par ailleurs, le prix du pétrole étant beaucoup plus sensible aux aléas politiques que celui du gaz, une indexation a pour effet de faire dépendre le prix du gaz de facteur externes à son marché. Cette indexation se fait en général avec un retard de quelque six mois sur les tendances du marché dont il ressort des distorsions non justifiées sur les prix du marché. Enfin, l'indexation freinerait ou empêcherait la fluidité des arbitrages entre les différentes formes d'énergies mobilisables en fonction des prix sur le marché final.

2) La vie du contrat d'exploration-exploitation d'hydrocarbures

Tout contrat a une vie qui débute par sa conclusion et qui s'achève avec la réalisation de son objectif ou sa rupture entre les parties. Tout contrat a également un équilibre juridique qui est celui voulu par les parties à sa signature. Or, cet équilibre peut être rompu par l'impact d'aléas extérieurs. C'est la raison pour laquelle le droit contractuel prévoit souvent de rétablir cet équilibre lorsque l'une des parties est trop désavantagée. Enfin, en cas de désaccord entre les parties ou de rupture du contrat, la pratique internationale dans le domaine de l'énergie est de confier l'affaire à un arbitre qui tranche selon les règles fixées par les parties au contrat.

a) La gestion de l'équilibre contractuel en droit des hydrocarbures

L'objet d'un contrat international extractif est d'octroyer un droit exclusif d'exploration des ressources prospectives d'un sous-sol de sorte à délimiter un gisement de ressources commercialisables en vue d'en attribuer ensuite le développement exclusif à l'investisseur qui l'a découvert. Ce contrat associe un État hôte et un investisseur privé de nationalité généralement distincte. Dans le contrat international extractif qui en résulte, le choix de la clause de droit national est donc tout d'abord fondamental. Le choix de la loi nationale détermine en effet quelle loi nationale s'applique au contrat et aux litiges connexes. Ainsi, la loi nationale applicable détermine en grande partie l'interprétation du contrat, sa validité et la manière de résoudre le conflit entre les parties. En cas de conflit de lois ou de juridiction, c'est également la loi nationale choisie qui en fixe les modalités de résolution. Le résultat du litige peut donc être très différent selon la législation nationale applicable. Le choix de la loi nationale est également important du fait de la nécessité de choisir une loi qui prenne en compte la spécificité technique de l'industrie énergétique, ce qui n'est pas le cas de toutes lois nationales. C'est par exemple le cas pour le calcul des taxes ou des redevances. Certaines obligations contractuelles doivent également être interprétées lorsque la volonté des parties n'est pas suffisamment claire ou parce que la définition des concepts utilisés est complexe. C'est notamment le cas en matière de fixation du calendrier des différentes phases des activités d'exploration et d'exploitation. Or, les lois nationales sont plus ou moins précises en la matière. Certaines législations nationales sont enfin plus ou moins favorables à l'investisseur et permettent ou non la possibilité d'arbitrage. L'État hôte a donc tendance à vouloir imposer sa propre loi nationale au contrat tandis que l'investisseur étranger a tendance à requérir une autre loi nationale que celle de l'État hôte. Dans le même temps, il peut être difficile de choisir une loi différente de celle de l'État hôte lorsque la transaction pétrolière est conclue avec un État souverain. En tout état de cause, le droit national applicable au contrat est celui décidé par les parties au contrat. Par ailleurs, lorsque les parties n'utilisent pas leur liberté de choisir la loi applicable d'un contrat, le tribunal ou l'arbitre se doit de choisir et d'appliquer la loi des contacts les plus importants avec contrat et la transaction. Il peut s'agir notamment de la loi nationale du lieu de la négociation du contrat, du lieu de la réalisation du contrat, du lieu de la livraison du bien ou du paiement effectué, etc. Pour finir, la règle juridique générale est que la loi nationale choisie ne couvre que les questions contractuelles entre les parties et n'engage pas le tiers.

Les contrats d'hydrocarbures mettent donc aux prises des investisseurs privés et un État d'accueil où seront développées des activités d'exploration et d'exploitation. En la matière, il faut avoir à l'esprit que les projets d'investissement dans les hydrocarbures se comptent en milliards de dollars. Du point de vue des investisseurs, ils nécessitent donc sécurisation des investissements et stabilité contractuelle. Les contractants doivent également adapter leur environnement commercial et juridique à la complexité des flux mondiaux de capitaux dans la mesure où les capitaux investis en sont issus. Enfin, les investisseurs dans les hydrocarbures sont dépendants des aléas économiques internationaux et de la vitalité des cours des hydrocarbures. Lorsque ceux-ci sont défavorables, l'économie des projets énergétiques pour ces investisseurs peut en effet être remis en question. Dans ce cas, l'investisseur a intérêt à demander une révision du contrat d'hydrocarbures qui en remet donc en cause la stabilité. D'où la montée en puissance aujourd'hui des clauses de renégociation des contrats. De leurs côtés, les États sont en concurrence pour faire valoir leurs territoires et attirer les investissements étrangers. Pour ce faire, ils peuvent être amenés à offrir des régimes juridiques favorables et des incitations économiques. C'est particulièrement pour les pays d'Afrique de l'Ouest et de l'Est. Pour cette raison, les gouvernements de ces pays sont moins enclins qu'auparavant à imposer leur loi nationale et à exercer leurs droits souverains en vue de modifier les arrangements contractuels initiaux.

Dans ce cadre, deux risques menacent la stabilité contractuelle des accords d'hydrocarbures. Dans le premier cas, il s'agit des risques industriels inhérents à l'activité elle-même qui sont tout d'abord le risque géologique lorsque le retour sur investissement des activités d'exploration n'est pas à la hauteur des prévisions initiales formalisées dans le contrat d'hydrocarbures. Il s'agit ensuite des risques commerciaux que sont la volatilité des prix du marché et la bonne tenue de l'économie mondiale ou régionale. La crise du Covid a ainsi montré que la fragilisation des économies avait des répercutions sur la demande en énergie et, par conséquent, sur la rentabilité des investissement dans les infrastructures de production d'énergies. À cet égard, il convient en outre de préciser que les termes d'un accord énergétique sont conditionnés par les prévisions faites par les parties quant à sa rentabilité pour chacune d'elles. Or, la prévision s'exerce ici sur des temps très longs parce que la vie d'un contrat d'hydrocarbures se compte en décennies compte tenu du temps qui court entre la première phase d'exploration et la dernière phase de production. L'exposition au risque des investissements énergétiques est donc particulièrement longue, de l'ordre de trente à quarante ans. De nombreux facteurs aux niveaux national ou régional peuvent également affecter la situation d'un contrat et son économie d'origine. De nombreux projets énergétiques internationaux en matière d'exploration, de production et de transport prennent en effet dans des environnements politiques instables et imprévisibles en raison de la configuration politique des pays et des régions concernés. C'est d'ailleurs la fonction des contrats à long terme de 15/25 ans de protéger les investisseurs contre ce type de risques mais ce n'est parfois pas suffisant. On peut notamment distinguer deux types de risques politiques : les risques gouvernementaux et les risques d'instabilité. À partir de là, une liste des risques en question peut être établie. Dans le premier cas, les risques politiques peuvent résulter de la force majeure lorsque qu'ils sont le produit d'événements non prévisibles et non voulus comme la guerre, la révolution, la guerre civile ou la dépréciation de la monnaie nationale. Des problèmes techniques graves en matière de production et de transport peuvent également justifier, dans certains cas exceptionnels, d'avoir recours à la clause de force majeure.

Dans le second cas, les risques résultent d'une décision politique comme la nationalisation, l'expropriation, la confiscation et les expropriations rampantes ou indirectes. Historiquement, le risque politique est lié au couple décolonisation-nationalisation des années 1970 et prit à l'époque assise sur le principe de la souveraineté permanente sur les ressources naturelles. Il y a également le risque que la partie souveraine au contrat modifie ou résilie unilatéralement le contrat en modifiant le droit interne en vigueur. Entrent dans la même catégorie toutes les mesures restrictives susceptibles d'être prises telles que les réglementations discriminatoires, la manipulation des appels d'offres et l'interprétation déviante des lois. Aujourd'hui, le risque pour l'investisseur peut également résulter d'un changement de législation fiscale ou douanière susceptible de remettre en cause la viabilité économique d'un contrat. En général, l'investisseur s'en prémunit au moyen de la clause de stabilisation. L'intérêt de la clause de stabilisation du contrat réside dans l'engagement de l'État hôte à limiter l'exercice de sa souveraineté pendant la durée contractuelle.

Afin d'assurer la pérennité de l'équilibre des projets énergétiques et de gérer le risque politique de l'État, des clauses de stabilisation ont été introduites à partir des années 1930 dans de nombreux contrats énergétiques internationaux pour garantir la stabilité du contrat et protéger le contrat contre d'éventuelles modifications législatives et le risque des nationalisations. Ce type de clause vient compéter les clauses dites de force majeure qui précisent dans quelles circonstances exceptionnelles comme la guerre, l'insurrection ou le gel de mer notamment, chacune des parties au contrat peut se trouver libérée de tout ou partie de ses obligations contractuelles. En la matière, celui qui se prévaut de cette clause doit toutefois se trouver dans une situation qu'il ne pouvait prévoir et face à laquelle il ne peut rien faire. À l'opposé de la clause de force majeure qui procède d'un événement extérieur au contrat, la clause de stabilisation vise à protéger le contractant privé des agissement du contractant étatique et à rééquilibrer ainsi un rapport contractuel déséquilibré par la différence de statut des parties. Juridiquement, le recours aux clauses de stabilisation est une pratique courante qui a aujourd'hui le statut de norme coutumière en droit international du pétrole et des minéraux. Dans la pratique, de telles clauses sont souvent acceptées par les pays qui dépendent des importations de capitaux et où le risque de capital est jugé élevé. Pour ces pays, les clauses de stabilisation sont en effet un outil utile pour rassurer les investisseurs qui doutent de la sécurité juridique de leurs investissements. Dans les clauses classiques de stabilisation énergétique, les parties conviennent notamment de geler certains aspects des législations nationales du pays d'accueil en relation avec le contrat énergétique. Elles empêchent donc l'État hôte d'introduire unilatéralement des modifications à sa loi contraires au contenu du contrat disposant d'une clause de stabilisation. Dans ce cas, il en résulte une inopposabilité de la nouvelle législation nationale au contrat ou bien l'obligation d'en compenser financièrement les effets. Sur le plan technique, le contrat énergétique est donc souvent gelé par l'incorporation de la législation locale en vigueur au moment de la date d'entrée en vigueur du contrat. La clause de stabilisation est donc le produit d'un compromis entre les prérogatives souveraines de l'État concerné et la recherche légitime par la partie privée d'une stabilité de statut. Pour l'État d'accueil, ce dispositif juridique est toutefois de nature à paralyser sa capacité d'action ou à la rendre particulièrement onéreuse. Ainsi en est-il de sa législation environnementale comme en matière de droit du travail ou de santé publique.

Le concept de clause de stabilisation est lui-même évolutif. Entre les deux guerres mondiales et après la Seconde Guerre mondiale, les clauses de stabilisation ont été essentiellement conçues pour servir de protection contre le risque d'expropriation de l'industrie pétrolière. Il en résulte que les contrats avec les États ne présentant pas ce type de risque ne contiennent généralement pas de clause de stabilisation. Il s'agit notamment des États-Unis, du Canada, de la Norvège, du Royaume-Uni et de l'Arabie Saoudite. À l'inverse les clauses de stabilisation sont courantes dans les contrats passés avec les pays d'Amérique Latine et d'Afrique. Le contenu des clauses de stabilisation a également lui-même évolué notamment en en limitant la portée à seulement certains domaines comme la législation fiscale ou douanière. La clause de stabilisation est donc un instrument juridique flexible. Les investisseurs peuvent effectivement aujourd'hui se voir offrir une stabilité à long terme dans les contrats d'État différente de celle offerte par la stabilisation au seul moyen du gel de la loi nationale au moment de la signature du contrat. Il en résulte qu'il existe différentes clauses de stabilisation pour les contrats énergétiques qu'on peut situer au nombre de quatre. Le premier type de clauses de stabilisation est la clause de stabilisation stricto sensu. Il a pour fonction de geler le droit applicable au contrat, le régime fiscal et les autres conditions d'investissement nécessaires. Il prévoit que la loi régissant le contrat ne changera pas pendant la durée du projet d'investissement. Dans sa version modérée, la loi applicable au contrat est celle de l'État hôte au moment où le contrat est conclu, excluant ainsi l'application de modifications postérieures de la loi de l'État hôte. Le deuxième type de clauses est la clause d'intangibilité qui prévoit que le gouvernement ne peut pas modifier ou résilier unilatéralement le contrat. La formulation contractuelle peut en être que le consentement mutuel est nécessaire pour annuler, amender ou modifier la disposition de l'accord. Le troisième type de clause de stabilisation est la clause dite hybride qui introduit dans le contrat des dispositions d'intangibilité et de stabilisation stricto sensu. Il peut s'agir, par exemple, des deux cumulativement 1) les droits existants ne seront pas modifiés sauf par consentement mutuel des parties 2) toute modification n'affectera pas les droits contractuels de la Société sans son consentement. La dernière clause est celle par laquelle le contrat doit être exécuté conformément au principe de bonne volonté qui inclut les opérations subséquentes de stabilisation et de renégociation. Dans ces derniers cas, il en résulte que l'obligation de négocier est une obligation de résultat et que l'obligation d'arriver à un accord amiable est une simple obligation de moyen. Enfin, dans la pratique, l'objectif de l'équilibre du contrat impose que, si l'État exerce son pouvoir souverain légitime de sorte qu'il en résulte une modification substantielle de l'effet du contrat, il doit le faire d'une manière qui respecte cet équilibre contractuel initial voulu par les parties en indemnisant l'investisseur en conséquence. Dans cette perspective, l'investisseur a donc intérêt à ce que ce type de disposition soit prévu dans le détail au contrat tout comme les sanctions en cas de non-respect. Dans ce cas, la clause ne vise pas à empêcher une modification de la loi par le pays d'accueil mais plutôt à tenir compte de l'effet contractuel d'une telle modification et à fixer un cadre détaillé pour en faire perdurer l'équilibre. La clause n'est alors plus une clause de gel mais une clause de renégociation.

La clause de renégociation permet aux parties d'invoquer un droit de renégociation pour rétablir un équilibre économique perturbé entre les parties contractantes du fait d'un événement extérieur au contrat. Sur cette base, la clause de renégociation est souvent considérée comme la forme moderne de la clause de stabilisation car elle prend en compte le caractère évolutif inhérent aux contrats à long terme et le souci d'articuler les besoins respectivement de stabilité contractuelle et de flexibilité contractuelle. Elle ne vise pas à compenser de manière absolue un changement de circonstances externe au contrat mais à ne le compenser qu'à la hauteur nécessaire au retour à l'équilibre économique contractuel initial. Il s'agit donc d'une clause d'équilibre économique qui introduit dans le contrat une obligation amiable de renégociation du contrat. Ainsi, la fonction de la clause de renégociation est de fournir un cadre pour la révision des clauses contractuelles originales dans l'objectif de rétablir l'équilibre économique initial du contrat. Elle prend également en considération le fait que le risque n'est pas seulement un risque politique mais également lié à des changements de circonstances économiques dans les industries ou sur le marché rapporté au contrat. Par exemple, le contrat peut devenir trop onéreux à exécuter en raison d'un changement de ses conditions économiques. Dans ce cas, la question se pose du partage des risques entre investisseurs et État d'accueil. C'est donc l'objet de la clause de renégociation que d'en fixer les termes à l'avance. En résumé, la clause de renégociation a pour fonction de prévoir un régime contractuel flexible dans le contrat d'énergie et d'obliger les parties à renégocier. Enfin, les clauses au contrat ne s'excluent pas les unes des autres et, dans un certain nombre d'accords énergétiques internationaux, la clause de stabilisation et la clause d'adaptation ou de renégociation coexistent en effet. Pour sa part, l'industrie a développé pour ce faire des mécanismes juridiques standard qui permettent une révision des clauses contractuelles en vue d'adapter la relation contractuelle à l'évolution des marchés de l'énergie. Il s'agit notamment des clauses de révision régulière des contrats qui intervient théoriquement tous les 2 à 3 ans et fait l'objet d'une renégociation tous les ans lorsque l'un des parties s'estime lésée par un changement de circonstance. En cas de litige, des clauses d'attribution de compétence ou d'arbitrage sont prévues afin de régler ce type de différend.

L'objet de tout contrat extractif est enfin de déterminer les revenus respectifs futurs de chaque partie au contrat et d'opérer entre elles un partage des risques de gestion de la rente extractive tels que ceux résultant de la volatilité des prix, du rendement des gisements et du coût des opérations. Il s'agit d'une opération complexe en raison de l'incertitude informationnelle qui y prévaut et de la multiplicité possible des co-contractants du côté investisseur. Dans le premier cas, les incertitudes techniques, économiques et financières sont en effet nombreuses. Ainsi en est-il de la probabilité de découvrir un gisement commercial dans la zone de recherche octroyée ou encore de sa taille, de sa capacité de production et des coûts afférents. Il résulte de ces incertitudes une grande difficulté à déterminer la rentabilité économique de l'opération d'exploration-exploitation et, par conséquent, l'équilibre contractuel optimal pour les intérêts de chacune des parties. Avant la formation du contrat, des analyses économiques avec plusieurs scenarii sont alors faites par chacune des parties pour essayer de déterminer la rentabilité globale du projet extractif et la part qui en reviendra à chacune des parties. L'ensemble servira alors de base à la négociation. À partir de là, l'investisseur est amené à comparer l'économie du projet et des risques qui y sont associés aux autres opportunités d'investissement qu'il peut faire dans le monde. Pour l'État d'accueil, il s'agit de comparer cette même économie du projet avec celle d'autres offres susceptibles de lui être soumises et d'en tirer les termes du régime fiscal applicable. Des incertitudes, il résulte donc des marges d'erreur et des imprécisions qui pèseront sur la robustesse du contrat. Dans le cas de la volatilité des prix et de la bonne tenue de la valeur de la monnaie à laquelle le contrat est rattaché se pose aux contractants la question de la répartition entre eux du coût de cette volatilité des prix de l'énergie et de la monnaie du contrat. En pratique, il en résulte des négociations ad hoc dont la principale matrice consiste à déterminer le régime fiscal afférent. En la matière, deux possibilités s'offrent aux contractants qui sont le régime fiscal progressif et le régime fiscal régressif. Dans le premier cas, le régime fiscal est indexé sur la rentabilité du contrat en fonction du volume de production et de la tendance des prix par rapport aux hypothèses de départ et dans le second cas, il ne l'est pas. Enfin, en cas d'erreurs trop manifestes des paramètres pris en compte dans la négociation ayant pour effet de déboucher sur une rupture de l'équilibre du contrat, les parties n'auront d'autres alternatives que de résilier le contrat ou de le renégocier. Ceci peut s'opérer de manière amiable ou par la voie judiciaire.

Lorsque le contrat extractif ne prévoit pas de clause de stabilisation ou de clause de renégociation, le droit applicable donna longtemps lieu à une divergence des solutions juridiques proposées. Jusqu'à ce que le législateur inscrive en 2016 la théorie de l'imprévision dans la loi, la jurisprudence française se montra longtemps hostile à cette intégration de l'imprévision dans le droit français des contrats. Il en fut ainsi depuis l'arrêt du canal de Craponne de la chambre civile de la Cour de cassation du 6 mars 1876 et malgré son inflexion par le Conseil d'État dans son arrêt de la Compagnie générale d'éclairage de Bordeaux du 30 mars 1916. Cette solution avait son fondement dans une conception univoque de la théorie de l'autonomie de la volonté tel que dégagé par l'article 1134 du code civil selon lequel *les conventions légalement formées tiennent lieu de loi à ceux qui les ont faites. Elles ne peuvent être révoquées que de leur consentement mutuel ou pour les causes que la loi autorise. Elles doivent être exécutées de bonne foi*. Dans le même temps, la jurisprudence de plusieurs États européens se révéla plus libérale que la jurisprudence française. De longue date, l'article 313 du code civil allemand rejoint par le droit italien fit sienne la théorie de l'imprévision considérant que la disparition du fondement du contrat permet aux partie d'en demander l'adaptation, la résolution ou la résiliation. La jurisprudence britannique adapta le même principe tout en en limitant la portée à la seule possibilité pour le juge de résilier le contrat. De la même manière, la jurisprudence internationale opta de longue date pour la théorie de l'imprévision. De son côté, la jurisprudence arbitrale prit assez tôt le parti de la révision du contrat pour imprévision en l'absence de clause de révision. Elle s'appuya pour ce faire sur le fondement de la bonne foi. La démarche engagée consista à considérer que la règle *pacta sunt servanda* trouve sa limite dans un principe supérieur qui est celui de la bonne foi. Il fut alors considéré qu'est contraire à la bonne foi le maintien d'obligations contractuelles lorsque les circonstances de la conclusion du contrat sont modifiées au point que l'économie du contrat s'en trouve bouleversée. À partir de là, il fut considéré que la renégociation qui doit s'en suivre constitue un usage du commerce international qui s'impose aux contractants de cet ordre en l'absence de clause contractuelle le prévoyant. Ceci s'applique donc très largement aux contrats d'exploration-exploitation des hydrocarbures liant des investisseurs privés à un État d'accueil. On retrouve également aujourd'hui le recours à la théorie de l'imprévision dans la Convention UNIDROIT en cas de changement de circonstances altérant l'équilibre du contrat. Dans ce cas, la situation n'autorise pas les contractants à mettre fin à leurs obligations mais les autorise à renégocier les clauses du contrat de sorte à en rééquilibrer la substance et à sauver ainsi le contrat.

b) Les caractéristiques internationales du contentieux extractif

La rupture du contrat extractif a deux grandes catégories de causes qui sont la violation par l'exploitant de ses obligations contractuelles, d'une part, et le changement de circonstances au contrat, d'autre part. Dans le premier cas, le contrat extractif contient de nombreuses obligations qui engagent l'exploitant privé auprès de l'État d'accueil. Parmi les causes de rupture les plus communes, on citera la non exécution des travaux de recherche ou d'exploration dans les délais prescrits, le non paiement des taxes et redevances dues à l'État d'accueil ou encore le non respect par le contractant privé d'une sentence rendue sur le fondement du contrat. Afin de réduire l'incertitude que fait peser la possibilité par l'État d'accueil de rompre de manière discrétionnaire le contrat d'extraction, les contrats extractifs prévoient le plus souvent les causes qui permettent à l'État d'accueil de résilier unilatéralement le contrat. Par ailleurs, compte-tenu de l'importance des conséquences financières d'une telle rupture, la règle arbitrale s'est progressivement dégagée introduisant un principe de proportionnalité entre la cause de rupture invoquée par l'État territorial et les manquements de l'exploitant privé. Certains manquements ne sont en effet pas de nature à justifier une sanction aussi lourde que la rupture unilatérale du contrat. Dans ce cas, l'arbitre peut prendre acte des manquements tout en considérant que la rupture unilatérale est une réponse disproportionnée. Dans le second cas, la rupture du contrat peut être liée à un changement fondamental de circonstances au regard de celles qui avaient prévalu à sa formation qui est d'ordre politique ou d'ordre économique. Pour réduire les risques tant politiques qu'économiques de rupture du contrat extractif, des aménagements contractuels existent donc aujourd'hui qui n'empêchent toutefois pas les litiges contractuels. Dans ce cadre, il existe une unité juridique du contentieux extractif qui tient dans la pratique du *forum shopping* et de la *law shopping* des acteurs énergétiques au contrat et dont il résulte l'existence d'un univers normatif transnational ad hoc constitutifs d'une *lex petroleum*. Il s'agit d'un droit qui n'est pas créé par les États, mais par les acteurs énergétiques au contrat eux-mêmes. Il ne procède donc pas d'un ordre juridique unique apte à connaître tous les types de litiges mais de la volonté des seules parties au contrat qui localisent ainsi le droit applicable au litige en piochant dans les différents ordres juridiques ainsi que dans la pratique juridique des arbitres internationaux. Y règne donc l'exclusivité du principe de l'autonomie des volontés.

L'ensemble procède d'une méthode consistant à comparer les diverses règles de droit procédural et substantiel en concours pour choisir au contrat celles qui seront le mieux à même de régir un éventuel différend. Les règles choisies proviennent indistinctement des différents droits nationaux, des conventions internationales, des divers usages commerciaux nationaux ou transnationaux tout comme des règlements juridictionnels et d'arbitrage ou des règles contractuelles existantes. Dans ce cadre, la *law shop*ping désigne le choix de la loi applicable au fond du litige qui peut varier d'origine selon que le litige oppose les parties au contrats ou celles-ci à un tiers au contrat ainsi que selon qu'il est question de la nationalité de la société partie au contrat ou de celle de ses dirigeants ou encore selon qu'il est question de trancher sur la relation contractuelle ou une question de fiscalité, de droit social, etc. Le *forum shopping* désigne, quant à lui, le choix des parties portant sur la procédure dans les litiges les opposant entre elles ou les opposant aux tiers. Dans les deux cas, il convient d'apprécier le droit procédural et le droit applicable du point de vue des hiérarchies normatives afférentes. Dans le cas du *forum shopping*, il n'existe tout d'abord pas de hiérarchies entre juridictions arbitrales en ce sens que les sentences arbitrales ne disposent pas de l'autorité du précédent qui caractérise la *common law*. En la matière, la seule hiérarchie qui prévaut est celle qui résulte du contrôle de conformité des sentences arbitrales à l'ordre public des juridictions étatiques. En la matière, la jurisprudence étatique a en effet progressivement admis l'arbitralité des litiges impliquant une réglementation d'ordre public et a reconnu à l'arbitre le pouvoir d'appliquer des principes et des règles de l'ordre public en question. À l'autre bout de la chaîne, la

Convention de New-York du 10 juin 1958 sur la reconnaissance et l'exécution des sentences arbitrales organise la reconnaissance des sentences arbitrales par chaque État signataire sans examen au fond par le juge national. Par ailleurs, les jurisprudences nationales s'entendent aujourd'hui pour ne réaliser qu'un contrôle restreint à l'évidence de l'illicite des atteintes à l'ordre public par les sentences arbitrales. Enfin, le contrôle du juge national ne porte pas sur l'appréciation que les arbitres font du droit des parties au regard de ses dispositions d'ordre public mais sur la seule exécution de la sentence lorsqu'elle heurte l'ordre public de l'État en question.

En droit des hydrocarbures comme dans d'autres droits, les trois modes de règlement des litiges sont le règlement juridictionnel, la médiation et l'arbitrage. Dans le premier cas, la pratique judiciaire dans le commerce international montre qu'on a peu recours aux tribunaux des États et bien davantage à l'arbitrage afin de délocaliser ainsi le règlement des litiges et éviter à l'investisseur d'être en prise avec la juridiction et la loi de l'État d'accueil. Dans le second cas, il s'agit d'un processus dans lequel un tiers, le médiateur, aide les parties à parvenir à leur propre règlement du litige sans avoir le pouvoir légal de prendre une décision contraignante. Ce recours peut en outre faire suite à une négociation simple sans l'intervention d'un tiers. La médiation est ainsi une négociation qui n'est pas menée par les seules parties contractuelles mais qui est assistée par un tiers neutre, indépendant et impartial. Le médiateur y organise une confrontation entre les parties en vue de régler le différend par un accord négocié. Il ne prend donc pas de décision et n'a pas le pouvoir de trancher l'affaire. La principale responsabilité du médiateur est d'encourager et d'aider les parties à parvenir à un règlement par elles-mêmes. Dans ce cas, les parties gardent le contrôle du processus et peuvent en cas d'échec se tourner vers l'arbitrage ou vers le règlement judiciaire étatique. L'intérêt de la médiation est en outre qu'elle se distingue de la logique judiciaire qui a pour caractéristique à donner raison à l'une ou à l'autre des parties en litige et non pas aux deux ensembles. Enfin, nombre de contrats d'investissement prévoient aujourd'hui que la saisine de l'arbitre n'intervient qu'en cas d'échec de la tentative de médiation. Il existe donc une articulation possible entre les modes de règlement des litiges en droit extractif. Dans le dernier cas, l'arbitrage est un mécanisme privé de règlement des litiges où l'arbitre arrive, sur la base du recours à la preuve et à l'argument juridique, à une décision de justice qui s'impose aux parties. L'arbitrage est donc contraignant et définitif. Cela signifie également qu'une fois le recours à l'arbitrage décidé contractuellement, le litige ultérieur ne peut plus être portée devant un tribunal même si les tribunaux peuvent, de leur côté, apporter une assistance à l'arbitrage au cours de la procédure. L'arbitrage est enfin considéré comme le mode privilégié de règlement des différends du commerce international. Ceux-ci comprennent le contentieux commercial international et les différends d'investissement mettant aux prises les États d'accueil et des investisseurs privés d'un contrat extractif. L'arbitrage en est l'outil privilégié en raison de ses qualités intrinsèques qui sont la confidentialité, la célérité, la neutralité, le recours à l'expertise et le poids qu'y tient le principe de l'autonomie de la volonté des parties au contrat. Compte tenu de la place qu'il occupe de longue date dans le champ du règlement des différends, l'arbitrage en matière extractive a enfin été une des chevilles ouvrières de l'histoire du régime juridique des contrats d'État conclus entre autorité étatique et investisseur privé. À noter également que la grande majorité des affaires tranchées par l'arbitrage concerne le domaine des litiges extractifs.

En pratique, une fois le litige déclaré, il arrive que, malgré la clause compromissoire au contrat, le recours à l'arbitrage et à la loi des parties soit contesté par l'État contractant qui cherche ainsi à faire valoir la compétence respectivement de sa juridiction et de sa législation nationales pour traiter le litige. Dans les deux cas, il en résulterait que la résolution du litige se ferait sous l'emprise de dispositions élaborées par une seule des deux parties. C'est en outre faire fi de la double autonomie d'appréciation de compétence de l'arbitre tant à l'égard du juge étatique qu'à l'égard des règles étatiques. En matière de compétence, c'est donc à bon droit que l'arbitre affirma dans la sentence arbitral *Elf-Aquitaine c/ Iran* du 14 janvier 1982 que *c'est un principe reconnu du droit international qu'un État est lié par une clause d'arbitrage contenue dans un accord conclu par l'État lui-même ou une société détenue par l'État, et ne peut ultérieurement supprimer unilatéralement l'accès de l'autre partie au système envisagé par les parties dans leur accord en ce qui concerne le règlement des litiges*. Au plan normatif, l'article 42 de la Convention de Washington du 18 mars 1965 dispose également que *le tribunal statut sur le différend conformément au droit adopté par les parties*. Dans le même temps, il est établi que le droit national de l'État contractant ne peut être totalement exclu des règles régissant le fond du litige. À cet égard, l'article 42 (1) in fine de la Convention de Washington dispose que *faute d'accord entre les parties, le Tribunal applique le droit de l'État contractant partie au différend y compris les règles relatives aux conflits de lois ainsi que les principes de droit international en la matière*. En pratique, Le caractère technique et complexe du contentieux extractif rend enfin le recours à l'expertise assez fréquent tant dans la phase de la médiation que dans celle du contentieux. Il en est d'autant plus ainsi que les litiges sont sécables. À cet égard, certains contrats établissent même une distinction entre les matières purement techniques et financières relevant de l'expert des autres matières à traiter qui renvoient à l'arbitre ou au juge. L'arbitre et le juge peuvent également recourir à l'expertise. Le phénomène a une portée notable puisque, dans la plupart des expertises du milieu extractif, la décision de l'expert est finale et contraignante lorsque les parties se sont contractuellement entendues à respecter la décision de l'expert. C'est la raison pour laquelle les parties au contrat portent une attention particulière à la procédure contractuelle de sa désignation de sorte à s'assurer de la compétence technique, de la neutralité, de l'indépendance et de l'impartialité de l'expert en question.

Conclusion

Au terme de cette étude, il apparaît que le droit de l'énergie connaît des transformations en profondeur depuis quelques décennies. La première révolution qui l'a marquée est celle de la libéralisation du secteur. Prenant naissance aux États-Unis, ce mouvement a gagné les organisations internationales du GATT et de l'OMC dans la seconde moitié du XXe siècle avant de s'imposer à l'Union européenne et aux États qui la constituent au tournant du XXIe siècle. La seconde révolution qui est en cours aujourd'hui est celle de la révolution climatique qui, peu à peu, impose son agenda aux forces en présence. Ceci est perceptible à travers les instruments juridiques mis en place notamment en faveur du développement des énergies renouvelables et de l'objectif de l'efficacité énergétique. En la matière, tous les pays de la planète n'avancent toutefois pas au même rythme. En Europe, l'ensemble est impulsé par l'Union européenne et mis en pratique par les États qui la constituent. D'où, dans le cas de la France, l'existence d'un corpus très étoffé de règles et de structures ad hoc. Reste que le secteur de l'énergie est encore aujourd'hui dominé par le poids des énergies fossiles. Ceci explique que le droit de l'énergie demeure marqué par les problématiques qui affectent ces énergies. Ceci est particulièrement vrai au plan international.

Il apparaît également que le droit de l'énergie est un droit éminemment technique. Il en est tout d'abord ainsi parce que l'énergie est un domaine éminemment technique. Il suffit pour s'en convaincre de rappeler la technicité des règles relatives à ses différents secteurs tant au plan national qu'à l'international. Il en est également ainsi au titre de la technicité des raisonnements juridiques qui en découlent. Ceci est particulièrement vrai lorsque, le droit ayant acquis son autonomie par rapport à ses créateurs, le juge est en charge du raisonnement juridique qui en découle. Nous en avons esquissé certains éléments en droit international général et en droit européen de l'énergie dont il conviendrait de systématiser la recherche. Enfin, dans le prolongement, quelques interrogations demeurent donc. Aux plans national et européen, cela concerne la structure des contentieux énergétiques et des décisions des hautes juridictions en la matière. En droit international, la question se pose également pour le futur des conditions juridiques d'autonomisation du marché du gaz et du devenir de l'indexation du prix du gaz sur celui du pétrole.

Bibliographie de base

Droit français de l'énergie

Andrieu Stéphane, Droit de l'énergie, Ed Andrieu, 2017, 774 p.
Lamoureux Marie, Droit de l'énergie, LGDJ, 2020, 850 p.
Sablière Pierre (Dir.), Droit de l'énergie, Dalloz, 2013, 2858 p.

Droit international de l'énergie

Erlkam Mustafa, International energy investment law, Wolters Kluwer, 2011, 409 p.
Jones Christopher, EU energy law, Claeys & Casteels Publishers BV, 2020, 1350 p.
Selivanova Yulia (Dir.), Regulation of energy in international trade law, Wolters Kluwer, 2012, 416 p.
Hunter Tina (Dir.) , Routledge handbook of energy law, Rouledge, 2020, 642 p.
Talus Kim (Dir.), Reseach handbook on international energy law, Edward Elgar Publishing Limited, 2014, 679 p.
Talus Kim, EU energy law and policy, Oxford Univeristy Press, 2013, 317 p.

Économie et géopolitique de l'énergie

Ciattoni Annette et Veyret Yvette, Géographie et géopolitique des énergies, Hatier, 2007, 123 p.
Furfari Samuel, The changing world of energy and the geopolitical challenges, CreatesSpace, 2017, 2 vol.
Méritet Sophie et Vaujour Jean-Baptiste, Economie de l'énergie, Dunod, 2015, 125 p.

Percebois Jacques et Hansen Jean-Pierre, Énergie, Deboeeksupérieur, 2019, 728 p.
Tellenne Cédric, Géopolitique des énergies, La Découverte, 2021, 127 p.

Tables des matières

Structures éditoriales du groupe L'Harmattan

L'Harmattan Italie
Via degli Artisti, 15
10124 Torino
harmattan.italia@gmail.com

L'Harmattan Hongrie
Kossuth l. u. 14-16.
1053 Budapest
harmattan@harmattan.hu

L'Harmattan Sénégal
10 VDN en face Mermoz
BP 45034 Dakar-Fann
senharmattan@gmail.com

L'Harmattan Cameroun
TSINGA/FECAFOOT
BP 11486 Yaoundé
inkoukam@gmail.com

L'Harmattan Burkina Faso
Achille Somé – tengnule@hotmail.fr

L'Harmattan Guinée
Almamya, rue KA 028 OKB Agency
BP 3470 Conakry
harmattanguinee@yahoo.fr

L'Harmattan RDC
185, avenue Nyangwe
Commune de Lingwala – Kinshasa
matangilamusadila@yahoo.fr

L'Harmattan Congo
219, avenue Nelson Mandela
BP 2874 Brazzaville
harmattan.congo@yahoo.fr

L'Harmattan Mali
ACI 2000 - Immeuble Mgr Jean Marie Cisse
Bureau 10
BP 145 Bamako-Mali
mali@harmattan.fr

L'Harmattan Togo
Djidjole – Lomé
Maison Amela
face EPP BATOME
ddamela@aol.com

L'Harmattan Côte d'Ivoire
Résidence Karl – Cité des Arts
Abidjan-Cocody
03 BP 1588 Abidjan
espace_harmattan.ci@hotmail.fr

Nos librairies en France

Librairie internationale
16, rue des Écoles
75005 Paris
librairie.internationale@harmattan.fr
01 40 46 79 11
www.librairieharmattan.com

Librairie des savoirs
21, rue des Écoles
75005 Paris
librairie.sh@harmattan.fr
01 46 34 13 71
www.librairieharmattansh.com

Librairie Le Lucernaire
53, rue Notre-Dame-des-Champs
75006 Paris
librairie@lucernaire.fr
01 42 22 67 13

www.ingramcontent.com/pod-product-compliance
Lightning Source LLC
LaVergne TN
LVHW011304061026
849535LV00005B/1401